生死學叢書
傅偉勳 主編

超自然經驗與靈魂不滅

卡爾·貝克 著／王靈康 譯

東大圖書公司

國家圖書館出版品預行編目資料

超自然經驗與靈魂不滅／卡爾・貝克
著；王靈康譯. --初版. --臺北市：
東大發行：三民總經銷，民86
面；　公分. --(生死學叢書)
譯自：aranormal experience
and survival of death
ISBN 957-19-2112-2 (平裝)

1.靈魂論

216.9　　86006127

國際網路位址 http://sanmin.com.tw

超自然經驗與靈魂不滅

著作人 卡爾・貝克
譯　者 王靈康
發行人 劉仲文
著作財產權人 東大圖書股份有限公司
臺北市復興北路三八六號
發行所 東大圖書股份有限公司
地址／臺北市復興北路三八六號
電話／五〇〇六六〇〇
郵撥／〇一〇七一七五──〇號
印刷所 東大圖書股份有限公司
總經銷 三民書局股份有限公司
門市部 復北店／臺北市復興北路三八六號
重南店／臺北市重慶南路一段六十一號
初　版 中華民國八十六年六月
編　號 E 21003
基本定價 肆元陸角
行政院新聞局登記證局版臺業字第〇一九七號

ISBN 957-19-2112-2 (平裝)

Paranormal Experience and Survival of Death by Carl B. Becker
Published by State University of New York Press, Albany

「生死學叢書」總序

兩年多前我根據剛患淋巴腺癌而險過生死大關的親身體驗，以及在敝校（美國費城州立天普大學宗教學系所講授死亡教育(death education)課程的十年教學經驗，出版了《死亡的尊嚴與生命的尊嚴——從臨終精神醫學到現代生死學》一書，經由老友楊國樞教授等名流學者的強力推介，與臺北各大報章雜誌的大事報導，無形中成為推動我國死亡學（thanatology）或生死學(life-and-death studies)探索暨死亡教育運動的催化「經典之作」（引報章語），榮獲《聯合報》「讀書人」該年度非文學類最佳書獎，而我自己也獲得「死亡學大師」（《中國時報》）、「生死學大師」（《金石堂月報》）之類的奇妙頭銜，令我受寵若驚。

拙著所引起的讀者興趣與社會關注，似乎象徵著，我國已從高度的經濟發展與物質生活的片面提高，轉進開創（超世俗的）精神文化的準備階段，而國人似乎也開始悟覺到，涉及死亡問題或生死問題的高度精神性甚至宗教性探索的重大生命意義。這未嘗不是令人感到可喜可賀的社會文化嶄新趨勢。

配合此一趨勢，由具有基督教背景的馬偕醫院以及安寧照顧基金會所帶頭的安寧照顧運動，有了較有規模的進一步發展，而具有佛教背景的慈濟醫院與國泰醫院也隨後開始鼓動臨終關懷的重視關注。我自己也前後應邀，在馬偕醫院、雙蓮教會、慈濟醫院、國泰集團籌備的臨終關懷基金會第一屆募款大會、臺大醫學院、成功大學醫學院等處，環繞著醫療體制暨醫學教育改革課題，作了多次專題主講，特別強調於此世紀之交，轉化救治(cure)本位的傳統醫療觀為關懷照顧(care)本位的新時代醫療觀的迫切性。

在高等學府方面，國樞兄與余德慧教授（《張老師月刊》總編輯）也在臺大響應我對生死學探索與死亡教育的提倡，首度合開一門生死學課程。據報紙所載，選課學生極其踴躍，居然爆滿，出乎我們意料之外，與我五年前在成大文學院講堂專講死亡問題時，十分鐘內三分之一左右的聽眾中途離席的情景相比，令我感受良深。臺大生死學開課成功的盛況，也觸發了成功大學等校開設此一課程的機緣，相信在不久的將來，會與宗教（學）教育、通識教育等等，共同形成在人文社會科學課程與研究不可或缺的熱門學科。

我個人的生死學探索已跳過上述拙著較有個體死亡學(individual thanatology)偏重意味的初步階段，進入了「生死學三部曲」的思維高階段。根據我的新近著想，廣義的生死學應該包括以下三項。第一項是面對人類共同命運的死之挑戰，表現愛之關懷的（我在此刻所要強調的）「共命死亡學」（destiny-shared thanatology），探索內容極為廣泛，至少包括（涉及自殺、死刑、安樂死等等）死亡問題的法律學、倫理學探討，醫療倫理（學）、醫院體制暨醫學教育改革課題探討，（具有我國本土特色的）臨終精神醫學暨精神治療發展課題之研究，老齡化社會的福利政策及公益事業，死者遺囑的心理調節與精神安慰，「死亡美學」、「死亡文學」以及「死亡藝術」的領域開拓，（涉及腦死、植物人狀態的）「死亡」定義探討，有關死亡現象與觀念以及（有關墓葬等）死亡風俗的文化人類學、比較民俗學、比較神話學、比較宗教學、比較哲學、社會學等種種探索進路，不勝枚舉。

第二項是環繞著死後生命或死後世界奧祕探索的種種進路，至少包括神話學、宗教（學）、文學藝術、（超）心理學、科學宇宙觀、民間宗教（學）、文化人類學、比較文化學，以及哲學考察等等的進路。此類不同進路當可構成具有新世紀科際整合意味的探索理路。近二十年來愈行愈盛的歐美「新時代」（New Age）宗教運動、日本新（興）宗教運動，乃至臺灣當前的種種民間宗教活動盛況等等，都顯示著，隨著世俗界生活水準的提高改善，人類對於死後生命或死後世界（不論有否）的好奇與探索興趣有增無減，我們在下一世紀或許能夠獲致較有「突破性」的探索成果出來。

第三項是以「愛」的表現貫穿「生」與「死」的生死學探索，即從「死亡學」（狹義的生死學）轉到「生命學」，面對死的挑戰，重新肯定每一單獨實存的生命尊嚴與價值意義，而以「愛」的教育幫助每一單獨實存建立健全有益的生死觀與生死智慧。為此，現代人的生死學探索應該包括古今中外的典範人物有關生死學與生死智慧的言行研究，具有生死學深度的文學藝術作品研究，「生死美學」、「生死文學」、「生死哲學」等等的領域開拓，對於「後傳統」(post-traditional)的「宗教」本質與意義的深層探討等等。我認為，通過此類生死學的種種探索，我們應可建立適應我國本土的新世紀「心性體認本位」生死觀與生死智慧出來，有待我們大家共同探索，彼此分享。

依照上面所列三大項現代生死學的探索，這套叢書將以引介歐美日等先進國家有關死亡學或生死學的有益書籍為主，亦可收入本國學者較有份量的有關著作。本來已有兩三家出版商請我籌劃生死學叢書，但我再三考慮之後，主動向東大圖書公司董事長劉振強先生提出我的企劃。振強兄是多年來的出版界好友，深信我的叢書企劃有益於我國精神文化的創新發展，就立即很慷慨地點頭同意，對此我衷心表示敬意。

我已決定正式加入行將開辦的佛光大學人文社會科學學院教授陣容。籌備校長龔鵬程教授屢次促我企劃，可以算是世界第一所的生死學研究所(Institute of Life-and-Death Studies)之設立。希望生死學研究所及其有關的未來學術書刊出版，與我主編的此套生死學叢書兩相配合，推動我國此岸本土以及海峽彼岸開創新世紀生死學的探索理路出來。

一九九五年九月二十四日傅偉勳序於

中央研究院文哲所（研究講座訪問期間）

「生死學叢書」出版說明

本叢書由傅偉勳教授於民國八十四年九月為本公司策劃，旨在譯介歐美日等國有關生死學的重要著作，以為國內研究之參考。傅教授從百餘種相關著作中，精挑二十餘種，內容涵蓋生死學各個層面，期望能提供最完整的生死學研究之參考。傅教授一生熱心學術，對推動國內的生死學研究風氣，更是不遺餘力，貢獻良多。不幸他竟於民國八十五年十月十五日遽爾謝世，未能親見本叢書之全部完成。茲值本書出版之際，謹在此表達我們對他無限的景仰與懷念。

東大圖書公司編輯部　謹啟

導言

自遠古以來，人類對來生的想像便不曾中輟；直至今日，我們也仍期望逝者入土其實是啟程前往另一個世界。十九世紀以前，世界上大多數的文明，都相信人在死亡之後是以一種類似今生的方式存在。諸如死後與先人相會、靈魂脫離肉體、臨終前神遊冥界等記載，在古代文獻中比比皆是。但是現代西方的唯物論和所謂「科學主義」，對來生卻採取譏誚的態度，斥其為迷信之流的無稽之談，這使宗教和科學在西方世界的對立更形尖銳。

自然科學和資本主義創造今日世界健康與便捷的生活，誠然居功厥偉；然而其對人類心靈深處的關懷，諸如愛、幸福、美、義務，甚至人類最終命運等這些終極的問題，卻無法提出答案。結果使得無數宗教和偽科學的潮流如雨後春筍般冒出，興起所謂反傳統的「新世紀」現象，預卜與通靈之術大行其道，金字塔和紫微斗術之玄祕眩人耳目，冥想和水晶之特異能力風靡一時。

人們對西方文化以外的文明瞭解愈來愈多，對轉世和投胎的興趣也愈來愈濃。譬如「心田深處」(Field of Dreams)、「第六感生死戀」(Ghost)、「穿越陰陽界」(Flatliners)，以及「魔鬼剋星」(Ghostbusters)和「鬼哭神號」(Poltergeist)這些電影，反映出大眾對死後的世界不但有所幻想，甚至還可能相信確有其事。但是相關研究卻因為經濟不景氣，預算遭到大幅刪減，類似出竅經驗的研究，其規模便遠不如數十年前的盛況。

近來對死亡過程的「科學化研究」有一種出人意料的結果；專家們發現許多病人有迴光返照的現象，甚至在宣告死亡後又醒轉過來，其中許多人還宣稱他們的心靈在出竅期間經歷了不尋常的遭遇。這些臨終經驗雖然自有各種不同的分析和解釋，但一經廣為流傳，西方學者便不得不重新思考死亡過程究竟是什麼，有些學者甚至相信此類研究有助於人類一窺來生的大門是什麼模樣。

本書旨在探討靈魂不滅的假設，也就是檢討「人類某些重要特質在肉體生命結束後依然繼續存在」是否可能，所用的方法是提出以下幾個問題，並嘗試提出答覆：

1. 有哪些經驗會被我們誤認為靈魂不滅？為什麼？（每一章的討論進行之前，都會先將此類經驗排除。）
2. 如何才算是靈魂不滅的合理證據？理由何在？

3. 靈魂不滅究竟有沒有合理的證據？
4. 這些證據有哪些其他可能的解釋？
5. 靈魂不滅是否為這些資料最好的解釋？

我們無論是要證立或推翻靈魂不滅，都需要對前世、出竅和臨終經驗等資料進行檢視。但是我們若循著這種分析過程，把平常所相信的看法拿來和合理證據所顯示的結果加以對照，會發現不是過之就是不及。因此我們還需要進一步追問以下這個問題：

6. 大家用來判斷一想法是否為真所依據的「科學」是什麼？科學家是以什麼樣的立場看待死後的生命？他們的理由何在？

對這個問題深入討論，可以幫助我們澄清這些特殊經驗真正的意義可能是什麼，也可以引導我們思考靈魂不滅到底是不是個站得住腳的想法。

我們進行這項研究，必須經常保持謹慎的態度，因為我們處理的是科學界通常略而不談、但卻為宗教界所重視的材料；可是運用的方法卻是宗教界不採用、卻為科學界大力鼓吹的方法。這種處境就像是走鋼索一樣，稍有不慎，兩個陣營的衛道之士都會對我們大加撻伐。當然在研究過程當中，永遠都會有更新、更好的材料出現；可是無論處理的材料多新、多好，進行研究所依循的推理方式應該是不變的。

人終歸難免一死，也不知道自己何時何地會死。但當死亡真正降臨之前，本書所呈現的資料和推論，應該可說是瞭解這個終極奧祕最合理的方式。

超自然經驗與靈魂不滅

目次

6 超自然經驗與靈魂不滅

§第一章§

轉世能證明嗎？

轉世之說如果能成立，必須先假定宇宙具有某種規律；也就是說如果現在有某些人以前曾經活過，那麼在未來世界裏，也有某些人目前正生活在我們的周遭。所以我們證明轉世的重點應在前世而非來生。

目前研究轉世的美國學者當中，執牛耳者當屬維吉尼亞醫學院的伊安・史帝文生博士(Ian Stevenson)，據他的觀察，即使以靈媒召喚逝者，我們也很難證明這些召來的靈魂現在是在某處「活著」。他並且說：「依照某些人對自己曾經轉世的陳述，很難讓人斷定這些目前活著的人從前是否真的死過。如果能答覆這一點並且繼續追究下去，說不定對人死後生命是否會延續的問題能有關鍵性的突破。」❶

---

❶ Ian Stevenson, *Twenty Cases Suggestive of Reincarnation*, 2d ed. (Charlottesville: University Press of Virginia, 1974); 參考 Martin Ebon,*Reincarnation in the Twentieth Century* (New York: New American Library,1967), pp.

有些學者非常排斥「轉世」這個名詞，即使把它加上引號也不接受。因為他們認為這個名詞已經預設了對此現象的解釋，而且也染上了宗教色彩。印度拉佳崇大學超心理學系主任班納吉(H. N. Banerjee)教授比較喜歡將它稱作「腦外記憶」，因為這些記憶似乎並非來自敘述者的大腦。❷然而比商榷名詞更重要的，是必須認清現在列入考慮的這些現象，其實並不能證明我們所想像的那種「轉世」確實成立。要判斷這個假設是否能夠成立，必須先要將證據仔細分析斟酌。

不列入考慮的現象

為了避免混淆不清，我們先將下列幾種現象排除在討論範圍之外，因為雖然有學者也討論這些現象，但我們認為這些不能算是轉世或死後生命的適當證據：1. 似曾相識，2. 自我預知，3. 神童，4. 通靈術。

70–71.

❷ H. N. Banerjee and Will Oursler, *Lives Unlimited: Reincarnation East and West* (New York: Doubleday, 1974), p. 160.

似曾相識

幾乎所有人都有過「我從前曾經見過此情此景」這種不可思議的經驗，但就是沒有辦法確定是在何時何地經歷過的，也不能確定這種感覺從何而來。這種現象叫「似曾相識」。當出現「似曾相識」的感覺時，當事人會明顯感覺接著將要發生什麼事，整個事件的歷程似乎過去都曾經發生過。有些人認為這個現象表示前世或「永恆回歸」可能存在。❸

這個詮釋顯然不合理，「似曾相識」應屬於類似幻覺之類的現象；因為它純屬個人的經驗，而且它是假的心像。人感覺經驗到過去、或曾經到過的某一時空，並非因為真的經歷過，而是由細微的腦部機能障礙所致。容易發生「似曾相識」現象的人，往往是因為承受極大的精神壓力、營養不良、荷爾蒙不協調，或者由於在精神、心理上極度疲勞。

簡單地說，「似曾相識」不是對前世的隱性記憶。因為根據定義，「似曾相識」是說每件事情都和從前發生過的一模一樣。但是所有情境的細節，都不可能若合符節地完全重演，因為每一個片刻都是獨一無二沒有倣本的，所有事物也都會隨時間而變遷。一個人確實是有可能模模糊糊地認出一個曾經到過的地方，但卻真的想不起從前為什麼到這裏；可是即便真的發生這種情

❸ Nils O. Jacobson, *Life Without Death?* trans. Sheila La Farge (New York: Delacorte, 1974), pp. 199–200.

形，它也未必就是「似曾相識」。因為這種經驗並沒有像似曾相識經驗中的那種「若合符節」。因此似曾相識之幻覺的那種「若合符節」，使我們確定不論那個情境是在今生、前世或來生，「似曾相識」都不是對從前經歷過的某一情境的回憶。

同理，我們完全可以設想有一個人到了一個從未到過的地方，不料卻感覺莫名地熟悉，甚至還能認出幾個外國字、或辨認這個地方的一些細節。這些都可能只是一種觸物感知(psychometric)的能力被此情景喚起，或是從前生活中被壓抑的記憶給激發了起來。類似的情形在後文中還會繼續討論。不過，無論以上這些情形究竟是什麼，都不能算是「似曾相識」。[4]

為求嚴謹起見，應該先把這些似曾相識的事例放在一旁暫不討論。因為除了前世這個可能性以外，還有許多其他因素可以讓我們有誤以為熟悉某地的感覺。

自我預知

自我預知是一種預先知道自己未來會發生什麼事的心理能力，而且只限於知道自己的未來。超心理學家有時候會主張自我預知的現象，表示轉世的情形可能發生。[5]

---

[4] 參考 Rhea A. White, *Déjà Vu: A Bibliography*. (Dix Hills, N.Y.: Parapsychology Sources of Information, 1989).

[5] Arthur W. Osborn, *The Expansion of Awareness* (Wheaton, Ill.: Quest Books, 1967), pp. 98–99.

但是這個主張有許多預設，諸如(1)今生的歷程或多或少是在出生前就已經決定。(2)人的存在於前世死亡後和今生出世前有一個過渡階段。(3)人在出生之前的意識有能力觀察未來這一生的重大事件。(4)人在這一生裏，有時候會回憶起進入肉身之前所預知的今生大事，可是卻憶不起自己進入肉身之前的狀態。(5)這種人分不清此類回憶和預知之間的差別，也就是說雖然它只是回憶，可是它感覺起來比較像預知。

自我預知這種說法雖然並非完全不可能，也沒有內在矛盾，但是它站不住腳的假設太多，即使連能自我預知的人自己的描述，也無法證明這些假設。如果我們假定轉世是事實，那麼它還可能為自我預知提出一些解釋，可是僅憑自我預知本身，根本不足以證明轉世。

神童

近年來在印度文化圈盛行一種說法，認為莫札特、愛迪生這類神童的稟賦是來自前世，因為單憑兒童時代的訓練絕不可能達到那個程度。可是，孩提時代就展現天賦異稟的現象雖然可以用轉世來解釋，但並不能作為轉世的證據。

心理學家和精神醫師多半都認為天份、環境和「偶然」的人格發展等變數，已足以解釋神童之產生，毋需乞靈於轉世之說。以莫札特為例，他生長在一個音樂素養極高的家庭，從小就在家人親友鼓勵之下聆聽音樂、演奏音樂，進而創作音樂，一直都在頂尖的音樂環境裏耳濡目染；所以我們可以將他在音樂上的成就歸因於家庭環境的因素，未必需要將原因訴諸於轉世。

當然，如果所有的人都會轉世，並且也真的有方法能斷定一人之前世的身分，那麼我們就能夠有辦法進一步瞭解一個兒童為什麼會具有特別的能力或偏好。在此情況下，天賦異稟的現象則可作為一個人再度進入人世（即投胎）的輔證。至於有些兒童為什麼和別人相較之下天賦異稟，則不需要以轉世來解釋就能充分理解，而且天賦異稟也不能作為轉世唯一的充分證據。❻

通靈術

靈媒能作法，有人說是因為他們被幽冥間飄渺的靈魂所附體。然而他們作法現場的晦暗氣氛，本來就有極強的暗示作用。再加上靈媒巧妙的揣測、旁觀者或明或隱的慫恿，或當事人自己潛在的人格特質使效果加強，都可能是通靈之術的解釋。有些比較敏銳的靈媒可以感應參與者的心靈，或藉著碰觸逝者的遺物來蒐集點點滴滴的資料，娓娓道出與逝者相關的事情，但這並非直接和逝者的靈魂溝通。

---

❻ K. N. Jayatilleke, *Survival and Karma in Buddhist Perspective* (Kandy, Sri Lanka: Buddhist Publishing Society, 1969).

此外，靈媒和活人或虛構人物的溝通就更不足採信了。由於靈媒通靈之術的破綻太多，所以很少有超心理學家將他們的法術當作證據。奇怪的是，在第二次世界大戰之後，有關靈媒之術的傳聞大為減少，只有近年有少數幾個例子。不過晚近的這幾個例子中靈媒溝通的對象都是超越的(transcendental)對象、或是外太空的對象。❼

至於降靈術和轉世這兩者之間的關聯，在理論上仍有一處邏輯上的跳躍；即使我們承認確有通靈的例子可以證明轉世，也並不表示這些被召回的靈魂當中，有任何一個靈魂或所有的靈魂都會再度擁有肉體。然而支持轉世之說的人卻正是這麼主張的。簡言之，即使我們和逝者真的能有超自然的溝通或接觸，也不表示召魂之術就能作為轉世的證明，它還有太多種其他可能的詮釋。

我們並非質疑召魂術或靈媒之真偽，也無意指摘這些是江湖騙術。只是要指出想從龐雜瑣碎的細節中，篩選出有意義的材料來分析是非常困難的；我們也很難確認靈魂發出的種種訊

---

❼ Erlendur Haraldsson and Ian Stevenson, "A Communicator of the Drop-In Type in Iceland," *JASPR* 64, no. 1 (1975): 33ff. On channeling, see Henry Gordon, *Channeling into the New Age: The "Teachings" of Shirley MacLaine and Other Such Gurus: An Unauthorized Edition*, (Buffalo, N.Y.: Prometheus, 1988); 亦可參考 Robin Westen, *Channelers: A New Age Directory* (New York: Putnam, 1988).

號、聲音、腔調等，是否來自被召喚的逝者。同時這些年來靈媒提出的可靠證據也不夠多，而且「靈魂確實存在」與「這些靈魂確實再度轉世進入肉體」兩者之間的關聯在邏輯上尚有待克服。以上所列出的，只是這些現象不能作為轉世之證據的幾項理由而已。

列入考慮的現象

在本章裏我們將列入考慮的現象主要是自發附體(spontaneous possession)、催眠回溯(hypnotic regression)、前世記憶(memories of former lives)。但是在這些例子當中，我們必須要確定當事人所具有的能力或記憶，都是在他們今生憑著正常或甚至超自然的情況下所不可能得到或擁有的。

為了避免將這些現象和召魂術混為一談，我們必須先作些區別。首先，典型的召魂術會刻意模倣逝者的聲音或其特徵，並且通常大約歷時一至兩個小時，然而整個召魂過程中，可以取作證據的部份每次也不過幾分鐘而已。

因此我們必須以下列幾點將自發附體和召魂術加以區分：⑴在場者（以及被附身的人）通常既不期望、也不同意被這種外來的意識「侵入」。⑵在場者事先對被附身者說出的事情事前一無所悉。⑶附身發生的情況必須是在白天。⑷附身必須維持幾個月或幾年之久。

當然召魂術和自發附體之間還是有許多其他不同之處，但這四點是最重要的；只要具有這四點，就可以避免把應該認定為自發附體的現象朝別的方向解釋。但巫術和召魂共同之處是時間短、情緒性重、旁觀者都認同此事，並且當事人會透過心靈感應或下意識的作用知道他想知道的事情。這些例子儘管在實證研究上價值還不高，不過在人類學上的研究卻相當有意義。所以我們應該將召魂術擱在一旁，而將自發附體列入考查的對象。

自發附體

所謂「附體」的現象，就是人忽然不知怎麼地失去了平常的記憶、性情和能力，而展現出完全不同的另一套記憶、性情和能力。這種例子自古以來在全世界多得不勝枚舉；許多原始部落把這種情況當作是逝者的靈魂附在活人身上，只不過他們對此事預設得更多。精神病醫師對此事的態度則是他們寧可相信大多數的附體事例是某種心理疾病、迷向，或是精神分裂，而且是可以用精神治療法或藥物醫治的。

我特別感興趣的「自發附體」案例，是被附體者會在當場突然具有另一套記憶和能力的那種。在這些案例中，當事人連性格都和原來截然不同。在以下幾個例子裏可以明顯看出這種變化。最早期的記錄之一是福羅莫 (J. Fromer) 在一八一一年所作的詳細記載。他記錄了一位波蘭猶太人被一位自殺的德國籍猶太教士附身的經歷：

> 我這個位置不錯，周遭發生的事都能聽得清楚、看得見。她坐了下來，疲憊不堪，眼中充滿恐懼，時而悲歎著央人帶她回去。因為她實在害怕那位神秘的猶太教士。她的語氣和虛弱的哀求令人同情憐憫。突然，她從座位上跳起來，搖搖晃晃地站著。
>
> "Silentuim strictissimum!"
>
> 簡直令人不敢相信，那粗暴嚴峻的聲音確確實實是個男人，旁人說這就是那位自殺的學者。我們和那個女人都不懂這幾個字是什麼意思，只知道是一種很奇怪的語言。接著，她發出了一大段含糊、高地腔調的德語，其中我只聽得懂好像是在宴會中向一群賓客致意。❽

這段記錄接著描述了被附身的女孩和這位前來驅魔的神秘教士之間相互的反應。在整個過程當中，鬼魂說它在這次附身之前，好多次以動物的軀體投胎，而且說它是在這女孩被強暴的時候被允許附在她身上的。最後，在教士和女孩的一陣混戰之後，女孩被打昏過去，才終於放

❽ T. K. Oesterreich, *Possession, Demoniacal and Other*, trans. D. Ibberson (New York: University Books, 1966), p. 207, citing Jacob Fromer, *Ghetto-Dämmerung* (Berlin: Schuster & Loeffler, 1911), pp. 64ff.

棄這個靈魂。

威廉．詹姆士(William James)在他的《心理學原理》中，討論過發生在美國的幾個案例，其中有個蕾諾的案例，當事人在一八一一年某天醒過來後，忽然失去了所有記憶，連家人也不認識，甚至日常對話裏的字都不懂了。她雖然有著成人的身體，但心智卻如嬰兒。當她經過重新教育後，在性格和氣質上有了明顯的變化，和從前判若兩人。她人格經歷變化的情況持續了十五、六年，直到三十六歲的時候，原來的人格才被新的人格特質完全取代。❾

另外還有一個原有記憶被附身取代的例子就是范儂－蘿芙 (Lurancy Vennum / Mary Roff) 的案例，這個例子更為離奇。蘿芙的晚年從一八四七年到一八六五年是在療養院渡過的。范儂則是一八六四年出生於依利諾州的女孩，她家和蘿芙的家相距不遠。在一八七七年范儂第一次出現精神恍惚的現象之前，她完全沒有異狀。幾次恍惚之後，她就完全忘記了自己的身世，開始宣稱自己是瑪麗．蘿芙，並且要去蘿芙家住。後來家人帶她到蘿芙家去，她竟然和蘿芙夫婦一見如故，有如見到自己的雙親，並且表現出一些只有蘿芙家人和從前的瑪麗才知道的一些記憶和喜好。且看威廉．詹姆士的記錄：

❾ Dr. Weir Mitchell, "The Case of Mary Reynolds," in vol. 1 of *Transactions of the College of Physicians of Philadelphia*, 4 April 1888, cited in William James, *Principles of Psychology* (New York: Holt, 1890), p. 381.

這女孩到了新家簡直賓至如歸，心中充滿無比的幸福和滿足，從前的瑪麗・蘿芙在十二到二十五年前之間所有知道的人、事、物，她全部都知道，甚至叫出親友鄰居的名字。沒錯，大大小小的生活細節在她身上全都看得到。蘿芙家的這位「瑪麗」有時候會忽然消失，當她飄回幽冥之中時，這位女孩的軀體就會昏睡在一片空白裏，本來的范儂並沒有回來進駐這個軀體。⑩

這件發生在美國依利諾州瓦茲卡鎮的奇聞漸漸傳開，也引起了深入的研究，後來就被稱作「瓦茲卡奇聞」。杜卡瑟(C. J. Ducasse)等哲學學者對此案例進行深入考察，認為它可不只是人格分裂的典型案例而已，更可以做為人在死後記憶不滅與性格不滅的證據之一。⑪

在一九〇四年有位十四歲的小孩弗利茲被一位自稱「奧加」的靈魂附身，這位奧加能操拉丁文和亞美尼亞語。後來雖然查明弗利茲曾經有機會看到過拉丁文，也曾見過亞美尼亞的明信片；但僅憑這一點接觸，絕不足以解釋他如何可能像那位奧加說得那樣字正腔圓、文法準確。

---

⑩ E. W. Stevens, *The Watseka Wonder* (Chicago: Religio-Philosophical Publishing House, 1887), 另見 James, *Principles*, p. 397.

⑪ C. J. Ducasse, *A Critical Examination of the Belief in a Life After Death* (Springfield, Ill.: Charles C. Thomas, 1961), pp. 171–74.

但這也許可以說是可能有個能說這兩種語言的心靈附在他身上。⑫

目前有記載的同類案例中，最傳奇的一件當屬匈牙利的法姿荻女士；她在一九三五年某天早晨醒來之後，言行舉止就變得宛如一位已逝世的西班牙女傭，她把自己的家人、身世、甚至母語匈牙利語都忘光了，只會說西班牙語，而且所有的記憶內容都變成了西班牙語。⑬

這些事件很難不往靈魂存在的方向解釋；但若要以它來證明轉世，則還有很大一段距離。在這些案例中，當事人都是在長大成人之後才被外來的意識或記憶佔領。這些現象，至多只能表示脫離肉體的意識，有能力暫時佔據活人的軀體⑭。至於較不具神秘色彩的解釋，將在後文討論反對意見的段落中提出。

催眠回溯

所謂催眠回溯是指催眠師（往往是精神醫師）要求病人回憶童年的過程。他們用催眠術使病人進入睡眠狀態，引導病人準確地道出造成心理病徵的回憶。在這種過程裏，偶爾會發生一

---

⑫ A. Lemaître, "Fritz Algar," *Archives du Psychologie*, vol. 5 (n.p., 1906), pp. 85 ff.

⑬ Cornelius Tabori, "The Case of Iris Farczady," trans. Paul Tabori, *IJPP* 9, no. 3 (1967): 223–26.

⑭ C. T. K. Chari, "Paranormal Cognition, Survival, and Reincarnation," *JASPR* 56, no. 4 (1962): 160.

種罕見的現象，就是病人的回憶會過了頭，溯進了他們出生以前的階段，甚至回到了前世。雖然這種回憶尚有待證明，可是記憶的回溯因而可以當作轉世或投胎之證據。

有本叫做《尋找墨菲》⓯的書活靈活現地描述了美國科羅拉多州一位家庭主婦薇珍・泰葛的故事。這位太太自願參加青年商人博恩斯坦作的催眠實驗；當她回溯到一歲以前的階段之後，接著竟然回憶起她在一七九八年到一八六四年居住在愛爾蘭的前生。那時她名叫白娣・墨菲。她居然能詳細道出她本來完全不可能知道的愛爾蘭風土人情，又能說道地的愛爾蘭話。當時報紙不是大肆渲染她的說詞，就是指摘她所說的其實和愛爾蘭的實情不符，並說她所知道的愛爾蘭都是童年時從認識的愛爾蘭人那裏聽來的。

杜卡瑟對這個複雜的案例進行了深入詳盡的研究。他的結論是雖然這位白娣所道出的事情並非悉數都經得起考驗，但卻沒有一件和歷史事實矛盾。再者，白娣也確實正確無訛地說出了從前的地名和一些商店的名字等，這可不是一般獲得資訊的方式可以解釋的。⓰更怪的是，薇珍在清醒的時候對轉世這些事情既不相信也不感興趣，連她自己也對催眠狀態中湧出的那些事情感到莫名其妙。

⓯ Morey Bernstein, *The Search for Bridey Murphy* (New York: Doubleday, 1956).

⓰ Ducasse, *Critical Examination*, pp. 276–99.

晚近的英國心理醫師古德翰(A. Guirdham)，他有位病人一直苦於戰爭和屠殺的惡夢的侵擾；於是他蒐羅了這位英國婦人的詳盡資料，研究之後發現她從童年時候的記憶和卡薩斯人（Cathars，十三世紀法國宗教團體）的歷史相符合。特別值得一提的是，她的日記裏有些部份是用古法文寫的。她根本不懂古法文。

古德翰醫師寫道：

> 一九六七年我決定親自到法國南部去看看，還讀了一些只限專家學者申請閱讀的十三世紀手稿，其中的資料顯示她的陳述和史實若合符節。她絕不可能事先知道這些事情，連她小時候寫下的歌謠，也有四首和這些古典文獻中記載的相符，一個字也不差。
>
> 我寫信向法國杜魯茲的杜凡諾(DuVernoy)教授請教，他回信中說「請務必和我保持聯繫，你對卡薩斯人所知之詳令我甚為詫異。」真不知如何啟齒告訴他這些事我是從一位三十六歲婦女的夢境裏知道的。[17]

這件事不僅促使古德翰醫師不辭辛勞遠赴法國研究卡薩斯人的歷史，也更讓他相信世界上至少有些人是會轉世的。

---

[17] Arthur Guirdham, *The Cathars and Reincarnation* (London: Spearman, 1970).

還有一個「記得」異國語言(xenoglossy)的案例，是個名叫萊爾的人，他可以憶起自己在十七世紀英國的身世，並且用當時的語言描述。[18] 另外有位美國男孩霍爾，能用藏語描述自己上輩子在西藏的生活。[19] 還有說瑞典語[20]、埃及語[21]和德語[22]的例子，案中的主角本來和這些語言一點關係都沒有，但卻能說得辭彙和文法都正確。這類說異國語言的例子，大不同於傳教活動中以母語為基礎發出囈語的情況。另外還有一種例子是有人能聽懂未曾學過的外國話，卻只能支離破碎地說些不成文法的句子；但我們提出的案例比這些更夠資格作為轉世的證據。

此外還有很多研究指出有些人在催眠狀態下能回溯到出生前的狀態。這些報告指出了許多

[18] Edward Ryall, *Born Twice: Total Recall of a Seventeenth-Century Life* (New York: Harper & Row, 1975), pp. 10–30, 165–75.

[19] Joseph Head and S. L. Cranston, *Reincarnation: The Phoenix Fire Mystery* (New York: Julian Press, 1977), pp. 401–2.

[20] Ian Stevenson, *Xenoglossy: A Review and Report of a Case* (Charlottesville: University Press of Virginia, 1974).

[21] F. H. Wood, *This Egyptian Miracle* (London: John Watkins, 1955).

[22] Ian Stevenson, "A New Case of Responsive Xenoglossy: The Case of Gretchen," *JASPR* 70, no. 1 (1976): 65–77.

脫離軀殼的人選擇自己往何處投胎的奇事。㉓當然這些陳述無從證實，不可能像我們查證歷史事實或分析文法結構那樣來檢證，因此我們將此類案例擱置暫不討論。我們的目的不在討論記憶回溯發生得有多頻繁，而是這種事是否果真存在。以下將深入檢視這些事例蘊含的意義。

前世記憶

一般歐洲人很難接受轉世投胎的說法，可是很多人都知道叔本華曾經說過：「如果有個亞洲人問我應該如何定義歐洲，我只能說全世界只有歐洲人堅信人來自空無，今生是人首次進入世界。」㉔當然叔本華可能因為對佛教世界觀特別雅好所以才有這種偏見，但他對亞洲人前世觀念的描述倒是對的。這番話對歐洲人其實有失公允，因為畢竟在西洋哲學裏，畢達哥拉斯和柏拉圖的轉世之說以及基督宗教的審判日復活都有相當的地位。

不過我們還是可以追問，如果轉世沒有事實基礎，那麼為什麼世界上不同地區、不同文化

㉓ Helen Wambach, "Life Before Life," *Psychic* 9 (Jan. 1972): 10–13; 亦可參考 Thelma Moss, *The Probability of the Impossible* (Los Angeles: J. P. Tarcher, 1974), pp. 352–56.

㉔ Arthur Schopenhauer, *Parerga und Paralipomena*, vol. 2, trans. E. J. F. Payne (Oxford: Clarendon Press, 1974), chap. 16; 亦可參考 Head, *Reincarnation*, p. 296.

裏都有人相信它?·容格(Carl Jung)提出的集體潛意識之原型或許可以解釋類似的神話。另有一說是轉世為原始民族的信仰，他們的心靈既渴望永恆，又無法面對自己有限的生命。還有一種說法，是原始民族也發生過某些經驗，讓他們覺得自己是前人投胎。在本節中我們將處理的，就是這類可以支持投胎轉世的事例。

投胎案例最好的例子，就是小孩子在沒有旁人協助的情況下，訴說他們前世的經歷。在這些陳述裏往往會有他們所謂「前世」的特殊習性癖好、語言型態、甚至身體特徵等作為支持的證據。有時候這些小孩陳述的記憶，甚至符合他「前世」該有的記憶。我們且把討論範圍，限定在經過相對主觀之驗證的例子裏。

杭恩(Lafcadio Hearn)教授對日本佛教頗有興趣，他曾提出一個勝五郎的案例。勝五郎於一八一五年出生在一個日本家庭，七歲那年有一天和妹妹玩耍的時候，他問妹妹是否知道自己前世生在何處。後來祖母和雙親問及此事，他回答自己在四歲之前能清楚記得前世的所有事情，直到現在還能回憶一些重要細節：他本是久保鎮人九平和志津夫婦的兒子，父親九平在他五歲那年去世，母親後來和一個名叫半四郎的男人住在一起。當時名叫東藏的勝五郎後來死於天花。勝五郎的祖母曾帶著他去久保鎮，到他前世的父親墳前致祭，他的描述和這家人的遭遇完全吻合，他也能辨認出鎮上幾家商店是東藏在世時還沒有的。[25]

雅珊卓娜・沙摩納的案例也很類似，只不過她是投胎回到她自己的天主教家庭裏。根據詳細考核過的記載，一九〇五年雅珊卓娜五歲那年她死去後，托夢給母親說一定會投胎回來。當時她母親曾接受卵巢手術，已不太可能再生育。然而那年她卻生下一對雙胞胎，其中一個酷似雅珊卓納，連習性、喜好和胎記都非常相似。後來當小雅珊卓納聽說將有蒙瑞之行時，竟然正確無誤地描述姊姊生前去那裏遊玩的情景，令父母大吃一驚。[26]

善蒂・妲薇一九二六年生於印度德里，她從一九三〇年開始回憶她前世在八十里外馬吐拉城裏的生活片段。她的祖母在驚訝之下，和幾位讀過書的朋友開始研究她的陳述。結果意外地從馬吐拉城一個叫凱達的人那裏得到回音，他說善蒂所稱的前世就是他死去的太太。凱達還特地到德里和善蒂見面，相談之下善蒂對凱達夫婦兩人之間的私事都能對答如流。會面之後，善蒂要求大人帶她去馬吐拉，當地方言連一般德里人都不懂，她卻能聽得懂，她還能在沒有暗示的情況下正確辨認出凱達的親友以及水井和庫房的位置，甚至家中藏錢的櫃子在何處她都知道。[27]

---

[25] Lafcadio Hearn, *Gleanings in Buddha Fields* (Boston: Houghton Mifflin, 1897), chap. 10.

[26] Charles Lancelin, *La vie postume* (Paris: Henri Durville, 1920), pp. 309–63; 參考 A. de Rochas, *Les vies successives* (Paris: Chacorna, 1911), pp. 338–45.

以上這些例子的驚人之處，在於這些事情都發生在相關研究並不盛行的環境裏。專家學者近年來才開始有系統地研究兒童自述前世記憶的案例。史帝文生博士是這個領域的佼佼者，他從一九六〇年代開始蒐集彙編這些資料，主要致力於證明由「回憶」所提供的轉世證據，以及研究這些小孩和他們的「前世」之間在生理和行為上的相似之處。

史帝文生的研究破除了一般認為轉世只發生在佛教地區的誤解。根據他一九七四年的檔案，一千三百件案例當中，以美國的三二四件居首，超過在緬甸發生的一三九件、印度的一三五件、土耳其的一一四件，以及在英國發生的一一一件，說明許多轉世的案例是發生在現代化的西方國家裏。[28]

一九六六年史帝文生發表《轉世廿例》[29]一書，成為精神醫學界的大事，直到現在還是此一冷門假說的重要研究指標。這廿件案例，發生的地點遍及印度、斯里蘭卡、巴西、黎巴嫩，以及美國阿拉斯加；並且史帝文生對這些小孩的前世回憶都進行了考據確認。他還證明這些小孩在正常情況下不可能得到那些知識，接著再將小孩子的敘述和他們所謂「前世」的生活實況

---

[27] L. D. Gupta and N. R. Sharma, *Inquiry into the Reincarnation of Shanti Devi* (Delhi: Baluja Press, 1936).

[28] J. Gaither Pratt, *The Psychic Realm: What Can You Believe?* (New York: Random House, 1975) pp. 240ff.

[29] Stevenson, *Twenty Cases.*

加以對照。有時候小孩身上的胎記，則近似「前世」身上的胎記，或是他們前世被殺時身上留下的傷痕。

史帝文生還列舉出這些小孩喜歡吃的食物、喜歡的運動、語言型態等，這些和「前世」相符、但又非後天所學得的事情。他還親自拜訪小孩當中說法最為可靠的幾位，和他們一同造訪他們「回憶」中住過的地方，詳細記錄他們陳述中和事實相符與不相符之處。史帝文生在一九八〇年代，繼續大量蒐集資料，數量約為每年一百個案例，他的研究也開始在醫學院和超心理學的學術會議和期刊上受到廣泛的討論。[30]

在史帝文生的倡導之下，許多學者也開始紛紛發表他們在此領域裏的研究成果。包括印度的班納吉、[31]巴西的安得雷、[32]瑞士的慕樂、[33]土耳其的拜爾，[34]以及斯里蘭卡的扎雅提等

[30] Ian Stevenson, "Research into the Evidence of Man's Survival After Death," *JNMD* 165, no. 3 (1977): 153–63.

[31] 參考 Banerjee and Oursler, *Lives Unlimited*.

[32] 參考 Guy Lyon Playfair, *The Indefinite Boundary* (New York: St. Martin's, 1976), p. 163.

[33] Karl Muller, *Reincarnation Based on Facts* (London: Psychic Press, 1971); cf. T. Locher, *Parapsychologie in der Schweiz* (Biel, Switzerland: Schweizerische Vereinigung fur Parapsychologie, 1986).

[34] 參考 Banerjee and Oursler, *Lives Unlimited*, pp. 180–81; 亦可參考 the cases in Francis Story, *Rebirth as*

人。㉟雖然並非所有研究報告都如史帝文生的研究那麼精細，可是他們的成果顯示轉世的案例是全世界普遍的現象。

這個新興領域的學者目前都承認轉世之說的證明尚未完成。有些東方的學者認為「轉世」屬於信仰層面，毋需證明，或是只能在個人的冥思中尋找依據。有些學者，包括史帝文生本人，則認為目前尚未掌握到關鍵性的證據。但他們相信目前尋找證據的方式是「完美」的研究典範，而且陸續出爐的大量案例終有一天會令科學界開始接受有些案例確實可以證明轉世之假設。還有一些嚴謹的學者則主張轉世的假設不是現場調查可以證明的，因為可以詮釋現場資料的可能性實在太多了。不論如何，大家至少公認這些研究具有精神醫學上的價值，也給知識分子的信念提供一個較好的基礎。

「轉世的案例，究竟要具備什麼條件才能讓人信服？」這個問題見仁見智。我們且參考史貴芬(M. Scriven)對「人之同一性」(personal identity)提出的判準：⑴具形象可資觀察，⑵有生理機能，⑶對以往經歷有記憶，⑷性格前後相仿，⑸具知性能力，包括心理能力和語言能力。㊱

Doctrine and Experience (Kandy, Sri Lanka: Buddhist Publication Society, 1975), two vols.

㉟ K. N. Jayatilleke, *The Message of the Buddha* (New York: Free Press, 1974).

㊱ Michael Scriven, "Personal Identity and Parapsychology," *JASPR* 69, no. 4 (1965): 312.

然而截至目前所有的案例當中，還沒有一件能全數符合這五項標準；可是我們相信未來總會有能夠符合的案例出現。而且在史帝文生的研究裏，曾經有些案例能夠符合這五項判準中的好幾項。不過，人死後的遺體和轉世的胚胎之間的過渡階段裏，在物質基礎上會有中斷不連續的情形；這對唯物論學者來說，恐怕是相當難以克服的障礙。可是對於接受史帝文生的判準的人，如果有一個待考的案例能全數符合上述五項判準，並且連當事的小孩都把自己的經歷視作「投胎」，那麼這個案例就應該可以證明這個小孩就是從前某人的轉世。

駁靈魂不滅的證據

有些人因為宗教上和哲學上的理由，無法接受以上所提出的這些案例算是投胎。他們反對的理由包括(1)無論如何就是不接受，(2)在理論上無法接受投胎會衍生出的結果，(3)懷疑案例中關於前世的知識可能來自一般正常的認知管道，(4)認為這些現象可以用投胎以外別的神秘力量來解釋。對於這些資料所有周到的詮釋，都必須將以上這幾種情況列入考慮。我們為了支持投胎是最有力的假設，必須要能夠說明以上的反對意見在某些案例中不成立。以下將依此檢視並嘗試回應這些反對意見。

拒絕承認證據

根本不承認可能有前世記憶的人，假定了以下幾種可能性；譬如他們可能會說許多所謂的前世記憶只是一個大雜燴：一點猜測、一點想像、些許一廂情願，再加上受測孩童討好測試人員的心理，拼拼湊湊就成了他的前世記憶。[37]他們也會說受測孩童提出的資料，只不過是因為巧合才符合後來查證的事實。可是對所有能提出符合事實之前世記憶的小孩來說，這些反對者的看法，形同指摘世界上還有千千萬萬小孩說出的回憶完全不符事實；這句話也就等於說杜克大學心靈感應研究人員所做出的正確推測，也都只不過是巧合罷了。

我可以直截了當地回應這個說法：所有受測孩童的陳述當中，雷同的機率不到百萬分之一，連億萬分之一都不到。而且孩童敘述他們前世記憶時的樣子看起來不像是猜測；他們不會試探地說：「我這樣講對不對？」「是不是那樣？」而是像這種非常直接的陳述：「以前中野老師教我唱這首歌的學校，原先就是在這裏。」他們陳述前世的記憶，往往就像回憶今生的生活經驗一樣有把握。簡單地說，就是這些小孩的故事絕不是單憑臆測就講得出來的，那些故事

[37] Gardner Murphy, "A Caringtonian Approach to Ian Stevenson's *Twenty Cases Suggestive of Reincarnation*," *JASPR* 67, no. 2 (1973): 120.

裏明確的細節和事實相符，他們甚至還有和前世相似的胎記和習性、癖好，這些都不是僅憑猜測就能說明清楚的。

還有一種更尖銳的指摘，是說調查人員和當事兒童的父母有意作假，捏造出一個所謂有實證基礎的騙局。一位反對者蕾娜(Ruth Reyna)對前世的自然記憶就提出激烈的批評，她從各種來源蒐集駁斥轉世理論的資料，不過有些資料來源她卻無法明確提出。其中一份出處交代不清的資料這麼說：

> 他們提問題的方式真是令我大吃一驚；幾乎所有的問題都在引導受訪者說出他們想要的答案。這個調查根本不可能公正，因為那個男孩的爸爸太過熱心，周遭所有人都受到他影響，包括他兒子。這種調查根本不必做了！[38]

蕾娜接著又說主張投胎轉世的人當中，最多產的研究者就是史帝文生博士，並說他在一九六六年出版的《轉世廿例》一書是「欺詐與無知的代表作，充分顯示當事人親友的欺詐，以及研究人員的無知。」[39]她並沒有說出史帝文生到底在哪一方面無知，只是籠統地人身攻擊。

---

[38] Ruth Reyna, *Reincarnation and Science* (Delhi: Sterling Publishers, 1973), p. 29.

[39] Ibid., p. 30.

當然，嚴格謹慎的支持者也大有人在。班納吉（不知是否也在蕾娜的指控之列？）就主張對不夠嚴謹的研究一定要保持批判的態度。[40]許多認識史帝文生的人，無論支持他的轉世之說與否，都對他的為人誠信和做事徹底表示毋庸置疑。追隨他早期研究工作的萊夫(H. Lief)醫師，稱史氏「蒐集資料講求方法且鉅細靡遺，分析材料和提出報告時則條理清晰」。[41]吳爾曼(M. Ullman)醫師將他的研究奉為「現場研究的圭臬」。[42]加州大學洛杉磯分校的精神治療師毛斯(T. Moss)醫師盛讚他「集精勤於一身」。[43]約博森(N. Jacobson)則指出在史氏的研究裏「騙局難以立足」。[44]在史帝文生三十年的研究生涯裏，曾多次回頭拜訪他曾經研究過的當事人，以觀察他們性格上的演變，並且查看是否有串通作假的情形。雖然他比別人都先承認有些案例的確受到當事人有意識或潛意識的期望所干擾，但他所完成的一千四百件案例，目前正為各路研究人員分

---

[40] Banerjee and Oursler, *Lives Unlimited*, p. 159.

[41] Harold I. Lief, "Commentary on Dr. Ian Stevenson's 'The Evidence of Man's Survival After Death,'" *JNMD* 165, no. 3 (1977): 171.

[42] Montague Ullman, in *JNMD* 165, no. 3 (1977): 174.

[43] Moss, *Probability*, p. 356.

[44] Jacobson, *Life Without Death*, pp. 194–98.

別進行獨立研究，我們實在不能相信他的這些研究成果全部都是錯的。難道這一千多個案例，每一件都是當事人的鄉親鄰里設下的圈套，共同欺矇好幾十位研究人員，只為騙他們接受轉世的「怪說」？

在此必須再加強調的是史帝文生不是唯一從事這項研究的人，也不是唯一抱持這種結論的人。班納吉曾經研究史氏研究過的案例，結果他也得到非常近似的結論。一些頂尖的醫師與超心理學家在土耳其、黎巴嫩和巴西、歐洲等地也都發現過極具說服力的例子，[45]這些地方的傳統文化一向就不太相信轉世之說。

這些研究人員甘冒現代西方科學界（包括蕾娜在內）之大不諱，發表與一般信念大相逕庭的研究成果。許多提出前世記憶的兒童，在他今生的生活裏根本沒有人知道記憶的內容，所以根本不可能是他的親友告訴他的。蕾娜說小孩的父母想出鋒頭，這種情況實在很少，而且就算是，這也不足以構成他們憑空捏造一套前世記憶的動機。[46]

還有，很多父母和親友並不相信小孩陳述的前世，而是小孩子堅持提出自己的說法。在眾多研究人員的密切注意和獨立研究之下，若有作假勢必難以自圓其說。

---

[45] Playfair, *The Indefinite Boundary*, p. 166.

[46] Stevenson, "Research," p. 165.

人口持續增加，前世記憶也不存在

有些反對意見，是在理論上反駁轉世的證據；但這些批評都只是針對它們在邏輯上衍生的後果而發。以下將就現有的實證研究成果討論這類的反對意見。

主張轉世之說與進化論相牴觸，是常見的反面意見主張之一，因為地球上的人口一直在穩定成長。對這個問題可以有以下幾種答覆：

(1)原本非人類的生命，有可能轉世成為人類。

(2)已脫竅的靈魂正等待進入軀殼。

(3)新生的靈魂正隨人口增長而生發。

甚至可能是：

(4)有新的存有者，來自另一個生命體數量正在減少的太陽系。

我們提出這些可能性的目的，並不在於回答它們是否成立，而是要指出單憑人口問題不足以推翻轉世之說。

另外一種反面意見，是從經驗事實的角度出發，質疑的重點是：為什麼只有這麼少數的孩童可以回憶前生？如果投胎確有其事，我們不是都該對前生有所記憶嗎？對這個問題我們的答覆如下：

(1)一般人能清楚記得幾年前的事都不容易，何況心有旁騖再加上大量外在的環境刺激？所以我們能指望多少人能記得出生以前的事情？

(2)前世記憶可能受到壓抑或遺忘。說不定因為它本身是個傷痕，或許因為從死到生之間的過程是個痛苦的經驗，所以出生前的記憶被壓抑或者遺忘了。此外父母親友不鼓勵孩子談這些事情，也可能是能夠詳細說出前世記憶的孩童如此之少的原因。

(3)也有可能如果我們依照瑜珈或佛教的方式修行冥思，每個人就都可以憶起前生。這些小孩可能因為獨具慧根，所以未經修煉就能回憶前世。

(4)或許也有一種可能，就是並非所有人都是投胎轉世來的；說不定死後的歷程有許多種，轉世只是其中罕見的一種。

因此轉世雖然不能完全說明所有前世記憶的案例，但至少可以部分說明；並不會因為只有少數小孩能夠回憶前世，就完全排除轉世之可能。

垂死的人和嬰兒在知性結構上的不同，其實並不難分辨。因為新生兒不會讀寫，也沒有表情，所以無法告訴我們它的意識程度是否超過懵懂狀態。皮亞傑 (Jean Piaget) 和貝托漢(Bruno Bettelheim)等心理學家，都曾經嘗試探索幼兒的心智發展歷程；學者咸信新生兒尚不會分辨物體、顏色，也不知人、我之間的區別。至於邏輯判斷和價值判斷，更需要成人窮其一生來學習。所以，嬰兒的心靈怎麼會和垂死的人相似？

這個問題最明白的答覆是：嬰兒的生理結構，根本就還不足以理解或表達前世死者傳遞給胚胎的精神性能量。嬰兒不只是肌肉尚不能運動，他們的腦在還沒接受好幾年的幼兒教育之前，也還未具備對經驗加以辨識和指稱的能力。這並不表示前世死者的意識對胎兒的腦一定沒有接觸或有所影響；但至少可以說明前世死者的意識在新生嬰兒的腦部還未能充分運作。

其次，嬰兒從充滿液體的胚胎世界，進入這個到處是清醒和移動之物體的世界，這過程是個極其痛苦的經驗。相信這種痛苦對大多數人來說，都足以抹去前世的記憶和人格特質。我們平常若經歷到極大的痛苦，不是也會發生遺忘的現象嗎？西方人因為鮮有嬰兒回憶前世的案例，所以排斥轉世之說；然而現有的少數資料，卻足以支持轉世投胎是個可行的假說。

我們並非要證明每個人都曾經在前世活過、並且都還記得這段經歷；只是要指出至少有些人曾經有過前世，而且目前所擁有的證據，可以用轉世之說來解釋。如果能成立，那麼「轉世之說是否能夠比其他理論更能解釋現有材料」這個問題，就可以用經驗來檢證了。所有人無論接受或不接受「業力」和投胎轉世，在心理上都可能有各式各樣的理由（例如接受此說就會讓人變得消極虛無），但個人主觀的感受顯然不會影響真正的現實。

前世記憶只是被遺忘的正常記憶

另外一種反對前世記憶乃轉世之證據的說法，是主張兒童所陳述的前世記憶是來自正常管道，只是這種管道被遺忘了。這種現象叫做「隱性記憶」(cryptomnesia)，在斷定一記憶是否關乎轉世的時候，必須要將這種「隱性記憶」先排除。

「隱性記憶」在催眠術裏特別多，有個著名的案例是多倫多一位羅森(H.Rosen)醫師的病人，這位病人會在恍惚的狀況下反覆以古義大利的優托利語 (Etruria) 罵人。優托利語是拉丁文的前身，他連拉丁文都沒學過，怎麼可能會說這種語言?可是後來經過查證，他確實曾經看過一張紙上面以大字寫著這句話。顯然他在不自知的情況下記住這句罵人的話，所以在催眠的時候才能覆誦出來。[47]

有人對前述的「白娣・墨菲案」提出批評，懷疑薇珍可能本來就認識一位名叫做白娣・墨菲的女孩，或者她常和來自愛爾蘭的移民說話；要不然就是她童年的故居和恍恍惚惚的白娣・墨菲所陳述的地方很像。[48]這種不實在的話一直都是基本教義派基督徒常說的；他們連薇珍都

---

[47] Renee Haynes, *The Seeing Eye, The Seeing* I (New York: St. Martin's, 1976), pp. 185–87.

[48] Donald West, review of "Facts and Fallacies in the Name of Science" by Gardner Murphy, *JSPR* 39, no. 697

沒見過，也沒有研究過這件事情。他們根本不知道如何解釋恍惚的白娣・墨菲為何能對那麼多人名、地名、日期等細節如此熟悉。[49]

雖然提出「隱性記憶」或許能駁倒某些催眠回溯的案例，但是對大部分的自發性回憶，反駁的力量就不那麼大了。小孩子根本不可能對他們完全不認識的人事地物說出一套解釋，就算他們有隱性記憶也不可能。隱性記憶這種假設，也不足以解釋為何小孩子會對他們「以前的家人」感情強烈，也說不清楚為什麼他們要在家人朋友都不認同的情況下，顯現出另外一種性格或說些奇怪的話。[50]

超—超感知覺的假設

以投胎轉世來詮釋前世記憶，如果能有合理的批評，應該不外是針對下列幾個重點：(1)所採納之事實是否在嚴密控制下取得，(2)承認一般正常的認知管道不可能足以解釋這些事實，(3)不排除此事實是由其他自然現象所造成。由這幾種批評可以看出，也許「超感知覺」(ESP,

(Sept. 1958).

[49] Ducasse, *Critical Examination*, pp. 275–99.

[50] Stevenson, “Research,” p. 165.

extrasensory perception)可以解釋這些所謂前世記憶以及轉世投胎之說。但即使「超感知覺」能夠解釋前世記憶和轉世，可是不要說其他類型的超感能力我們所知並不多，就連能夠解釋前世記憶的這種超感能力我們也所知甚少。這種方式幫助不大，但至少可以讓相信超感能力的人摒棄自己原本就不太接受的宗教或文化理由，而能另外有所選擇。

凡是假定所謂「超－超感知覺」(super-ESP)是屬於人類官能的說法，都和投胎轉世之說一樣，徹底違反了分析哲學立場的世界觀。暫且不論它們各自的動機或優缺點何在，我們先列舉出下列幾種能認知前世的超自然能力：(1)觸物感知(psychometry)，(2)心靈感應(telepathy)，(3)超感預知(precognition)，(4)倒攝認知(retrocognition)。以下逐一舉例說明之，以觀察這些能力如何應用在各種案例中，並藉之思考我們應該如何理解這些超自然能力的運作。

觸物感知

這種超感能力的運作，是由一位主體藉碰觸一個與過去某事件關係密切的物體，而對此事件有所知曉。常見的這些物體有筆、皮夾、手錶，甚至建築物上的石塊。它們本身似乎並不帶有什麼資料可供人窺知原本和它們密切相關的人物或事件，但在一位靈驗的觸物感知者的手上，它們好像可以提供許多細節，而且這種細節還是只能從它們身上才能得知，沒有其他來源。[51]

[51] Jacobson, *Life Without Death*, pp. 28–32.

雖然我們對這種方式瞭解不多，但它顯示我們所說的記憶，可能可以附著在物體上，或至少可以藉由物體來傳達，不一定非要貯存在大腦不可。

贊成「超—觸物感知」而不採轉世之說的人提出：有些記憶附著在看不見的物體上，後來被小孩子或受催眠的病人「拾起」，而誤以為是他們自己前生的記憶。[52] 這種說法的長處和缺點是什麼呢？

第一，現在討論的這種情況，和觸物感知的原意有所不同。我們所說的前世記憶之陳述，並沒有隨著某一個東西出現而開始，也沒有因這個東西被拿開而停止，而是持續相當長的一段時間。這些記憶也不是當事人「看見」其他時空中某人身上發生的事情，而是兒童或病人敘述他們確信發生在自己身上的遭遇。

更麻煩的是，用觸物感知的模式來解釋並不夠充分。因為進行觸物感知，必須要有個承載記憶的物體，如果沒有這個東西，記憶無從依附。支持此說的人為了補救，可能會擴充觸物感知的範圍，說有時候記憶會附著在不可見的物體上。但這樣他們就等於假設了有某個看不見也無法察覺的東西，它承載著垂死者的記憶，穿過時空來到一個嬰兒或被催眠的病人身上。如此就變成一個基本上無法證明的理論，也就是分析哲學家所謂無意義的理論；這種假設對支持轉

[52] William Roll, "Pagenstecher's Contribution to Parapsychology," *JASPR* 61, no. 3 (1967): 219–40.

世的立場沒有實質的幫助。

主張轉世和主張觸物感知兩者間唯一顯著的區別，在於後者主張承載記憶的是個我們可以看得見、但卻沒有意識的死物體；而支持轉世的人，則認為承載記憶的是不滅的心靈。根據某些孩童和催眠回溯的主體所描述的死亡與投胎之間的歷程來看，雖然目前我們尚無獨立的方法確實證明，但是可見的是其中承載記憶的應該是個活的意識，而非僅是尚未消散的記憶。由上述之前世記憶和觸物感知兩者相異之處，以及觸物感知為了使其現象有意義而必須作的擴充，可以見得「超—觸物感知」的假設對前世記憶的解釋，不如轉世之說來得充分。

心靈感應

心靈感應也是超感知覺的一種，是說一個人的心思可以藉超自然的方法傳達給另一個人。從前人們相信這是一個人將思想投射到另一個人心裏，而且有些心靈感應也的確是這樣。不過現在知道這種「收—發模式」已經不是唯一的模式，有時候思想並不一定需要接收與發送兩方以意識的行為才能傳遞。[53]而所謂「超—心靈感應」(super-telepathy)，指的是感應者所說出的思想內容，是從其他人的心裏感應到的，並且通常是來自感應者認識的人。

[53] Louisa E. Rhine, review of *Twenty Cases Suggestive of Reincarnation* by Ian Stevenson, *JPP* 30, no. 4 (1966): 263–72.

不過心靈感應仍然不能解釋我們提出的證據。因為不論被附體的人、被催眠的人，或是自稱記得前世的人，他們所陳述的事情都不是他們認識的人的意識內容。白娣・墨菲能叫出地名和商店的名字，古德翰醫師的病人對卡薩斯人的知識，還有史帝文生研究的那些小孩所作的陳述，這些資料都是必須在極其冷僻的史料當中爬梳對比才能確證無訛的。

還有一個問題，就是這些人到底是穿透了誰的心靈才知道那些事情的？批評家蕾娜相信有時候是小孩子的父母透過孩子的口說出他們的想法。她說：「孩子們在父母長輩協助之下，在心裏植入了『我不是我自己，我是別人』的幻覺。我覺得大人為了替自己或小孩牟利，而將幻覺加諸小孩，簡直是毫無良心的醜事，更是惡劣地侮辱了小孩的尊嚴。」[54]

但其實不然，許多案例中的父母對小孩子說的事情感到非常驚訝；他們有的根本不知道小孩子說的是什麼事情，有的還不太願意接受研究調查。[55]諷刺的是，蕾娜在後文裏說，家長們覺得研究小孩的倒攝認知對他們的學業非但沒幫助反而有害，那和她所謂「為自己或小孩牟利」的動機豈不自相矛盾？[56]

[54] Reyna, *Reincarnation*, p. 34.

[55] C. T. K. Chari, "'Buried Memories' in Survivalist Research," *IJPP* 4, no. 3 (1962): 40; 參考 Playfair, *Indefinite*, p. 171.

雖然真正的親子心靈感應是可能常有的現象，[57]但我們現在談的不是這個。如果說小孩陳述的前世記憶，其實是他透過心靈感應得到的資訊，那麼我們就必須要有個模式，來解釋眾多遙遠陌生的心靈是如何作用在這小孩身上的；否則，就只好承認他能夠只從某一個他根本不知道的已經亡故的人那裡，以心靈感應的方式得到資訊。所以，我們目前必須假設小孩是透過心靈感應進到許多陌生活人的心裏，一點一滴地從這些人的下意識裏得到關於某位逝者的資訊。心靈感應的模式，顯然沒辦法解釋這麼多事情。

要補救心靈感應這個假設唯一的辦法，是主張這些陳述前世記憶的小孩或主體，是透過心靈感應從逝者未滅的意識得知這些事情的，而不是逝者的意識進駐到他們身上。這個主張基本上保留了靈魂不滅的可能性，並且承認只有某個人的意識在死後沒有消散，才能用心靈感應來解釋為什麼小孩子能陳述這些記憶。（如上文所示，心靈感應也可以解釋靈媒擷取知識的現象，可是在靈媒作法中，明顯的附體或溝通只是短暫而片段的。）

「主體和靈魂發生心靈感應」與「靈魂投胎進入一個新的軀體」這兩者之間重要的差異，也就是陳述者敘事觀點的不同。當人們藉心靈感應接收到訊息或觀念時，他們會說看見了某些

[56] Reyna, *Reincarnation*, p. 34.

[57] Berthold E. Schwarz, "Telepathic Events in a Child Between One and 3½ Years," *IJPP* 3, no. 4 (1961): 5–46.

圖像、聽到了某些聲音，或者得到其他的印象，這些印象可能和其他心靈裏的印象相符。但，他們並沒有說這些印象是「他的」，或說「他記得這些」，也沒有說他們覺得這些印象有任何熟悉或親切之感。

可是，我們研究的案例中這些主體都覺得他們「看見」的這些形象真的是「他們的」記憶。他們說過去某人的形象或動作就是自己，而不僅是覺得曾經有過這些印象而已。因此即使我們將心靈感應的假設修正到能接納記憶不滅的程度，也還是不能說它是投胎的直接證據。

超感預知

超感預知是一種能夠準確預知未來的能力；它是我們所知最少的一種。它是目前我們最不瞭解的超自然能力之一，因為它若非違反了我們常識中時間流逝不復返的觀念，就是必須假設一個龐大的宇宙預定論。如果把「超—超感預知」放在我們的研究裏當作一種假設，它會導出的結論是，一個主體若能得知他人前世的知識、能力或其人前世所說的外國語言等，其實是主體以超感預知的方式，預先知道了研究人員後來才發現的事情。

譬如，這種理論會說古德翰醫師研究的那位女士，其實並不是確實記得卡薩斯教士們穿的是藍袍（這件事是後來才公開的），而是她預知研究人員後來會考證出來他們的袍子是藍色的。所以她是「預知」袍子應該是藍的，而不是「回憶」起袍子本來是藍的。[58]這就好比說我在考試中答對題目，並非因為我事先溫習過，而是因為我預知我將通過考試，所以預先知道我將在試卷上寫些什麼。

這種語不驚人死不休的循環，令人簡直不知道如何深究，也沒辦法推翻。一個案例若是無法深入研究，那麼持此說法的人，就可以說在陳述者的記憶還沒查證為真之前，就不能說他確實記得前生。但若一個案例經過研究，而且陳述者的說詞也經查證確實符合歷史事實，那麼「超—超感預知」的說法就可以主張陳述者並非記得前生，因為那只是對整個研究考證結果的超感預知。

這種荒唐的講法如果還有人接受，那麼我就只好把它在邏輯上的謬誤指出來。它讓對資料的詮釋來遷就特定理論，這點就犯了邏輯規則；因為畢竟有數以千計的小孩提出了真實、但卻尚未查證的陳述。如果依「超—超感預知」的說法，這些陳述全部是沒有根據、並且可能都是假的。但，說不通的地方是，一旦有人證明小孩的陳述符合前人的事蹟，他的陳述就被這個理論重新詮釋；他們本來說小孩的陳述是假的，現在又說小孩說的是真的，但卻是以超感預知的能力預先知道了考證的結果，並不是記得那些事情。

簡言之，主張前世記憶可以藉超感預知而得來，就是認為一個陳述為真的可能性，會隨每

---

58 Haynes, *Seeing I*, p. 183.

次調查而增高或降低。並且，如果這些陳述者真的能預知，有些他們原本預知在未來會被證明為假的事情，他們反而會依據記憶而宣稱為真；此事豈不奇怪？此外，超感預知和陳述者覺得這些記憶是他們自己的，這兩者是不同的；譬如模糊的預感靈光乍現，和一般普通的記憶之間就是有所不同。如果這種經驗真有任何靈異之處，它們應該是屬於倒攝認知的一種，而非超感預知。不過在此不必對之深究。

倒攝認知

倒攝認知所認識到的是對過去的知識。超心理學家有時會發現有人能透視過去的事情，特別是某些敏銳的人造訪古戰場、金字塔、凡爾賽宮等古蹟的時候，特別容易發生這類事。這種模式主張陳述前世記憶的主體所道出的不是他們自己生命中的回憶，而是「以倒攝認知的眼窺見了別人的生命」。[59]

在某一個意義之下，所有的記憶都可以說是倒攝認知。但要問的是「記憶型的倒攝認知」和「非記憶型的倒攝認知」有何不同之處？答案很簡單：能夠倒攝認知的人一般窺見的是過去的事情，但卻無法在其中認出自己、或自己在其中所處的時空。可是在我們所採納的前世記憶

[59] 關於將所有記憶都視作超感知覺之特例的說法，請參考 Robert L. Patterson, "The Case for Immortality," *IJPR* 6, no. 2 (Summer 1975): 91.

裏，陳述主體卻是事件當中的主角，他們在其中有認知能力，也能被人認知，也說得出自己所處的時空。因為這種回憶「感覺」起來和其他的回憶差不多，往往也被主體依照時空和其他記憶串在一起。因此，稱它們作「真正的前世記憶」似乎比稱它們作「倒攝的透視」來得妥當。當然「超—超感知覺」還有許多值得商榷之處。

駁所有「超—超感知覺」的假設

我們就算對超感知覺之運作瞭解的程度，已經到在科學上或感覺上將之作為可以接受的假設，但是要在超感知覺和我們採納的前世記憶之間分出基本差異，還需要大幅調整我們對超感知覺的瞭解，或是根本就把前世記憶排除在超感知覺的範圍以外。首先，如前所論，有些主體陳述的是「他們自己的」經驗，提到的是「他們」從前的家人，發生在「他們的」前世裏；就算自己家人反對，他們也還是這麼說。這些陳述都帶有自然的感情成分在內。

其次，且看史帝文生對「超—超感知覺」的解釋：

> 超—超感知覺，並不能充分解釋轉世的主體除了具有他們所陳述的前世記憶之外，另外還有超感知覺的能力。我們可以合理地問：既然那些小孩都是憑這種超自然能力得到正確資訊，那麼，

為什麼他們在別的情況下又無法施展這種能力？或者，為什麼這種能力不能用在別人身上，只能用在他們自稱記得的那位逝者身上？[60]

他問得比較婉轉，但含意卻很清楚：其他的理論都不能解釋連陳述者本人及其家人原來都不知道的某位逝者，為什麼會成為他想法和回憶的中心。

第三，波藍宜(Michael Polanyi)等精神醫師主張，就算記憶能夠從一個人身上轉移到另一個人身上，但經透視所得來的知識、習慣、態度、氣質，以及語言或肢體上的能力，都需要反覆練習才可能轉移。而且基本上技能是不能轉移、也不能傳達的。[61]史貴芬等人認為一個人的技能，是辨別其身分的基本要件，甚至是比他的外貌還重要的條件。[62]所以當有人不但宣稱自己是某人轉世，而且也未經訓練就展示出那人所具有的技能，譬如游泳、數學、語言等，我們如果將此事視作「他就是從前那個人」，應該比將它勉強說成這是超感知覺來得妥當些。

---

[60] Stevenson, "Research," p. 165.

[61] Michael Polanyi, "Tacit Knowing, Its Bearing on Some Problems of Philosophy," *Review of Modern Physics* 34 (1962): 601–16.

[62] Michael Scriven, "Personal Identity and Parapsychology," *JASPR* 69, no. 4 (1965): 312.

我們曾經提到過胎記的問題。小孩身上常有一些疤或疣，恰好和某些被殺害的人身上的痕跡一樣。蕾娜說這些胚胎上的印記是母親希望過世的親人再生的意念所造成。她這個誇張的假設有很多理由可以推翻：[63]

(1) 沒有證據可以顯示母親的意念會影響嬰兒的胎記。

(2) 許多母親並不樂意見到自己嬰兒身上有印記或缺陷。

(3) 許多母親並不知道有孩子自稱之「前世」這個人存在，更遑論知道這個人是怎麼死的。

(4) 就算母親的意念會影響胚胎的生長，也不能排除有某位逝者的心靈自己有意選擇一個嬰兒來投胎。

綜觀以上，我們認為如果一位逝者原本所該有的記憶、習慣、能力等呈現在一個小孩身上，並且再加上胎記，把這種情況解釋為兩者實為同一心靈，應該比用任何「超—超感知覺」理論都來得妥當。

當然，這種例子絕不足以證明轉世之說。在研究當中我們將繼續提出一些似為投胎的情況。雖然我們的實證研究才剛起步，但經過二十年的努力，已經可以舉提出轉世的一些性質，茲概述如下：

---

[63] Reyna, *Reincarnation*, pp. 32–34.

(1) 史妥利法則(Story's Law)：

雖然死者未必知道自己投胎的地方，但都不出幾百英里的範圍。[64]這種說法部分因為研究範圍距離的限制，尤其是父母對小孩子說的外國話不會特別留意，縱然小孩說的是融貫的陳述，也只當它是牙牙兒語。

(2) 依凡文茲法則(Evans-Wentz's Law)：

人會以自己相信的方式轉世。如果一個男人從小就相信投胎之後不可能變成異性，他投胎之後也不會變成女的；反之亦然，女人投胎也不會變成男人。[65]

(3) 派克法則(Parker's Law)：

轉世的主要原因是死於非命或死不甘心，或者不甘心地死於非命。此說合於佛教的想法。[66]史帝文生和班納吉就發現過許多死於非命的例子。

(4) 馬提努斯法則(Martinus's Law)：

---

[64] 似乎連在亞洲的歐洲人也是如此。參照 Ian Stevenson, "A Reply to Gardner Murphy," *JASPR* 67, no. 2 (1973): 132–34.

[65] Stevenson, "A Reply," pp. 133, 135.

[66] Adrian Parker, *States of Mind* (New York: Taplinger, 1975), p. 168.

在童年就死去的人，投胎會比較快；成人死後會在某種過渡階段停留一段時間[67]。史蒂文生的資料顯示，轉世等上好幾年是常有的事。[68]不過我們尚缺有人敘述自己在死後是如何進入新軀體的這類有力證據。投胎的過程，無論是等幾天或等幾年，逝者在離開人世的時候自己都不太清楚。

在此必須強調，以上這些「法則」或假設都是歸納得來的，可以用經驗加以檢證；累積愈多的案例和研究成果，就愈能將之確立或推翻，就像氣象報告和地震預測一樣。實證經驗研究所強調的是，意識不滅是證明投胎前、投胎後的兩人，其實是同一個人的必要條件。

宣稱記得前世的案例，發生在開發中國家，比發生在已開發國家的頻率為高；這些是最相信投胎轉世的國家。當然在將轉世視為無稽之談的社會裏，比較少發現有兒童記得前世，因為在這種文化脈絡裏的父母根本就不相信小孩講的話，甚至會打消小孩子的這種想法。此外，生長在相信轉世的社會環境中的小孩，比較有人會聽他們敘述前世的故事。[69]而且在低度開發國家裏，兒童的心思和時間被佔據的程度比較低，一方面他們的外在刺激比較少（例如電視、電

[67] Jacobson, *Life Without Death*, pp. 368–69.

[68] 參考 Stevenson, "A Reply," pp. 130–36.

[69] Ian Stevenson, review of *The Cathars and Reincarnation* by Arthur Guirdham, *JASPR* 66, no. 1 (1972): 117–19.

影、電動玩具）；另一方面他們要作的事也比較少（例如沒有學校、童子軍、青年會、補習班等）。

特別是在識字率較低的地區，成年人的記憶似乎發展得比識字率高的歐洲人還要好。這些刺激和外務，可能正是讓前世記憶模糊的原因，也可能這就是為什麼人們把關注焦點放在眼前，而不是放在過去。或許這樣能夠部分說明不同地區的差異。即使在今日，低度開發地區以外，也還是有投胎的案例傳出；例如在信天主教的巴西、信基督新教的英格蘭，都曾發現數以百計的案例。如果我們的研究能夠打破各種社會禁忌，那麼更上一層樓的研究成果，就可以顯示無論一地之開發程度如何，其發生投胎的頻率和別的地方都是一樣的，與當地文化背景無關。

在另一方面，可能有些人投胎是變成人，有些則不是。根據研究對象的陳述，有些人記得在幾次轉世投胎之中，也曾投胎做過馬或猴子；有些人則對天國念念不忘懷有鄉愁。這些說法都不能當定論來看。同時，我們可以大概計算出一個人從死亡到投胎中間經過的時間。目前記錄中最短的間隔，應該是前文中提到的雅珊卓娜，她只花了九個月不到就重新投胎。如果像哲學學者杜卡瑟所接受的那種例子，投胎的過程可以長達幾百年、甚至幾千年。[70] 一個人從死亡過渡到「另一個」帶有他部分記憶的人出生之前，常見的間隔是數年的時間。

[70] Ducasse, *Critical Examination*, pp. 248–56.

這種時間差距具有重要的哲學涵義。第一，它表示投胎並非與死亡同時發生。如果早期佛教的說法是正確的，轉世應該是立即的、像一道閃電般從遺體進入子宮裏的胚胎，然後一直到出生，整個轉移的過程先後不到一年時間。但證據顯示過渡階段的時間似乎比這個長。不管我們是接受投胎變動物、在天國滯留等陳述，或者更複雜的說法，目前的證據都需要假設另外一種世代之間的延續性。因此，雖然轉世之說預設了「不滅」，但這個預設並沒有告訴我們意識在肉體死亡後是什麼形式。

綜而觀之，愈積愈多的資料顯示，至少有少數臨死的人後來會進入人的身體，但其中更少數是立即轉世。我們現在需要找出能證明「脫竅」之性質的其他證據；少則期望找出逝者和其投胎的新生者之間的延續性和同一性，多則不論逝者未來是否在這個世界上重生，我們都期望能知道人在死後「不滅」究竟是什麼意義。[71]

[71] J. M. O. Wheatley, "The Question of Survival, Some Logical Reflections," *JASPR* 59, no. 1 (1965): 207–9.

§第二章§

不可見的形體？

在第一章裏，我們提出轉世是解釋某些附身或前世記憶案例之最可能的假設。我們也提到轉世之說若欲成立，須預設多次投胎的同一個人應具有的延續性和同一性，而此延續性與同一性則需要某些「看不見的東西」來支撐。

本章將討論「有意識的人格」獨立存在於肉體之外的這種超自然現象，「有意識的人格」可以作為前述論證中之延續性與同一性的依據。對我們最重要也最有意義的現象是「顯像」(apparitions)和「出竅經驗」(out-of-body experiences)，我們將對兩種現象進行討論。

一般說來，顯像通常是指魂魄或幽靈，也就是活人或死人的靈魂離開肉體而顯現出來。至於出竅經驗則是一個人的靈魂或意識中心以及感覺能力脫離身體，而肉體在此時則呈靜止狀態。無論怎樣持平地看待這些討論，難免都令人連想到鬼魅、附身；這些現象也難免會被人批評為主觀的幻覺。

本章會將這些說法和誤解放在一旁，而只對可驗證的資料進行研究，嘗試找出最可能的解釋，並審慎地衡量其是否與轉世相關。

不列入考慮的現象

為釐清「顯像」和「出竅經驗」的性質，必須先界定討論的範圍。我們會先排除幻覺、幻肢、鬧鬼、鬼屋等比較極端的例子。

幻覺

精神醫學界和超心理學界常常將幻覺和顯像混淆不清。為求清晰和合邏輯起見，我們必須將兩者分清楚，而且在使用這兩個語詞的時候也力求明確。幻覺和顯像（以及出竅經驗）至少有下列三點相異之處：共同主觀性、成因、延續性。

共同主觀性

所謂顯像，是指一人或一物在一段時間內被人以感官察知，但後來發現其實該人或該物，就物理觀點而言並未出現在其被人察知的地方。至於出竅經驗，是指一個人感覺自己離開身體出現在別的地方，而自己的感覺就如同真的在該地一樣。當然這兩種經驗，都可能是沒有事實根據的幻想。

在我們的研究裏，「幻覺」一詞僅指純屬主觀的形象；至於具共同主觀性的、能驗證的，或具有其他物理特性的形象則稱之為「顯像」。雖然感官認知的主觀或客觀，在許多情況下實在難以認定；但是至少可以說例如醉漢看見的粉紅色大象、被打昏頭的小孩看見的滿天星斗、或人在夢中覺得自己不在床上而在他處的感覺等，這些在我們的研究裏，不會當作顯像或出竅經驗來處理。

一個懷疑論者既不相信可驗證的顯像，也不接受出竅經驗，他可能先入為主地就認為這兩者都是幻覺。相反地，主觀唯心論者則會傾向於把所有幻覺和其他經驗都一視同仁，都當作真實的。不過這兩種立場都忽略了一些不可動搖的事實。

發生幻覺和感覺到顯像或出竅經驗之間，有個不同之處可供區分：單純的幻覺裏，是我「看見」客廳裏有個鬼；但如果有旁人在，而且他們也看見了，或者有錄影帶可以檢視，或還有其他吻合的陳述，那麼我們就有理由可以將它稱之為顯像。如果沒有別人感覺到我「看見」的影像，那很可能只是我的幻覺。

同理，如果我覺得自己脫出體外到了另一個房間，而且能夠描述室內的細節，宛如真的置身其間；或者，如果當我的身體睡在床上時，有別人或機器觀察到我「出現」在另外那房間裏，這種經驗可能真的就是出竅。否則的話，如果我覺得離開身體時所感覺到的經驗，和真實的事件或地方沒有一點關係，那麼不管這個經驗在心理學上多麼有意義，都只能把它列為夢或幻覺。我們的研究只討論符合以上描述的顯像和出竅經驗。此外，下列的判準也可以幫助我們分辨顯像和出竅經驗。

成　因

幻覺（即純屬個人的視覺幻象，如上文所定義），一般均由精神分裂等心理疾病所造成，或由高燒、妄想、催眠、酒精或引起幻覺之藥物等因素造成。❶這些異常的因素使腦部發生化學變化，導致人想像自己感覺到印象鮮明但實際上並不存在的東西。此外，以探針電擊癲癇症患者的腦部所造成的鮮明影像，亦歸入幻覺之列，因為只有患者本人覺得此影像在外界有聲音和形象，並且這個影像也只對患者本人有影響。❷

另外，感官主體在健康良好、未飲酒、未服引起幻覺之藥物的情況下，可能發生顯像或出

---

❶ Sydney Maliz et al.,"A Comparison of Drug-Induced Hallucinations with Those Seen in Spontaneously Occurring Psychoses," in Louis J. West, ed., *Hallucinations* (New York: Grune & Stratton, 1962), pp. 50–61.

❷ Wilder Penfield, *The Mystery of the Mind* (Princeton: Princeton University Press, 1975).

竅經驗，但在飲酒或服藥下也可能發生類似經驗。可是不能說所有的幻覺都和藥物有關，也不能說顯像和出竅經驗和藥物完全無關。在這些模稜兩可的例子裏，我們在認定一個案例為真之前，必須確認它同時也符合其他的判準（例如共同主觀性等）。在我們的研究當中，將限定陳述出竅經驗的人必須是健康狀況正常，而且並未服用藥物或飲酒，以避免將幻覺和顯像、出竅經驗混為一談。

延續性

不論幻覺或顯像與出竅經驗，它們延續的時間都不長。這兩類經驗通常都只有幾分鐘，隨後意識狀態和感覺經驗就恢復正常。顯像和出竅經驗延續的時間，一般說來比幻覺短一些，幻覺會在幾個小時裏延續不斷或反覆發生。更精確一點說，無論眼睛是否睜開都可能發生幻覺；可是要看見顯像就非得張開眼睛，而出竅經驗往往眼睛一睜開便結束了。❸

因此，我可以閉起眼睛來，測試一下客廳裏的鬼是否客觀存在，當然這只是部分因素。如果我把眼睛閉起來，它還在面前，那麼應該可以確定它只是我自己腦裏的幻覺，別人大概不會看見。但是如果我雙眼闔起它就和我的客廳一起消失；我再睜開眼它又出現了，那麼這就可能

❸ Irwin Feinberg, "Visual Hallucinations in Schizophrenia," in West, *Hallucinations*, p. 71；亦可參考 Walter Grey, "The 14th F. W. H. Myers Memorial Lectures," *PSPR*, 1960, p. 23.

是顯像。當然也有些情況不容易分辨；雖然我們不能保證眼睛睜開時看到的一定就是顯像，但至少可以將討論的範圍限定在兩種情況：它是視覺作用改變時就不再存在的感覺經驗？還是既維持不了幾個鐘頭、在幾個鐘頭內也沒有反覆發生的感覺經驗？藉這個方法，我們可以排除幻覺的另一種來源。

幻肢

可以稱作「顯像」的幻象，與幻肢幾乎完全不同。但由於字面上如此相近，再加上一般誤信截肢手術之後會有「幻想中的」的肢體存在，所以才造成這種混淆。所謂幻肢是指病人在截肢之後感覺截去的肢體仍然存在，或腦中仍有這樣的印象。凡是五歲以上的人（幼童較罕見）如果動過截肢手術，幾乎都會對人說感覺到已經截去的手腳，仍然有刺痛或癢的感覺。至於在乳房或生殖器上，則不常出現這種情況。[4]

所以幻肢是一種觸感上的幻覺，而顯像或出竅經驗基本上屬視覺對象，因此並不一樣。這種觸覺印象除了針對截去的肢體以外，通常和其他外在條件並不相干；有時候幻肢現象會在頭

---

[4] Lawrence C. Kolb, "Phantom Sensations, Hallucinations, and the Body Image," in West, *Hallucinations*, pp. 239–43.

部或脊椎手術後消失。❺所以它的成因是腦部神經在截肢前所受到的刺激，在截肢之後仍然持續發生作用，可以說純屬神經生理上的現象。幼童截肢不會發生這種現象，正可以表示他們腦部某些區域和特定的神經，和自己身體形象之間的連結，還未強固到不可磨滅的程度。❻既然幻肢是觸覺而不是視覺，又是一種並無傳遞真實訊息的幻象，而且還可以用神經生理學充分解釋，所以我們可以不必將它列在顯像和出竅經驗的討論範圍之內。

鬧　鬼

鬧鬼現象（poltergeist，來自德文「吵鬧的精靈」），在技術上常稱為反覆發生的「心靈致動」現象。發生的情況，包括東西忽然破壞或移動或突發奇響，或是沒有人為因素就毫無緣由地起火。這些現象常發生在家中有人死亡的時候，例如常聽說的情節是「老人斷氣的時候，牆上的掛鐘亦隨之嘎然而止，從此再也不動一動」❼。我們不將鬧鬼列入研究範圍，並非因為它不能和幻覺或幻肢一樣可以用生理學來解釋，而是因為它實在很難分類，也很難研究。因此它們也

❺ Ibid., pp. 244–46.

❻ Ibid.

❼ 參考 Louisa E. Rhine, "Auditory Psi Experience: Hallucination or Physical?" *JPP* 27, no. 3 (1963): 182–97.

很難對死後不滅的問題提供材料。

目前對鬧鬼的研究指出，它和有嚴重心理問題的十幾歲青少年密切相關。這個意思並不是說這些少年故意敲打牆壁或是亂扔傢具，而是說這些噪音或現象，常常和腦部有類似癲癇狀態的這些人在同時同地出現。❽

有一種說法認為鬧鬼是某種意志力作用的結果，所以如果是發生在沒有活人的地方，那就可能是死人出竅的意志力所為。這種假設固然有意思，但其中蘊含的預設顯然太多。

可是我們還是可以問，所謂類似癲癇的狀態，果真就是那些騷動的原因嗎？或它只是和這種「反覆發生之心靈致動現象」相伴發生？如果假定是有幽靈作祟，對澄清大多數鬧鬼的案例並沒有幫助。這完全是如何詮釋或說明「非語言之聲響」的問題。我們根本不知道為什麼一個幽靈平白無故要搖動傢具或亂扔盤子。更嚴重的是，幽靈作祟的假設，一般都說「它」的能力在死後比生前還要強，譬如說它的意志力在丟東西的時候，可以不受地心引力、摩擦力、拋物線等限制，而且還不用碰觸到東西就能使東西移動。總而言之，我們對這種「反覆發生之心靈致動現象」所知太少，而且從嚴謹的研究觀點來看，也太特別、太難控制了。更重要的是，它

❽ William G. Roll, "Poltergeists and Hauntings," in *Papers from the 19th Annual Convention of the Parapsychology Association* (Metuchen, N.J.: Scarecrow, 1977), pp. 227–29.

和靈魂不滅之間的關聯還太薄弱，目前不適於作為研究的方向。

鬼屋

鬼魂在某地出沒是顯像的一種。它往往具有共同主觀性，也就是說在某地有一人以上同時見到它們，或先後被不同的人看見它們的形象。這種情況和其他類型的顯像不同之處，在於它沒有明確的目的、它反覆發生，並且盤踞的是一個地方，而非某個人或某個意念。通常所謂鬼屋裏的鬼應該就屬於這一類。

鬼魂出沒這種現象，適合用觸物感知的方式來說明，我們在上一章裏曾經說過，這種方式不適合用來解釋附身或前世記憶。洛歇(Rauscher)就曾問道：

> 我們來看看記憶是如何附著在東西上的，譬如一支手錶、一枝筆，或者一枚結婚戒指吧，這樣你是不是就能想像它是怎麼附在一間屋子裏的？這些附在屋子上的記憶，會對住在裏面的人以影像、聲音或者氣味等形式顯現。冤魂的記憶最常以厲鬼的樣貌出現；所以一間屋子如果從前發生過什麼慘劇，整個屋子便會籠罩在恐怖陰森氣氛裏。[9]

[9] William V. Rauscher and Allen Spraggett, *The Spiritual Frontier* (New York: Doubleday, 1975), p. 67.

浦萊斯 (Harry Price) 教授曾經親自查訪過英國為數不少的鬼屋；❿他的結論也是鬼魅盤踞的現象不同於其他類型的顯像。鬼魅盤踞似乎沒有意識的跡象，而顯像常常包含有意識的目的。⓫哈特(H. Hart)引用《顯像的六種假設》一書的研究，說「死亡十二小時以上的人顯像和其他的人有顯著的不同；他們常常被人看到，而且對某一地方帶有很重的情感，而不是把情緒放在察覺到它們的人身上。」⓬

我們詳細說明非鬼魅盤踞的顯像之後，這些差異的深一層含意就會更清晰。我們必須將這些差別考慮在內，不能因為觸物感知可以充分說明鬼魅盤踞，就妄下斷語說所有方式的顯像都能用它說明。其實是不行的。

從研究的立場，我們應該要蒐集所有關於鬼魅盤踞的證據。這些現象是很可以用科學方法研究的，因為它們都在同一個位置，而且可以預測。再者，它們和其他類型的顯像有共同之處，譬如它們出現和消失的方式相似，它們都會穿過物體等等。因此深入地研究這種現象，可以幫助我們瞭解它們在物理上、或超物理上的結構。這個問題後文會再度討論。

---

❿ A. T. Baird, ed., *One Hundred Cases for Survival After Death* (New York: Bernard Ackerman, 1944),pp. 47–49.

⓫ Hornell Hart, *The Enigma of Survival* (Springfield, Ill.: Charles C. Thomas, 1959), p. 186.

⓬ Ibid.; cf. p. 171.

列入考慮的現象

根據以上的條件，我們可以開始檢視顯像和出竅經驗。這些現象有點像一枚銅板的兩面：顯像是人們看見實際上不在的人；而出竅是實際上不在某處的人看到那裏的事情，就好像自己在那裏一樣。本章還會有進一步的對比，目前先將它們視作兩種現象，分別探討它們各自的歷史、特性，以及實驗上的發現。

顯像

自古以來，從最原始的民族以至於現代的物理學家、哲學家，對都顯像懷有幻想和畏懼。有些人見到自己亡故的親友，譬如哈姆雷特；還有更多人忽然遇上了不認識的人，譬如狄更斯小說《聖誕歡歌》裏的人物斯古基(Ebenezer Scrooge)。許多遇上顯像的人，在第一次碰上之前，根本就沒想過遇上、或是不相信這種事；這種故事屢見不鮮。我們且先看看記載比較完整的文獻。

歷史中的記載

幾乎所有民族的古代神話或文獻都有記載逝者的顯像；在文獻記載裏的這些先人，都還宛如在世一樣地和後代來往。目前所知最早有系統地蒐集、紀錄和討論這些資料的文獻，應該是一本一五七三年出版的拉丁文著作《鬼魅夜行》⓭。後來又有辛普森(D. Simpson)在一七九一年出版了《論夢與夜晚之所見》，⓮這本書裏紀錄了七十七件據信為真的顯像事件；那還是英王喬治三世的年代，出版遠不如今日普及。一百年之後，葛尼(E. Gurney)、麥爾斯(F.Myers)、派得莫(F. Podmore)發表了他們突破性的研究成果《生者之幻像》，⓯記錄的案例超過《論夢與夜晚之所見》兩倍不止，這本書直到現在還是重要的參考資料。

在一八八九年，剛設立不久的心靈研究學會就顯像的問題向一七、〇〇〇人發出問卷。在交回的問卷當中，有三五三人表示看過活人顯像，一六三人見過逝者顯像。該會發表的《幻覺調查報告》裏，西卓依克(Henry Sidgwick)在陸續研究中發現一些重要的關聯：大部分死者的顯像都發生在死後一小時之內；而大部份生者顯像發生的時間，都是這個人正巧同時夢到自己出

⓭ Ludwig Lavater, *Of Ghosts and Spirits Walking by Nyght* (1573), ed. and trans. J. Dover Wilson (London: Oxford University Press [for the Shakespeare Association], 1929).

⓮ Jocelyn Pierson, “Old Books on Psychical Phenomena,” *JASPR* 35, no. 3 (1941): 74–80, 98–104.

⓯ Edmund Gurney, F. W. H. Myers, and Frank Podmore, *Phantasms of the Living* (London: Trubner, 1894).

現在被人發現顯像的地方。⓰

大衛尼爾(A. David-Neel) 在一九三〇年代提出西藏喇嘛分身的事蹟。⓱第二次世界大戰期間，士兵戰死時被家人看見顯像的傳聞亦層出不窮。⓲第一屆國際超心理學研究於一九五三年在烏特萊(Utrecht)召開後，有來自十二個國家的四十八位學者在這次會議的激盪之下，發表了一篇〈顯像的六種假設〉。⓳幾乎就在同時，偉斯特(D. J. West)的《今日心靈研究》用了極大的篇幅討論關於顯像的研究。⓴泰瑞爾(G. Tyrrell)發表的經典之作《顯像》也受到廣泛的重視。㉑而〈顯像的六種假設〉的結論，傾向於接受死後靈魂不滅的假設：

超感知覺的現身（即顯像），現在已被視之為真有其事。而且生者有意識的離體現身，幾乎和逝者的顯像在各方面都無法分辨，所以我們可以說，逝者最常發生的顯像裏，有些附帶著足以

⓰ Henry Sidgwick, "Report on the Census of Hallucinations," *PSPR* 10 (1894): 36–44; cf. esp. table 5, p. 44.

⓱ Alexandra David-Neel, *Magic and Mystery in Tibet* (New York: University Books, 1958).

⓲ "Cases," *MSPR* 15, no. 3 (1946): 163–85.

⓳ Hornell Hart, "Scientific Survival Research," *IJPP* 9, no. 1 (1967): 45.

⓴ D. J. West, *Psychical Research Today* (London: Duckworth, 1954) .

㉑ G. N. M. Tyrrell, *Apparitions* (London: Duckworth, 1953).

代表他們的記憶和目的。因此這些顯像的事例，可以作為人格特質在肉體身軀死亡後依然不滅的證據。㉒

我們在這個假設及其所持的證據為大家認可以前，自己先進行檢視。

顯像研究的發展自一九五〇年代起，就以低調的腳步進行。美國加州大學洛杉磯分校的研究小組到鬼屋現場，蒐集顯像在特定地點出現的資料；㉓杜克大學則悄悄地彙編了八千件顯像案例的資料庫。在好幾十個案例裏，看見顯像的人要不是確定他所看見的人當時的確是在別的地方，否則根本沒有辦法分辨他所看見的是本人還是顯像。㉔《英國醫藥學報》提出在威爾斯地區有百分之十四的鰥夫和寡婦，曾清楚地看到他們逝去配偶的幻象，㉕但這個資料仍需進一步研究。

㉒ Hart, “Scientific,” p. 46.

㉓ Thelma Moss and Gertrude Schmeidler, “Quantitative Investigation of a Haunted House,” *JASPR* 69 (1975): 341–51.

㉔ Louisa E. Rhine, “Case Study Review,” *JPP* 33, no. 3 (1969): 260.

㉕ W. Dewi Rees, “The Hallucinations of Widows,” *British Medical Journal* 4 (1971): 37–41.

客觀性

顯像有一個基本的特色，就是具有客觀性。也就是說，它們似乎符合一個實心物體在三度空間裏該有的透視或視差。而且它們也是在共同主觀的情況下可以看見，也就是說它們可以被許多人從各自的視覺觀點看見。這點和認為鬼魂通常只會被獨處的一人看見的說法相反。普林斯(W. Prince)的研究結果發現「約百分之三十強的知覺者，是在旁邊有一人或一人以上的情況下看見顯像。」[26]

在殖民時代，大概有一百個人曾經看見白絲黛(L. Blaisdell)的顯像，或者曾跟「她」說話，或在「她」身旁走動。[27]哈特描述過一個案例，其中的顯像被人直接看到出現在鏡子裏。[28]泰瑞爾說他在一九五三年以前蒐集到一百三十件許多人同時見到顯像的案例。[29]前述〈顯像的六種假設〉的研究裏，有四十六個案例中，顯像出現的時候房間內不只一個人；其中有二十六件（佔百分之五十六）是同時被一人以上看見。[30]

---

[26] Walter F. Prince, *The Enchanted Boundary* (Boston: Boston Society for Psychical Research, 1930), p. 173.

[27] Abraham Cummings, *Immortality Proved by Testimony of the Sense* (Bath, Me.: J. C. Tobbley, 1826).

[28] Hart, *Enigma*, p. 182.

[29] Tyrrell, *Apparitions*, p. 69.

這些情形讓哲學學者約得(C. Joad)斷言那些見到顯像的人「真的看見了一些東西」。他說：「我所謂『看見』，是指眼睛的網膜和視覺神經受到主體以外之事物的刺激；也就是說，他們看見的是客觀的東西，不是主觀的投射。」[31]約得也指出動物常常在人看到顯像之前就先有反應，這點將在下文中繼續討論。

還有一個問題，就是為什麼有些人看得見顯像，有些人就看不見？這似乎和各人的「感應力」不同有關。[32]在其他心靈能力的研究上也發現相同的情況，而且這個現象普遍到可以稱為定律的程度，我們將它稱之為「綿羊—山羊定律」。[33]這個定律是說在其他條件都相同的情況下，相信心靈感應的人比懷疑的人容易展現心靈感應的能力。這種效應用許多不同的例子作過實驗，結果發現確實是如此，而且兩者的差異，遠遠超過因實驗之誤差可能造成的差異。不管為什麼，「綿羊—山羊」效應，應該是所有超自然現象都有的普遍情況，在顯像這個問題上應

---

[30] Hart, *Enigma*, p. 182.

[31] C. E. M. Joad, *The Recovery of Belief* (London: Faber & Faber, 1952), p. 208.

[32] Thelma Moss, *The Probability of the Impossible* (Los Angeles: J. P. Tarcher, 1974), pp. 325–26.

[33] Gertrude R. Schmeidler, “Predicting Good and Bad Scores in a Clairvoyance Experiment,” *JASPR* 37, no. 4 (1943): 210–21.

該也不例外。[34]

我們曾經假設某些文化所抱持的懷疑態度，會導致見到顯像的個案數目比較少。[35]但是在見過顯像的人當中，不乏軍官、醫生和神職人員，他們可不是沒受過教育的販夫走卒。[36]

在他們所有共同主觀的經驗裏，顯像似乎能穿透實心的物體，而且它出現與消失都在封閉的房間裏。這和物質化的媒介不同，物質化的媒介佔有空間，人能夠感覺到它，而且還可以在它消失之前用蠟模留下它的形體。[37]這點也許可以解釋為什麼顯像都是無聲的；因為構成顯像的「東西」不像一般物體具有「阻擋」的特性，所以不可能振動空氣，也就不會發出聲音。（雖然有些顯像似乎嘗試開口說話，但有發出聲音的不到十分之一。）[38]

至於在時間的分布上，根據統計超過百分之四十的顯像發生在白天，另外百分之十至二十

---

[34] John Palmer, "ESP Scoring from Four Definitions of the Sheep-Goat Variable," in William Roll et al., eds., *Research in Parapsychology, 1971* (Metuchen, N.J.: Scarecrow, 1972), pp. 37–39.

[35] Louisa E. Rhine, "Reply to Dr. Stevenson," *JPP* 34, no. 2 (1970): 161–62.

[36] Prince, *Enchanted Boundary*, pp. 169–70.

[37] Thomas R. Tietze, "The Mysterious Wax Gloves," *Psychic* 2, no. 5 (April 1971): 24–25.

[38] Prince, *Enchanted Boundary*, p. 202.

的案例發生在有良好人工照明的環境。因此雖然一般的迷信認為顯像在黑暗裏才會出現，但其實不然。[39]

內容

顯像並非傳統鬼故事中所說是黑白的，它是彩色的，而且顏色就宛如生人一般。[40]所有的顯像幾乎都有穿衣服，並可能有配劍、戴帽子、持拐杖、手錶、書本等行頭；[41]這些行頭都符合顯像者生前最後穿戴的或是最喜愛的東西，但未必是看到顯像的人原先所知道的。因此，有許許多多顯像案例裏的主角穿的是他臨死前所穿著的衣物。有一個著名的例子裏，顯像的女子臉頰上的疤痕，甚至正符合她母親為她的遺體著裝時留下的疤，而看見她顯像的人事先並不知道這件事。[42]顯像穿衣服或戴配件這件事意義重大，因為這表示顯像對肉體的依附，並不如它對觀察者自我的形象或心理投射的依賴那麼重。

有些動物也會顯像；有的會有主人在旁，有些沒有。也有拉車的動物和車駕一同出現。[43]

---

[39] Ibid., pp. 165–67.

[40] Ibid., p. 181.

[41] Ibid., pp. 175–76.

[42] Gardner Murphy, "An Outline of Survival Evidence," *JASPR* 38, no. 1 (1945): 2–4.

動物顯像是否和衣物一樣，也是某些人心靈的投射？這點並沒有充分的證據，我們也不知道牠們是否和人類擁有同樣的心靈能力，能夠自己主動地顯像；也不確定是否牠的顯像既是人的心靈投射，牠自己也有顯像的心靈能力。莫菲甚至還主張動物顯像會削弱顯像對死後不滅的證明能力；因為他認為沒有靈魂也沒有理智的東西，本來就不太可能死後不滅。[44]

並非只有喜愛動物的人才能對這個粗糙的論證表示意見。莫菲假設動物的生命不可能在死後繼續存在，而且因為人類的顯像和動物的顯像基本上相同，因此無論是人或動物的顯像，都不代表生命不滅。不過，同樣是以動物顯像來推論，我們卻認為它可以表示人和動物的生命在死後都還繼續存在，而且動物或許還具有某些莫菲不願承認的心理能力。

鬼屋和其他類型的顯像在共同主觀性、展現形式以及出現及消失的方式等幾方面相同。而且它們還更易於研究，因為它發生的地點和時間都可以預測，而顯像的時間、地點則難以掌握。在鬼屋裏設置裝備來偵測「鬼」，可以記錄到一些現象，如用長時間曝光會拍攝到穿過走廊的一團光影，[45]或錄到一些無法解釋的怪聲音，或室內某個角落溫度突然降低等現象。[46]

---

[43] Hart, *Enigma*, pp. 168–70; 亦可參考 "Case of an Animal Apparition," *JASPR* 35, no. 4 (1941): 92–97.

[44] Gardner Murphy, "Hornell Hart's Analysis of the Evidence for Survival," *JASPR* 65, no. 1 (1961): 9.

[45] Indre Shira, "The Raynham Hall Ghost," *Country Life*, 16 December 1936, pp. 673–75; 亦可參考 Moss, *Proba-*

讓通靈的人檢視鬼屋的平面圖是目前很常用的方法，研究人員會要求他們獨自檢查這間屋子，描述顯像的情況，並且標出顯像出現的位置。他們的描述和標示，往往和見到顯像的人所描述的互相吻合（位置上的差距通常在一英尺之內），所以這種能力應該是毋庸置疑的。[47]

通靈者的能力，會讓人以為以場所為目標的觸物感知就可以解釋鬼屋，可是這種方法用在偶然出現的顯像上就沒什麼用了。從鬼屋得到的證據非常有價值，因為顯像可以用記錄設備客觀地認知，不僅僅是觀察者主觀的投射。

目　的

除了鬼屋以外，顯像應該可以證明顯像者是有意地在特定時空、以特定的方式、向特定的人現身。有一項研究發現百分之九十的顯像具有「主體的動機」（依顯像者的動機），只有百分之十的顯像是因觀察者的動機而發生的。[48]吉布森(E. Gibson)也主張顯像的性質裏就是有目的

---

bility, pp. 316–20.

[46] Herbert Benson, “Physical Aspects of Psi,” in Alan Angoff and Betty Shapin, eds., *A Century of Psychical Research* (New York: Parapsychology Foundation, 1971), p. 152.

[47] 參考 Thelma Moss and Gertrude Schmeidler, “Quantitative Investigation,” *JASPR* 62, no. 4 (1968): 399–409.

[48] Gertrude Schmeidler, “Investigation of a Haunted House,” *JASPR* 60, no.2 (1966): 139–49.

性的。[49]至於顯像的目的，則可能是為了安慰或是鼓勵看到顯像的人，或交代「未竟之志」，或告訴看見的人自己在別處所發生的不幸的事情。

這種例子數以百計，其中有些經過較完善研究的案例可以充分說明死者的目的。威爾墨先生的顯像個案，有許多人目睹，也具有目的；他在一八六三年十月三日自英國利物浦搭利馬瑞號船到美國紐約，他太太在美國康乃迪克州的家裏，但他卻在十月十三日星期三清晨四點左右敘述了這件事：

> 他看到他太太來到他的艙房門口，身上穿著睡袍。她在門口猶豫了一下。他的上鋪還睡了另外一個男人。威爾墨太太的顯像看了看這個陌生人，然後走到丈夫的身旁，俯身吻他，又擁抱了他一會兒，然後就無聲無息地消失了。第二天早上，威爾墨先生上鋪那位男士說他看見有個影像進來，而且過程就和上面描述的一模一樣。[50]

當他到達康乃迪克以後，知道太太確實為他擔心，因為當時正好有另一艘船觸礁擱淺。大約就在他們看見她顯像的時候，她正好就在想像自己飛越重洋到了丈夫身邊。她可以仔細地說

[49] E. P. Gibson, "An Examination of Motivation as Found in Selective Cases," *JASPR* 38, no. 2 (1944): 83–103.

[50] 見 Hart, *Enigma*, p. 183.

出那艘船和艙房的細節，也能描述上舖那個看到她的男人。

她關心丈夫和顯露親暱之情的動機，在她的顯像中毫無可疑；她的顯像也正好符合她在那個時候自己的想像。

顯像似乎常常想要向親密的人報告自己的死訊，特別是在戰時。鮑柏爾上尉的故事是個經過查證的典型個案：他在一九一七年三月十九日在法國上空被擊落，當時他的小姨子（當時她並不知道他身在戰場）看見他的顯像來到她在印度加爾各答格蘭飯店住的房間裏。她還以為是他真的來了，因為他看起來那麼真實。然後他突然消失之後，她想一定是他出了什麼事，隨後就感到一陣莫名的恐懼。[51]同時在他被擊落的那個時候，他的妹妹正在英格蘭的家裏睡覺，她女兒忽然跑上樓來說舅舅在樓下！後來兩人從鮑上尉母親的信上證實他的死訊和日期之後，兩人都震驚不已。

哈福的案例顯示的則是顯像者在死後數年才表達出他的意向。哈福是位衛理公會的神職人員，他在臨終的時候央求好友海柏代為照顧太太，海柏慨然允諾。可是後來他看到哈福的遺孀起初有朋友照顧，後來又有孫子侍奉，於是久而久之就失去了連絡。但後來他卻說：

---

[51] W. H. Salter, *Ghosts and Apparitions* (London: G. Bell & Sons, 1938), p. 53.

有天晚上我在床上一直到天亮都睡不著，突然我覺得房間裏有人，然後床前的簾幕就被掀了起來，站在面前的正是我那逝去的好友，他用憂傷的眼神看著我。我一點也不怕，但卻驚訝得說不出話。他用清晰可聞的聲音對我說：「老友，我來看你是因為你沒有信守承諾照顧我太太。她現在過得不好，而且有困難。」[52]

海柏答應去探望哈福太太，接著顯像就消失了，然後他把太太叫醒。後來他們打聽到哈福的孫子目前失業，而且馬上就要把祖母送走。於是他們立刻就寄了錢去，並邀她來訪，為她準備一個舒適的住處。這個顯像的例子值得注意的地方，不只是它傳達了海柏不可能藉正常方式得知的消息，而且哈福的顯像還掀開床頭簾幕，並且以聽得見的聲音說話。類似託付老友照顧遺孤的顯像案例頗為常見。這些顯像特別之處在於他們出現的時間或自己敘述死亡的時間和真實情況相符，而見到顯像的人原先並不知道他們是何時死的。[53]

泰瑞爾在經典之作《顯像》一書中將顯像分為四類：經驗性顯像（生者）、災異性顯像（罹難而死或將死的人）、傳達遺志、靈魂盤踞。[54]上述威爾墨、鮑上尉和哈福的三個顯像案例，

---

[52] F. W. H. Myers, "On Recognized Apparitions Occurring More Than a Year After Death," *PSPR* 6 (1890): 29.

[53] F. W. H. Myers, "A Defense of Phantasms of the Dead," *PSPR* 6 (1890): app., 341.

恰好分別屬於前三種。如果可以用觸物感知方式解釋的靈魂盤踞先不算，那麼生者顯像、臨終顯像和逝者顯像，三者都含有很明顯的目的，這三類顯像也都共同具有一個特別的現象：它們都是在重要時刻出現。

出現時機

在十九世紀有十一個關於顯像出現時機的重要研究，早在一八九四年《幻覺統計》付梓時，就發現當一個活人的顯像被人看見時，那位以顯像出現的人正在想像或夢到自己出現在其顯像被看見的地方，並且當時他的顯像所作的事也正是他本人正在想像或在夢中作的事。[55]後來的相關研究也支持這個觀察結果：顯像出現的地點及其所作的事，和顯像者本人當時想像或夢到自己所在的地點、時間和所作的事都吻合。[56]這個關聯有明證支持，所以許多學者相信活人顯像可能是由逼真的夢境所造成的，雖然並不瞭解它到底如何發生。[57]

不過大部份顯像的都不是正在做夢的人，而是瀕臨死亡的人或是剛死的人，可是在時間上

---

[54] M. P. Reeves, “A Review: Tyrrell’s Study of Apparitions,” *JPP* 8, no. 1 (1944): 64–83.

[55] Jocelyn Pierson, “Externalized Images,” *JASPR* 35, no. 2 (1941): 49.

[56] Laura Dale et al., “Recent Survey of Spontaneous ESP Phenomena,” *JASPR* 56, no. 1 (1962): 26–46.

[57] Louisa E. Rhine, “Hallucinatory Psi Experiences,” *JPP* 21, no. 1 (1957): 33–35.

還是有吻合的地方。西卓依克發現在近兩百個臨死或剛死的人的顯像案例中，可以確定有超過百分之六十案例中的主角，被人看見顯像的時間是在他們在別處死去一個小時之內。[58]普林斯所作的另一項研究，發現一三五件與死亡時間吻合的顯像案例裏，有一〇七件看到顯像的人是在得知顯像者的死訊之前見到顯像的，而且他們表示相信顯像出現是表示這個人死去。[59]

類似的顯像報告，在每天都有許多人死於非命的戰爭期間尤其普遍[60]。臨死者向親密的人顯像最常出現，往往還穿著他本人的衣服，用他本人的語言說話[61]。暫且不談顯像在哲學的存有論上性質為何，我們至少可以看到它是做夢的人或是臨死的人所造成的；而且是因為他們當時正在思念看見顯像的人，而不是見到顯像的人正在想著他們。[62]

---

[58] Henry Sidgwick et al., "Phantasms of the Dead," *PSPR* 10 (1894): 394.

[59] Prince, *Enchanted Boundary*, p. 172.

[60] Laura Dale, "Spontaneous Experiences Reported by a Group of Experimental Subjects," *JASPR* 40 , no. 2 (1946): 59–69.

[61] Walter W. Prince, *Noted Witnesses for Psychic Occurrences* (Boston: Boston Society for Psychical Research, 1928), p. 150.

[62] Nils O. Jacobson, *Life Without Death*, trans. Sheila La Farge (New York: Delacorte, 1974), pp. 120, 309; 參考

但死去已久的人腦部早已不可能產生任何東西，他們的顯像又是怎麼回事？如果他們的顯像和活人的顯像基本上類似，那麼是否表示有某種意識並未消滅，而且還正在思念著故人舊地，並還能像哈福的故事一樣，向人傳達「未竟之志」？哈特曾經就四十五個重點仔細比較過許多生者顯像和逝者顯像的案例，他的結論是：

> 就一六五個顯像案例中，最常出現的四十五種特點進行觀察的結果，發現臨終者和逝者的顯像，和其中二十五個生者有意識的顯像案例極為類似；所以基本上這兩種類型應該當作同一範疇的現象來看。[63]

哈特為加強他的論點，進一步指出這個結論並不包括靈魂盤踞或鬼屋。因為其性質和顯像不同，特別是在目的這點上有所不同。（上文中我們曾提到，凡是可以用觸物感知解釋的鬼屋現象，都不能和其他類型的顯像相提並論，所以此處確實有理由將它們排除在外。）

這個論證的理路簡述如下：

(1) 生者（含臨終者）的顯像與顯像者心靈的意識作用有吻合之處。

Hart, *Enigma*, p. 158.

[63] Hart, *Enigma*, pp. 184–86.

(2)生者（含臨終者）之顯像與逝者的顯像無根本差異。

依此類推：

(3)逝者的顯像與顯像者心靈的意識作用有吻合之處。

根據以上三點可演繹得此結論：

(4)某些逝者的心靈仍然有意識作用，並且正因其意識仍有作用，所以說他並未因肉體之死亡而消失。

當然以上的論證每一個命題都還有值得審視之處；也就是說不論這些演繹出來的證據有多可信，每一個前題之真偽都還有待進一步檢證。就前題(1)而言，我們在措詞上用「顯像與顯像者心靈的意識作用有吻合之處」，而非「顯像者心靈的意識作用造成顯像」，因為有許多顯像者並不知道自己「造成」了別人所看見的顯像。在前題(2)，生者顯像和逝者顯像之間是否有本質上的差異，仍然值得進一步討論。在生者顯像的情況裏，其人仍然以他的腦在思考；而在逝者顯像這點就不可能了。此處最關鍵的問題是思想是否可能離開身體而存在；反對的人是因為它在神經生理學上沒有根據，贊成的人則將它視作一個有待進一步研究的待決問題。以下關於「出竅經驗」之現象的討論將對這個問題進行批判性的評估。

出竅經驗

如果顯像是一個人在他不在的地方為別人所察知的形式，那麼出竅經驗的意思，就是人自己覺得他出現在自己身體不在的地方。出竅經驗和顯像一樣，自古以來就在世界上各個文化裏時有記載。

歷史記載

在冥思和瑜珈已經流傳千百年的印度和西藏文化裏，關於脫竅的記錄是最豐富的。[64]在西洋的古典文化裏，柏拉圖似乎也相信脫竅這回事。[65]美洲印第安人用仙人掌作麻藥或在宗教儀式及成長禮上服用藥物，顯然就是為幫助人脫竅而進入某種宗教經驗。[66]

後來在十八世紀有個記錄完整的案例是黎谷利(Alfonso de Liguori)，他在一七七四年坐牢的時候，許多人見到他的顯像出現在正處彌留狀態的教皇克雷門特十四世床前。[67]在十九世紀，

---

[64] D. Scott Rogo, "Astral Projection in Tibetan Buddhist Literature," *IJPP* 10, no. 3 (1968): 278–83.

[65] Michael Grosso, "Plato and Out-of-Body Experiences," *JASPR* 69, no. 1 (1975): 61–73.

[66] Carlos Castaneda, *The Teachings of Don Juan* (New York: Ballantine, 1969), e.g., pp. 144–45.

[67] 見 Curt J. Ducasse ,"How Good is the Evidence for Survival After Death?" *JASPR* 53, no. 3 (1959): 97.

異人摩斯(S. Moses)和荷摩(D. D. Home)兩人曾有過出竅經驗。[68]歐溫(R. Owen)在一八六〇年發表了第一本相關案例的彙編。[69]畢爾得(S. Beard)從一八八一年十一月到一八八四年三月作了一系列出竅的實驗，在實驗裏他把自己完全投射到未婚妻的臥房裏，觀察她的房間，而她也在同時在沒有預期的情況下看見他顯像出現在房間裏。[70]麥爾斯(F. Myers)在一九〇六年的一項研究報告中引述了數起出竅案例。[71]主張神智論(theosophist)的雷斯比(C. Leasbeater)在一九一二年出版了一本完全討論這個主題的書。[72]

有位生於一九〇二年的普通美國少年穆頓因為出竅經驗太豐富，於是開始研究這個現象，[73]他碰巧讀到英國心靈學者卡林頓(H. Carrington)的著作，於是他開始寫信給卡林頓，後來他們兩人往還的書信編成好幾本這個領域中的經典之作，其中包含了不少穆頓的第一手經

---

[68] David C. Knight, ed., *The ESP Reader* (New York: Grosset & Dunlap, 1969), p. 279.

[69] Robert Owen, *Footfalls on the Boundary of Another World* (London: Trubner, 1860).

[70] Knight, *ESP Reader*, pp. 274–78.

[71] F. W. H. Myers, *Human Personality and Its Survival of Bodily Death* (London: Longmans, 1903), pp. 209–11.

[72] C. Leadbeater, *The Life After Death* (London: Theosophical Press, 1912).

[73] Knight, *ESP Reader*, pp. 295–98.

驗。[74]大約在同時福克斯(O. Fox)也出了一本篇幅甚大的書，描述他自己的出竅經驗。[75]不過穆頓用「靈魂投射」這個詞來指他自己的出竅經驗，反而造成一些不相干的揣測和預設，但是他的出版商在後來許多類似作品裏也沿用了這個詞。[76]當然這種經驗之可信並不會因為名稱的問題而有所增減，但在我們的討論當中，還是應該避免使用這個名詞。

英國地質學家克魯寇(R. Crookall)從第二次世界大戰以後就寫了許多本書，記錄了近四百個這種出竅經驗的案例，並且嘗試找出其中的共同之處。[77]在印度連許多受過高等教育的懷疑者，最近都說大家在宗教領袖達答吉(Dadaji)和賽巴巴(Sai Baba)自稱將自己投射到的地方，同時看到兩位大師顯像。[78]最特別的是歐洲靈媒史旺(I. Swann)嘗試將自己投射到水星和木星上；美國太

---

[74] Sylvan Muldoon and Hereward H. Carrington, *Projection of the Astral Body* (London: Rider, 1929) and *The Case for Astral Projection* (London: Aries, 1936).

[75] Oliver Fox, *Astral Projection* (London: Rider, 1939).

[76] Knight, *ESP Reader*, p. 286.

[77] Robert Crookall, *The Study and Practice of Astral Projection* and *More Astral Projections* (London: Aquarian Press, 1960 and 1964, respectively).

[78] Karlis Osis and Erlendur Haraldsson, "Out-of-Body Experiences in Indian Swamis Sai Baba and Dadaji," in

空總署後來的探測證實了他在太空中的見聞後，令科學界為之瞠目結舌。[79]

一九七〇年代迷幻藥和冥思在美國年輕人當中大行其道之後，出竅經驗的報告更是如雨後春筍般遽增。研究出竅經驗的實驗方法和科學上的判準至此時也日臻完善。[80]此外，衡量出竅經驗之證據可信程度的標準，也證明所有這些相關的報告「在統計上不可能」是假的。[81]即使這些經驗是真的，我們還是需要追問如何解釋其內容與性質。

意識之出走

出竅經驗，在定義上是指人感覺到自己（尤其是自己的心靈），也就是人之視覺、聽覺和心智活動的總匯，離開了他們的身體，並在另外一個他們身體無法觀察事物的地方佔據了一個位置，並且能在該處觀察事物。我們還是要像在討論顯像的時候一樣，先將出竅經驗和「自以

Research in Parapsychology, 1975, ed. J. D. Morris and R. L. Morris (Metuchen, N.J.: Scarecrow, 1976), pp. 147–50.

[79] Janet Mitchell, "A Psychic Probe of the Planet Mercury," *Psychic* 6, no. 4 (June 1975): pp. 17–21.

[80] Karlis Osis, "Kinetic Effects at the Ostensible Location of an Out-of-Body Projection During Perceptual Testing," *JASPR* 74, no. 3 (1980): pp. 319–28.

[81] Hart, "Scientific," p. 47.

為脫離身體的幻覺」兩者區分開來。我們可以設想出竅狀態下的人所看見的事物，應該也會有其他獨立的認知主體看到；如果出竅者所描述的都是主觀印象，而不具共同主觀的真實性，那麼這可能只是個幻覺，而非出竅經驗。

典型的出竅經驗是出竅的主體感覺到「自我」（即其視覺、聽覺及心智活動之總匯）逸出並離開了肉體。[82]令他們吃驚的是，他們發現居然能從旁觀的角度看見自己的肉體，有時候還看見有「一道光」將無知覺的軀殼和自己的意識所在之處連結在一起[83]。他們還發現僅憑意志就能雲遊到遠處，並且還可以隨意穿透物體[84]。在一段時間的雲遊和觀看之後，他們會被拉回肉體，然後在一陣驚愕裏醒來。[85]

《顯像的六種假設》一書裏的研究，將出竅經驗的主要特性逐一列出，以下為其部分特性(不過並非所有出竅經驗都具有這些特性)：

---

[82] Robert Crookall, *Events on the Threshold of the Afterlife* (Moradabad, India: Darshana International, 1967), pp. 6–10, 24, 87.

[83] Benjamin Walker, *Beyond the Body* (London: Routledge & Kegan Paul, 1974), pp. 68–69.

[84] Hart, "Scientific," p. 48.

[85] Crookall, *Events*, p. 140; Walker, *Beyond*, p. 76.

- 從完全在肉體之外的位置看見自己的身體
- 像的形體和自己原來的肉體有部分相同
- 自己的注意力會指向和自己情感關係密切的人
- 完全隨自己的意向而游移
- 會看到位在雲遊地點的物質性物體
- 會看到自己意向所對的人[86]

另外還有一種常見的感覺是出竅的主體對自己的肉體完全不在意，例如一個婦女在進行手術的時候，出竅看見自己的身體躺在手術檯上，卻一點也不在乎手術的結果。她說：「這太荒唐了，我這麼年輕，有丈夫、兩個孩子又還小。」[87]或者例如登山家史麥瑟(F. Smyther)在從山崖上摔下來的時候，他覺得意識脫離了自墜落中的身體，而且「一點也不關心自己的身體會怎麼樣」。[88]

克魯寇的研究結果強調這種「靈魂」(即出竅主體的意識總匯) 似乎是從休眠中的肉體頭部

---

[86] Hornell Hart et al., "Six Theories About Apparitions," *PSPR* 50 (1956): 179.

[87] Celia Green, *Out-of-the-Body Experiences* (Oxford: Institute of Psychophysical Research, 1968), pp. 98–99.

[88] Arnold Toynbee et al., *Man's Concern with Death* (London: Hodder & Stoughton, 1968), p. 197.

逸出，然後在距離一英尺至六英尺的地方水平徘徊。[89]他這種說法好像把出竅經驗比作嬰兒脫離母體出生的過程，其間相連的那道光就好比是臍帶。在此我們對這個比喻不擬深究。

這種「自外於己身」的現象發生的頻率到底有多高？依照比較保守的心理學家估計，每一百個人當中會有一個人至少有一次出竅經驗。[90]哈特在杜克大學所作的調查統計顯示近百分之三十的學生自稱有過出竅經驗。[91]格林(C. Green)在牛津大學發現有百分之三十四，在南安普頓大學則發現百分之十九。[92]我自己在日本筑波大學的研究則發現一三〇位學生中有三位曾自然地經歷過出竅。當然這種回憶極不容易確認；也不容易進一步確認它是出竅經驗還是一場夢，因為所有人在夢裏有時候都會主觀地覺得自己脫離身體。所以我們亟需檢視這些出竅經驗的客觀性。

第三者的觀察

---

[89] Crookall, *Events*, pp. 4–7, 83–85.

[90] Dennis Bardens, *Mysterious Worlds* (London: W. H. Allen, 1970), p. 143.

[91] Cf. Harvey Irwin, "Out of the Body Down Under," *JSPR* 50, no. 785 (1980): 453.

[92] Rosaline Heywood, in Toynbee, ed., *Man's Concern*, p. 200; 亦可參考 Adrian Parker, *States of Mind* (New York: Taplinger, 1975), p. 99.

人在生重病或發生意外時常會發生出竅經驗，所以往往會有親友或醫護人員在身旁看到。有人曾看見「一陣輕煙」或「一道磷光」從出竅的病人身上逸出，而病人自己對此的描述則是他走了出來。[93]病人臨終的時候，旁人常會看見「紫煙」、「影子」或「光雲」自病人的身體逸出。[94]心理學家容格有一次心臟病發作的時候出竅，後來護士告訴他當時他的身體被「一團亮光」包圍著。[95]

我們先不要假設臨終的人的說法和發生過出竅經驗的人的說法是一樣的，因為我們不可能在事後訪談曾經臨終的人，但至少可說旁人對這兩種現象的觀察非常近似。而且在這兩種現象裏，所謂臨終者「煙霧」的位置和距離身體的位置，和出竅者非常接近；出竅的人描述他們脫離肉體的自己非常近似，例如他們會說「水平地離開」，或「在身體上方一英尺至三英尺」。[96]

一九〇八年法國醫生巴拉度(Baraduc)首先發表了煙霧自遺體上昇起的照片，但後來就沒有辦法再拍到了。[97]在降靈的法術[98]或是鬼屋裏[99]也有人拍到類似的照片。當然有人會說這種照

---

[93] "Cases," *JASPR* 18 (1924): 37; 31 (1937): 103; Helen Dallas, "Bilocation," *JASPR* 35 (1941): 71–73.

[94] Crookall, *Events*, pp. 8–9.

[95] Carl G. Jung, *Memories, Dreams, Reflections* (London: Collins and Routledge & Kegan Paul, 1963), p. 270.

[96] Crookall, *Events*, p. 10.

片有些是由於拍攝過程中照明或器材的問題而產生，但是這些照片卻和旁人在出竅發生現場所看到的東西相符合。有個案例說某個人自稱在出竅時曾到過一個房間裏，那間房裏裝設有電視監看設備，而攝影機當時的確錄到從出竅主體發出一團霧狀的東西。[100]另外一個案例是有個病人住在醫院裏，有人看見一團鬼魅似的煙霧由他熟睡的身體上方飄出，而且，後來他自述發生出竅，醫院的設備也記錄到這團煙霧。[101]我們曾經提到動物會比人類先敏感地察覺房間裏有顯像出現。有一系列的實驗針對天生異稟容易出竅的人進行研究，發現他們「將自己送到」另一個房間時，那間房裏的哺乳動物似乎會對一個看不見的東西有所反應。當一個主體在出竅時「造

---

[97] Hippolyte Baraduc, quoted in J. Carrington, *Death, Its Causes and Phenomena* (London: Rider, 1911), p. 269.

[98] Hereward Carrington, *Modern Psychical Phenomena* (London: Kegan Paul, Trench and Trubner, 1919).

[99] Moss, *Probability*, pp. 316–20.

[100] Karlis Osis, "Perspectives for Out-of-Body Research," in *Research in Parapsychology, 1972*, ed. J. D. Morris and R. L. Morris (Metuchen, N.J.: Scarecrow, 1973), pp. 113–16.

[101] 參考 G. Henshaw, *The Proofs of the Truths of Spiritualism* (London: Kegan Paul, Trench, Trubner, 1919), pp. 117–26; 亦可參考 Fred Gettings, *Ghosts in Photographs* (New York: Harmony, 1978).

訪」一隻動物的時候，這隻原先吵個不停的動物就會突然變安靜、或是忽然膽怯起來。[102]

對出竅經驗自然還需要許多驗證的工作；因為有些實驗結果沒有辦法重複發生，所以引人懷疑其是否可靠。不能因為有些人看不到、有些照相機拍不到，就遽下斷言說那些看到的人、或拍到的照相機所觀察記錄到的現象都不是真的；並且，不同的人在不同地方對所見之描述都如此相似，所以更不能以這個理由下斷論。從另一方面說，我們更應該致力於尋找認知主體間之差異究竟是什麼變因造成的。（譬如主體本人對是否相信心靈感應、他的自信心如何，以證實其確為影響心靈感應的變因。）

接下來的難題就是出竅經驗是否能夠提供可驗證的資訊？它是否僅是幻覺？以及主體獲得這些資訊的時候，他是真的離開了肉體，而非僅是透視？我們所握有的陳述，相當傾向於主體出竅時確實有某些脫離肉體的東西可以被人看見。

是否能得到反覆出現的結果

反覆實驗可以幫助我們分辨真的出竅經驗和幻覺兩者之間的差別。有些曾有過出竅經驗的人參加實驗，測試自己是否能重複這種經驗，並透過朋友的確認來瞭解出竅經驗的特性。畢爾

[102] William G. Roll, "OBE Experiments with a Cat as Detector," in *Research in Parapsychology, 1974*, ed. William G. Roll (Metuchen, N.J.: Scarecrow, 1975), pp. 55–56.

得所作的實驗算是比較早期的。[103]威廉・詹姆士也曾記錄在他那些著名的教授朋友當中也有人發生過出竅經驗。[104]福克斯和藍道(L. Landau)也和畢爾得一樣，記錄「在可徵驗的條件下」出竅顯現在他們的未婚妻面前。[105]心靈學家嘉瑞特(E. Garrett)在一九三四年將她自己在特定的時間顯現在冰島的雷克雅未克，現場觀看冰島心理醫學權威執行一連串複雜的醫療過程，並且正確無訛地敘述出來。[106]一九五四年哈特舉出了四十七個實驗個案，其中有些是藉著催眠的輔助，這些個案中許多當事人，都能就他們將把自己「移位」所到之處看到的事物提出可驗證的細節。[107]杜卡瑟更提出由高級知識分子所提出的陳述。[108]

瑜珈高人或佛教高僧一向都宣稱可以脫離軀殼雲遊四海，美洲也有奇能異士學會了反覆出

---

103 David C. Knight, ed., *The ESP Reader* (New York: Grosset and Dunlap, 1969), pp. 274–78.

104 W. F. Prince, *Noted Witnesses*, pp. 30–32.

105 Lucian Landau, “An Unusual OBE,” *JSPR* 42, no. 717 (1963): 120–28.

106 Eileen J. Garrett, *My Life as a Search for the Meaning of Mediumship* (London: Rider, 1938).

107 Hornell Hart, “ESP Projection: Spontaneous Cases and the Experimental Method,” *JSPR* 48, no. 2 (1954): 121–46.

108 Ducasse, *Critical Examination*, pp. 160–63.

竅，並且控制出竅經驗的能力。[109]富於出竅經驗的主體，能夠分辨可驗證的出竅經驗、逼真的夢境以及不實的幻覺三者之間的不同。[110]早期驗證出竅經驗之「分身」現象的實驗，是將一個數字或圖形放置在實驗室裏的一個架子上，受測者則睡在架子的下方。雖然受測者全身都接著各種電線和監測儀器，實在很難入睡，可是他還是能夠敘述自己脫離身體，升到上方架子的位置看到數字或圖形。[111]

這些早期的實驗犯了兩個錯誤：(1)受測者如果在下意識裏看見鐘上或窗戶上的倒影，因而發生潛意識的認知，也可能讓他在未離開身體的情況下看到架子上的圖形。[112](2)受測者可能以心靈感應的方式知道架子上的數字，因為我們知道熟睡中的人，比較容易感應到企圖對他們有所影響的人的心思。[113]

---

[109] John Hartwell, “A Study of the Physiological Variables Associated with OBEs,” in *Research in Parapsychology, 1974*, ed. William G. Roll (Metuchen, N.J.: Scarecrow, 1975), pp. 127–29.

[110] Karlis Osis, “Perceptual Experiments on OBEs,” in *Research in Parapsychology, 1974*, ed. William G. Roll (Metuchen, N.J.: Scarecrow, 1975), p. 53.

[111] Charles T. Tart, “A Psychophysiological Study of Some OBEs,” *JASPR* 62, no. 1 (1968): 3–23.

[112] Moss, *Probability*, p. 303.

所以歐西斯(K. Osis)為了避免這些錯誤，設計了一種盒子以測量出竅的情況[114]。這些盒子放置在距睡著的受測者有一段距離的地方，以排除潛意識反映的可能。[115]有時候還用鏡子和透鏡，以扭曲外在觀察者的形象。如果此形象正確無誤（未受扭曲）地被看見，則可能表示主體可以直接透視；如果出現的是扭曲過的形象，一如肉眼由某個位置所見，則表示光線是由某個特定的位置（在肉體之外）被觀察到的。[116]其他的盒子有時會指定號碼，號碼是由機器隨機選定的，以免任何人的心靈在出竅經驗結束之前預先知道正確的答案。[117]

歐西斯相信健康的正常人發生的出竅經驗，不如臨死所發生的出竅經驗「完整」。[118]帕瑪(J.

---

[113] Montague Ullman, "Experimentally Induced Telepathic Dreams," *IJPP* 8, no. 4 (1968): 577–97.

[114] Karlis Osis and Donna McCormick, "Kinetic Effects at the Ostensible Location of an OB Projection During Perceptual Testing," *Research in Parapsychology, 1979*, ed. William G. Roll (Metuchen, N.J. : Scarecrow, 1980), pp. 142–45.

[115] Moss, *Probability*, p. 304.

[116] Adrian Parker, *States of Mind* (New York: Taplinger, 1975), p. 104.

[117] Karlis Osis, "Toward a Methodology for Experiments on OBEs," *Research in Parapsychology, 1972*, ed. William G. Roll (Metuchen, N.J.: Scarecrow, 1973), p. 78.

Palmer)向受測者發出均勻連續之全感官波動和「白色噪音」，嘗試使他們出竅，但均告失敗，或許這個事實可以支持健康的人比較難有出竅經驗。[119]

身心之間的關聯

出竅經驗之生理和心理上的互動範圍極廣，所以研究人員所作的實驗無法完全區分出究竟是哪些條件或變因使人特別容易出竅。有些出竅經驗發生在正常健康的睡眠狀態，有時在人醒著的時候，甚至正在走路、寫字的時候也會發生。[120]人在遭遇到嚴重意外、爆炸或驚嚇的時候，意識中心離開身體的情況則更普遍。[121]麻醉劑、哥羅芳、或其他麻醉品如仙人掌麻藥、LSD、甚至大麻，都可能促成感官認知中心與生理機制之分離（也可能造成各種虛假的幻覺）。[122]靜坐

---

[118] Karlis Osis, "Kinetic Effects at the Ostensible Location of an Out-of-Body Projection During Perceptual Testing," *JASPR* 74, no. 3 (1974): 257–75.

[119] John Palmer, "ESP and Out-of-Body Experiences: EEG Correlates," in *Research in Parapsychology, 1978*, ed. William G. Roll (Metuchen, N.J.: Scarecrow, 1979), pp. 135–38; 另見 *JASPR* 68, no. 3 (1974): 257–75.

[120] Celia Green, *Lucid Dreams* (London: Hamish Hamilton, 1968), p.18; 亦可參考 Celia Green, *Out-of-Body Experiences*, p. 41.

[121] Bardens, *Mysterious Worlds*, p. 144.

冥思、催眠，或其他形式的意識變化，也可能有類似的效果。[123] 以下是沃克(B. Walker)總括的看法：

> 苦修、禁慾、飢餓、強制隔離、性慾與感官之享受被剝奪、驚嚇、沮喪，這些都經常造成靈魂出竅。長時間冥思或自我催眠暗示，或者宗教儀式中長時間念咒、或在昏眩狀態下舞蹈等，也可能導致同樣的效果。至於精神病、精神錯亂或被鬼神「附身」等現象，相信就是導源於這種病理上的原因。[124]

將出竅經驗視作「意識的另類狀態」其實是畫蛇添足；但這樣說並不會對出竅的人所具有之各式各樣的條件有所限制。科學家曾經嘗試用腦波圖來研究出竅和腦部活動的關係；塔特(C. Trat)的研究指出「出竅現象和平緩的腦波圖相伴發生，顯示腦部活動明顯，但眼球並沒有快速動作。此亦為睡眠或昏沈狀態的表徵。」[125] 密契爾(J. Mitchell)的腦波圖觀察所顯示的阿法波(由

---

[122] Parker, *States of Mind*, pp. 110–11.

[123] Michael Grosso, "Some Varieties of OBE," *JASPR* 70, no. 2 (1976): 176–92.

[124] Walker, *Beyond the Body*, p. 66.

[125] Charles T. Tart, "Reports to the Parapsychology Association Conventions," *JPP* 29, no. 4 (1965): 281, and *JPP*

大腦皮層枕部發出的電流）也是較平緩的波動，但電流的「量」比較少。[126]其他也有研究顯示緩慢的阿法波、皮膚電阻降低、臨睡前的昏沈狀態[127]，或在第二級睡眠狀態之平緩阿法電波間出現的突起，這些都是會出竅的人在實驗中最常出現的情況。[128]

但是，這絕不能證明如果腦部發生這些狀況，就表示必然會有出竅經驗。有些人在正常的清醒狀態下也會出竅，可是在這種時候阿法波的情況一定和上述的不同，人也並非處於任何一級的睡眠狀態。還有些腦部活動停止的人甚至已經被宣告死亡，可是他還能甦醒過來，並且說自己曾經出竅。[129]因此，雖然絕大多數腦波實驗，都的確有昏沈緩慢的阿法波出現，但是藉著分析腦波圖來證明出竅和腦部活動相關的嘗試仍然算是失敗了。

然而這些腦波的研究報告在另外一個觀點還是極其重要的，因為它指出人在既非做夢、也非正在感知任何體內活動的情況下，也可能會有出竅經驗。他們可以醒過來告訴我們他的經驗，

30, no. 4 (1966): 278.

[126] Janet L. Mitchell, "Out of the Body Experience," *Psychic*, March 1973, pp. 44–55.

[127] Parker, *States of Mind*, pp. 103–6.

[128] Charles T. Tart, *Psi* (New York: E. P. Dutton, 1977), pp. 177–97.

[129] M. A. O'Roark, "Life After Death: The Growing Evidence," *McCall's*, March 1981, p. 28.

而我們可以檢測這些經驗並沒有任何生理功能與之相符應。這些證據可供我們推論意識並非像平時一樣「在肉體之內」或「與肉體相聯」。在此經驗主體的心理狀態，應該比他肉體的生理狀態更重要。[130]

人氣

有人認為對人氣進行研究，有助於為出竅經驗脫離身體的狀態提出另一種標準。如果有某種「氣」在出竅時確實離開了身體，或者此「氣」和旁人看到的那陣輕煙或那道光相符合，也許我們可以臆測這種人氣是和意識中心或感官認知中心密切相關。

首先對人氣進行研究的是倫敦聖多瑪斯醫院的克霖納(W. Kilner)醫師，他透過某種特殊的螢幕觀察裸身的病人，發現這種氣在離病人身體數英尺的地方縈繞，而且這種氣還依病人的健康情況而有所不同。[131]芝加哥的醫師歐唐諾(O'Donnell)在克霖納醫師的實驗幾年後，宣稱他也作成了相同的實驗，但其他人想如法炮製卻未能成功。[132]這項實驗饒富趣味的地方是克霖納醫

---

[130] John Palmer, "Influence of Psychological Set on ESP and OBEs," *JASPR* 69, no. 3 (1975): 193–212.

[131] Walter J. Kilner, *The Human Atmosphere* (New York: S. Weiser 1973);參考 Benjamin Walker, *Beyond the Body* (London: Routledge and Kegan Paul, 1974), pp. 15, 52.

[132] Robert Crookall, *The Mechanism of Astral Projection* (Moradabad, India: Darshana International, 1968), p. 52.

師發現的現象，和一般玄術所描述的氣非常接近，可是這兩者卻不能互相證明為真。[133]

前蘇聯阿瑪雅塔大學的賽揚(Semyon)和克里安(V. Kirlian)醫師，進一步研發了以攝影方式觀察人氣的技術。[134]許多攝得的影像都是以克里安的名字命名的。加州大學洛杉磯分校的羅斯(T. Ross)教授和學生姜森(K. Johnson)則提升了在高頻電場內拍攝物體的技術。這些照片裏有各種形狀和顏色的光暈，拍攝的對象有人也有植物，而光暈的顏色和大小則主要隨著被拍的人的情緒和被拍攝的植物的健康情況而發生變化。[135]類似的實驗引起激烈的爭議，因為別人有時能、有時卻又不能拍出類似的結果。一般公認鬼影照片難以復得，而在加溫過的死體周圍拍到假的氣，則也是有可能的。[136]

---

[133] 參考 C. W. Leadbeater, *Man Visible and Invisible* (London: Theosophical Publishing House, 1907); Phoebe Payne, *Man's Latent Powers* (London: Faber & Faber, 1938); A. E. Powell, *The Etheric Double* (London: Quest, 1969).

[134] Semyon and Valentina Kirlian, "Photography and Visual Observations by Means of High Frequency Currents," *Journal of Scientific and Applied Photography* 6 (1961): 397–403.

[135] Moss, *Probability*, pp. 27–60.

[136] J. Fraser Nicol, "Old Light on New Phenomena," *Psychic* 2, no. 6 (May 1971): 26–28; Carolyn Dobervich, "

不過還有其他的爭議；即使有某些種類的照片可以重複拍到，但這並不能證明拍攝到的東西和靈媒或出竅的人所見到的氣相符。如果能在實驗室裏用克里安的拍攝方式，拍到睡眠中的人出竅嘗試接近預先設定的盒子，那就會非常有價值。[137]但這種實驗還未成功，目前關於人氣的研究也還未能對出竅現象提出最有力的證據。

對顯像的討論進行至此，我們最後要提出一個問題：意識究竟能不能離肉體而獨立存在？現有的案例可以分為下列幾類情況：(1)主體自述意識離開肉體。(2)旁人、攝影機或動物觀察到在主體之外的地方有某物（「煙霧」？）出現；而主體後來能說出自己曾「到過」被他們看到出現的地方。(3)主體正確敘述若非脫竅絕不可能得知之事物。(4)雖然主體後來陳述自己在意識狀態下有某些感官經驗，但他們的身體或腦波都證明他們無論清醒或在夢中都不曾發生有這些經驗。從上述幾種情況裏，我們可以證明「心」不等於「腦」。布洛德(C. Broad)就主張出竅經驗是證明心不等於腦最有力的證據之一。[138]

不過即使是真的出竅經驗，也不能證明靈魂不滅，除非肉體在當時死去，後來又復活。但

Kirlian Photography Revealed?" *Psychic* 6, no. 1 (November 1974): 34–39.

[137] Sir Auckland Geddes, "A Voice from the Grandstand," *Edinburgh Medical Journal* , n.s. 44 (1937): 367.

[138] Charlie Dunbar Broad, "Dreaming and Some of Its Implications," *PSPR*, 1958, pp. 57–78.

綜觀我們對顯像所知的資訊，起碼可以知道在人體外會有一種透明飄渺的東西，雖然它在體外，但有時可以作為暫時的意識中心。意識在體外的投射顯像，使我們更加相信亡靈顯像，是意識脫離肉體後之可見的投影，在此假設之下，也加強了人在臨死掙扎的痛苦之後會發生出竅經驗的可能性。[139]

駁靈魂不滅的證據

在前文對轉世之證據的討論裏，可以見到有幾條進路引向否定出竅與顯像之證據，或否定以這些證據可以支持死後不滅之假設。以下我們將逐一檢視下列四種反對的理由：(1)這些證據根本不存在。(2)由理論進路否定依此類證據所進行的推論。(3)一般的觀點就足以解釋此類現象。(4)出竅與顯像可用「超－超感知覺」之假設來解釋。雖然其中部分反對意見已在前文中有所討論，但為求說理融貫，仍依次討論之。

不承認證據存在

[139] Hart, "Scientific," p. 67.

這些證據都已經可以由許多研究人員分別在實驗室裏反覆測試度量，所以基本上不可能否認它們的存在。就自發性的顯像而言，雖然都是經由審慎的蒐集、判斷與評估，但仍有少數反對的聲音；反對死後不滅之說的陣營中，有著名的偉斯特(D. West)主張大多數的顯像都是年代久遠的案例，充滿著穿鑿附會之處。他說：「幾乎所有自發性顯像的案例都有巧合的情形，愈巧合的案例就愈不可採信；而愈值得採信的案例其巧合程度就愈低。所以結論只有一句話：大部份案例都是假的！」[140]

還有個反對理由是說只有不健全的心靈才看得見顯像，譬如病人或垂死的人、知識水準低的人等，因為自己的迷信或投射自己的想像，所以才以為會見到顯像；簡單地說，其實他們什麼也沒看見。[141]不過這些激烈的反對意見，都只是顯示他們不明瞭事實的真相。

證據不會過時

我們採納的重要案例有些確實是「心靈研究學會」在十九世紀末記錄下來的，但是從那時到現在的研究調查，對他們當時簽字以示負責的研究成果都無法有所增減。反而這些學者在過去一直蒙受批評，而且他們留下的案例中尚待證明的疑點也被未審先判，直接束諸高閣。假如

[140] 偉斯特的說法，見 Hart, *Enigma*, p. 163.

[141] B. Abdy Collins, "Is Proof of Survival Possible?" *PSPR* 46.

今日也能對數千人作大規模的統計調查，我相信也會有同樣引人注目的大量顯像案例。現在沒有作統計調查，並不表示現在就沒有顯像的事情。並且，偉斯特特別是在一九五四年就該把他批評的聲調放低一些，因為在那前十年的戰禍裏，不知道發生了多少樁顯像事件。目前杜克大學有一個單位一直在蒐集顯像案例，所以說從前的故事都是穿鑿附會，而現在也沒新的案例發生，這全然是無稽之談。

證詞並非不足採信

普林斯詳細舉證說看見顯像的都是病人、教育水準低落的人、迷信的人，或者是觀察力有問題的人；他在《迷障》一書中有章叫作〈老八股與新統計〉，洋洋灑灑寫了三十五頁，印刷精美，旁徵博引，不外是想把傳統中對鬼魂的假設一筆勾消。他特別還在好幾十個案例裏敘述了顯像見證人表示負責、他們的現代批判態度，以及他們冷靜的心理狀態。[142] 哈特引述下列事實以表示案例之真實性：

(1) 雖然出竅者之間並未互相溝通，但大多數對出竅經驗的性質都有共同的看法。
(2) 大多數人第一次出竅之前都不知道出竅經驗是可能的，而以前閱讀過相關資料的人更少。
(3) 出竅經驗是可以用實驗方式引導再度發生、並經獨立的研究人員測試。[143]

---

[142] Prince, *Enchanted*, pp. 164, 170, 192.

另外有個統計研究，將一六五件案例就可信程度作檢驗，檢測的項目包括情節前後是否融貫、當事人神智是否清楚、是否有作偽的傾向等，這項測驗也可以顯示顯像證據的可信程度。哈特指出「低可信度案例與高可信度案例，孰者包含之奧妙難忘之事蹟、及顯而易見之特性較多，一經現代統計方式測度立見分曉。然二者特性之區別殊易輕忽。」[144]

總而言之，著名的案例未必就比罕為人知的案例不可靠。所以不能一竿子打翻一船人，說可信度低的案例都只不過是幻覺、具參考價值的案例都是捏造的。

從理論上駁動物魂和離魂現象

除了上述對顯像在證據之可信與否的層面提出反對意見以外，有些學者則針對其理論層面或邏輯基礎質疑其可能性。這些反對意見首先就動物與有生命之物體的現形提出疑問，接著提出一種將顯像與分身等同視之的反對意見。

動物魂與顯像

前文中曾討論過墨菲對衣物及動物顯像的看法；簡單的說就是心或者靈魂不能產生顯像，

---

[143] Hart, "Scientific," pp. 48–50.

[144] Hart, *Enigma*, p. 174.

因為(1)無論動物或人的衣物都沒有心或靈魂。(2)雖然動物和人的衣物都沒有心和靈魂，可是還是看得見它們的顯像。[145]墨菲由此演繹所得的結論是顯像不能當作意識不滅的證據。

他這個論證的第一個瑕疵，在於他焉知動物沒有和我們一樣的靈魂？即使動物真的沒有靈魂，也不表示馬和車駕一同出現的顯像，一定是由馬的心或車駕的心所造成。這個論證承認顯像確實被人看見，因此至少它可能是觀察者心中的幻覺。那麼，它們應該也可能是做夢的人所投射的心像，或是穿戴著衣物、有動物伴隨的逝者所投射的心像，甚至可能是利用它們來表達自己的存在或傳達訊息。

衣物、車駕和動物的顯像，有可能是逝者投射的客觀心像。一頂帽子或一雙鞋，不會因為它的形狀或因為它沒有靈魂而不真實。即使一個活人的顯像穿著衣服、帶著動物，我們也知道它符合他們有意識的投射。

離魂者

所謂離魂，就是主體在自己身體以外的地方，看見自己身體的顯像。它和出竅經驗恰好相反，出竅是主體的意識總匯，在自己身體的外面清楚正確地看見自己的身體。雖然離魂往往象徵著人之將死，但並非必然如此。據亭姆(R. Tymms)引述歌德著名的離魂經歷，歌德看見「自

[145] Murphy, 見前引書，pp. 168–70.

己」騎在馬背上和自己背道而馳，此情景恰好和他多年後的一次經歷相符。[146]

墨菲認為離魂和鬼屋這兩種現象，都不能證明靈魂不滅。因為在離魂現象裏，出現的顯像不是顯像者意識投射的結果。而鬼屋只是被鬼魂所盤踞的地方反覆發生一些小動作，而非此地就是一人類心靈之完整投射的具體呈現。離魂和鬼屋都不是意識之投射，從另一個觀點來看，它們和顯像有類似之處。墨菲據此斷言逝者之顯像也未必就是不滅之意識的投射。

離魂究竟是一種顯像，或者它應該是一種幻覺，目前的研究尚不足以判斷；也就是說，我們目前不能斷定所有在場的人都能看到離魂，或是只有發生幻覺的人才看得到。現有的許多著名案例，似乎比較適合歸入幻覺之列。[147]其次，即使離魂可以和鬼屋列為一類，並且即使它可以證明顯像能夠離意識而存在，它也不能否定至少某些顯像是個人意識知覺之總匯的具體現形，或者它是主體投射給別人看到的具體現形。

不過我們還是可以分出兩種不同的現象：一類是看得見、有意識的目的，或者是符合意識的運作方式；另一類則是看不出目的，也不和意識作用相符合。可是，問題是有些逝者顯像似乎帶有目的，並透露些我們由別處無法得知的訊息。我們究竟應該把這類顯像列入哪個範疇

[146] Ralph Tymms, *Doubles in Literary Psychology* (Cambridge England: Bowes and Bowes, 1949), p. 26.

[147] Walker, *Beyond the Body*, p. 148.

呢？前面曾經提到過顯像可分有目的與無目的兩種；無目的的顯像指的就是離魂和鬼屋這兩類，至於這兩類以外的大部分顯像均屬有目的的顯像。如哈特所言：「臨終顯像、逝者顯像和生者有意識之顯像極為類似，所以基本上應該歸屬為同一類顯像。」[148]

所以簡言之，逝者之顯像似乎應該和生者顯像歸為一類，而不應和離魂或鬼屋現象相提並論。雖然眼前須向前推進的研究空間仍然很大，但如果目前的推論方向是正確可行的，我們還是可以說離魂並非意識所產生，無關乎逝者顯像是否由意識所生。固然有些幻覺可能是在無意識狀態下發生，但並不能據之論斷所有逝者顯像也都是發生在無意識的狀態下。

生理學的解釋

離魂和幻覺相似之處，是二者都是在與觀察者有一段距離的地方被看到的形象；幻覺中的有一種「看見自己」的幻覺和離魂在這點上尤為相似。發生這一類幻覺的主體，錯覺自己看到身體的形象出現在自己以外的地方。但是雖然離魂在定義上是有知覺者的意識所發出之「非指涉性」投射，然而上述以離魂為基礎的推論，主張顯像和離魂類似，因此兩者都不關涉意識。至於以幻覺為基礎的論證，則認為顯像是意識所產生，並且是虛幻的，所以幻覺和顯像都是「非

[148] Hart, *Enigma*, p. 185.

指涉性」的幻象，由觀察者的心靈產生，並不是由不滅之意識所投射的。

研究超心理學和研究生理學的學者當中都有反對不滅之說的人，他們想把所有的顯像和出竅經驗都解釋成不同類型的幻覺。他們說在顯像或脫竅的過程中，觀察者並沒有認知到任何客觀存在的東西，所有的經驗都只是發生在主體的心裏面（這種主體在臨床上視作異常）。例如露易莎・萊殷(L. Rhine)就說她的研究可以顯示「觀察主體經常根據自己的詮釋造出一些經驗。幻覺是他製造的，在幻覺中看到的人也是他自己造的，幻覺中的一切也都是他自己造的。他心靈投射中的內容和一切性質，都是依照他當時對幻覺對象的設想或期望所造出來的。」[149]

至於主體在脫竅的經驗中看見自己，醫界權威聲稱「精神分裂患者在自己之外複製一個自閉性的仿本，可以讓他找些理由來證明自己尚未失去『肉體同一性』。」[150]

或亦如杜賀斯(K. Dewhurst)及陶德(J. Todd)所言，「人的思想模式，在斷氣時人格消散的過程中掙脫了窠臼」，於是光怪陸離的幻覺便沁入了意識。雖然這樣出現的視覺幻象可以有各種不同的形式，但是人特別容易因為根深蒂固的印象，而看見自己脫出肉體的靈魂。[151]

---

[149] Louisa E. Rhine,“Hallucinatory Psi Experiences,” *JPP* 21, no.1 (1957): 33–35; 參考 Hornell Hart,“Rejoinder,” *JPP* 22 (1958): 59–62.

[150] Seymour Fisher, “Body Image Boundaries and Hallucinations,” in West, *Hallucinations*, p. 255.

以上這些論證似嫌過於直接，我們且逐一詳述。

幻　覺

露易莎・萊殷所持的反對理由，是所有顯像都只不過是觀察者自己生出的幻覺。她對早期的「收一發模式」有所修正，將發出訊息這一方的重要性降低，轉而側重觀察者的透視能力；然後在對心靈感應進行實驗之後得到上述這個結論。當然這個發現可以幫助我們瞭解某些人是如何知道擲骰子的結果或在齊納卡片的實驗裏知道答案；但遺憾的是，她並不知道無論把這個假設應用在哪一種超自然現象的證據上都是本末倒置，包括靈魂不滅。

我們在許多可信程度最高的案例裏，可以看到觀察者在顯像出現時，對顯像既無所知，也未期待它出現。哈福的顯像就是個例子。並且，觀察者的注意力也被其他不相干的事情所吸引。在很多案例裏是由顯像在觀察者預先不知道的情況底下提供資訊，譬如報告自己的死訊或向人求救；而且有許多觀察者同時由不同的觀點和角度看見顯像。最後一點是，這些案例裏的觀察者絕大部分健康情況都良好，沒有發生幻覺的紀錄，也沒有容易導致幻覺的症狀。

當然，發生幻覺的人還是遠多於看見過顯像的人。但是就算是別人發生幻覺，也並不能據

[151] Kenneth Dewhurst and John Todd, "The Double: Its Psychopathology and Psychophysiology," *JNMD* 122 (1955): 47.

之否定我們這些案例裏的人確實見過顯像。所以無論路易莎・萊殷的假設在猜卡片的實驗裏多管用，它就是不適合用來解釋顯像的特性。

看見自己的顯像

其實，看見自己的顯像也可能有別的原因。譬如感官喪失或是服用LSD；[152]但是這些情況並不符合我們討論的案例，因為在出竅經驗由我們確證過的當事人裏，有些即使經過周密的心理測驗，也沒有發現有哪一位是自閉症或精神分裂的患者。許多人是在身體同一性並未受到嚴重威脅的情況底下發生出竅經驗的（不管是真的沒有威脅還是他以為沒有威脅），所以主體要投射自己或是分離自己的動機也並不存在。

再者，如果神經上和精神醫學上的原因不可行，那麼我們就應該從腦部受創的病人身上找出另一種「看見自己」的情況。雖然腦部受創的病人發生其他類型的幻覺屢見不鮮，可是出現「看見自己」的例子倒幾乎沒發現過。[153]最後，即使假的出竅經驗或「看見自己」是由這些心理問題所引發的，這也不表示我們那些真正出竅經驗的證據就不可靠。

先入為主的期待

---

[152] Louis J. West, “A General Theory of Hallucinations and Dreams,” in West, *Hallucinations*, pp. 282–88.

[153] Kenneth Dewhurst, “Autoscopic Hallucinations,” *Irish Journal of Medical Science* 342 (1954): 266–68.

對於杜賀斯主張一個人死亡時發生幻覺，是因為先入為主地就期待靈魂或鬼會出現。對此有些人看法不同。第一，出竅經驗或看見自己的幻覺，在死亡時發生的頻率並沒有比其他時候高。由前述的研究報告可見，出竅經驗常常是發生在與死亡無關的時候，譬如在睡眠中、甚至在安適的清醒時刻。並且，出竅經驗和在幻覺中看見自己也不是臨終異象。反而發生在臨終者身上的真正出竅經驗比例相當低，以下我們會提到相關的記載。但是，就算出竅經驗和死亡有密不可分的關係，也不能說它能夠證明沒有靈魂不滅這回事。相反地，它反而可以讓人比較相信死後之經驗其實是一種出竅經驗。再者，就算出竅經驗有神經生理學上的理由，或者，就算我們可以藉觀察某一系統的系列活動來預測出竅，這些都不足以否定出竅經驗確有其事。它們確實脫離了肉體這也是毋庸置疑的。並且即使我們能發現出竅與腦部的某些狀態確實相關，也不能排除在沒有肉體情況下也發生出竅的事情。

杜賀斯的主張的最後一個問題，是他處理回歸原始狀態和「先入為主地期待鬼魂」的方式，是把它們先視之為理所當然；但是這些其實還有待他的發現來證明，而不能先拿來證明他所發現的現象。所以它們只不過是預先設定立場的臆測，純屬假設而已。

當我們臨終的時候，左右我們先入為主之觀念的因素，或許來自母親，或許來自飲食習慣，甚至或許來自陽具象徵或任何其他因素；總之受到鬼魂影響的可能性不高。所以會看見自己的靈魂的機會，是否確實比看到別的東西的機會高，這點還需要進一步證明。但是，不管它出現的頻率有多高，它和我們原始思維模式之間的因果關係還亟待證明。

杜賀斯雖然比較傾向於唯物論的詮釋，但他也難免會在這個問題上讓步。他首先承認幾乎所有因為有病才看見自己靈魂的人，幾乎都知道那只是幻覺、是由他們生的病所引起的假象。這點和出竅的主體就大有不同了；他們幾乎全部都堅持自己的經驗是真實的，甚至在能夠證實之前就相信自己看到的是「實在」的東西。杜賀斯最終的結論，是「純粹神經角度的假設，不能充分解釋不同主體為何產生複雜程度不同的幻覺；單就看見自己這件事而言，神經上的因素也不足以解釋其如何發生。」[154]

出竅經驗和自己看到自己的幻覺有所不同，兩者也不應視為同一類的現象。然而，即使這兩者相同，醫學上的研究結果也承認無法解釋為什麼一個人可以從客觀的觀點看到自己。

以上所有反對的意見，都未能有效說明顯像與出竅經驗二者與隨便一個幻覺有何不同。但是在數以百計的研究案例中，顯像和出竅經驗都提供了無法由別處得到的真實資訊。除此之外，唯一能解釋這種巧合的方向，是進一步延伸「超─超感知覺」之假設。

[154] Kenneth Dewhurst and John Pearson, "Visual Hallucinations of the Self in Organic Disease," *Journal of Nerological and Neu-rosurgical Psychiatry* 18 (1955): 53.

「超—超感知覺」理論

「超—超感知覺」在第一章討論有人自稱擁有對前世記憶的脈絡裏，它並不算是理論上的重大進展；因為它並沒有用人們比較熟悉的假設，來取代一個大家不太知道的假設，對主體在沒有出竅的情況下發生的超感知覺，我們知道的還是非常非常少。並且這種假設也承認有人可能違背我們熟知之機械式的、三度空間的牛頓世界觀。

誠然，「超—觸物感知」是可以解釋某些鬼屋的例子，但這些鬼屋必須附著有一些特別的記憶；不過這種例子已經被我們排除在考慮範圍之外了。反而無論是「超—觸物感知」或「超—倒攝認知」，都沒有直接應用在大部分的顯像和出竅裏，因為顯像和出竅都與過去的時間無關，也沒有和某個物品有特殊關聯。假如我們發現離魂者能預知他自己（亦即觀察者）的死期，那麼「超—預知」之假設就能以某種方式適用於離魂的情況。但是離魂的證據又太薄弱，不足以支持這個結論。因為離魂者似乎並不具有意識的目的，因此我們也將之排除在可徵驗的顯像與出竅經驗範圍之外。除了這種離魂案例以外，「超—預知」之假設也和在上一章裏情形一樣，同樣犯了邏輯上的循環論證而不能立足。

因此，目前看來唯一還能立足的假設就只剩下「超—心靈感應」和「超—透視」這兩種假設。這兩種假設，主張顯像和出竅經驗是觀察者經由下意識之透視、或心靈感應獲得可徵驗的材料，所以才見到的幻覺。

「超—心靈感應」和「超—透視」的假設

這種假設承認，確實有顯像或出竅經驗能由非正常的途徑提供可徵驗之資訊。它所不承認的是顯像係外在的真實存在，也不承認出竅經驗能在肉體死後繼續存在。並且，它主張顯像和出竅經驗都是幻覺的一種，是能夠藉超感知覺提供可靠資訊的幻覺，而且所有現象都完全發生在觀察者的心裏。

在一九二〇年至一九五〇年代，許多研究顯像和超感知覺的學術界領袖也支持這個假設。李歇特(C. Richet)是第一位有系統地闡述這個假說的學者，而後在一九三四年道滋(E. Dodds)著名的〈我為什麼不信靈魂不滅？〉[155] 一文進一步強化此說，麥爾斯將他研究顯像的成果訂名為《幻覺統計》；這個術語在五〇年代為卡林頓所沿用，他是將顯像視為「可徵驗的幻覺」。[156] 他們的論理結構都非常類似：逝者顯像現形的原因，是降靈召魂場合中常為人察知之潛意識的

[155] Claude Richet, *Thirty Years of Psychical Research*, trans. Stanley deBrath (New York: Macmillan, 1923); 參考 E. R. Dodds, "Why I Do Not Believe in Survival," *PSPR* 42 (1934): 147–72.

[156] Hereward Carrington, *Modern Psychical Phenomena* (London: Kegan Paul, Trench, Trubner, 1919).

能力。用哈特的話來說，就是「心靈感應、透視、倒攝認知、甚至超感預知，都是以能夠收集世界各地之資訊的方式來運作。以如此廣泛周延的方式收集到的資訊，經過了心靈的加工，就織成了這種可以說得通的形式。」[157]

他不採用靈魂不滅之說來解釋顯像，而用這種心靈的能力來解釋。對此最早也是最常聽到的反駁意見，就是世界這麼大，觀察者根本不可能知道到哪裏、或者用什麼方法去找這些特定的資訊來加工。反對靈魂不滅的學者墨菲把這個反對意見調轉了方向，他說是顯像證明了心靈的特殊能力。

> 這個問題和空間顯然無關。心靈只會跟與其目的有關係的對象發生關係。如果一叢與某特定主題相關的觀念存在，那麼這叢觀念應該會以一個整體單元的形式運作。我們有直接證據足資證明活人的心靈的確有這種擷取與篩選的處理過程，在此必須再度強調這點，以免人說我們只是純屬假設而已。[158]

墨菲提出的這一點，用來詮釋靈媒之術所提供的證據倒是挺貼切的，特別是參與者預先已

---

157. Hart, *Enigma*, p. 140.
158. Gardner Murphy, "Difficulties Confronting the Survival Hypothesis," *JASPR* 39, no. 2 (1945): 67–94.

知要找的證據為何的情況下尤然。不過，在觀察者預先不知情的情況下，就算心靈確實有擷取與篩選的過程，他也不會知道；因此在這個情況下，顯像就未必能直接證明心靈具有擷取與篩選的功能了。

在一九五〇年代學者所掌握的證據，只不過是知道有些人在顯像或幻覺的經歷裏，曾藉心靈感應之助獲得某些資訊。相信靈魂不滅的人認為這是由脫離肉體的靈魂所投射，所以已經能夠說明靈魂不滅。反對靈魂不滅的一方，則認為人類心靈具有「搜尋與組合」的功能才是比較好的假設。但雙方都沒能進一步提出更能代表己說的例證；只有支持靈魂不滅有一些關於出竅經驗的零星證據，和唯物論者提出一些關於靈媒具有「搜尋」能力的例子。

接下來的問題，就是見到顯像究竟應該和哪一種現象關係比較密切？是接近出竅經驗，還是接近能提供真實訊息的靈媒之術？賴恩(J. B. Rhine)在實驗中見識到超感知覺應用的範圍日益廣泛之後，接受了墨菲懷疑靈魂不滅的立場；他們兩人都排斥出竅經驗所提供的資料。[159] 一九六〇年代晚期服用迷幻藥之後發生出竅經驗的報告日增，一九七〇年代針對出竅經驗的實驗頗有斬獲，情況因而得以大為改觀。直至今日，有些支持靈魂不滅的論證還是令反對者難以招架。

「超—心靈感應」不成立

---

[159] J. B. Rhine, 見 Hart, *Enigma*, p. 143; 參考 Murphy, *Challenge*, pp. 286–87.

顯像的觀察者從顯像主體得到的資訊，在理論上是可以用心靈感應或透視獲得的，但問題是，觀察者是以什麼方式得到這些資訊的？除了這個問題以外，還有顯像出現的時機、出現的目的、以及顯像如何能讓多數人同時看見等幾個問題有待答覆。許多顯像出現的事例裏，看到顯像的人事先並未預期顯像會出現，而且以前也從來沒看到過顯像。此外，為什麼這個人會特別在這個時候看見顯像？大多數顯像的報告，都說顯像出現的目的只能在顯像者的身上找到答案，也就是說顯像為什麼出現，只能從投射出這個顯像的人身上找答案。曾經有許多顯像事例裏有不只一個人同時看見顯像出現，也有一種情況是投射顯像的人本來不願被其他的人看見，但是還是被不相干的人看到（譬如前述威爾墨先生搭輪船的例子）。這些都足以讓我們質疑，難道顯像只是觀察者心中以心靈感應方式生成的幻覺嗎？

其次，支持「超—心靈感應」的人，在解釋逝者顯像出現之目的時，會面臨一個左右為難的問題。他們說生者顯像是觀察者的心靈受到顯像者以心靈感應方式發出的影響而產生的幻覺；但如果他們援用這個模式來解釋逝者顯像，就必須要承認有些已死去的人具有心靈感應的能力，他們準確地影響了觀察者的心靈，使觀察者發生幻覺。這個立場令他們顧此失彼因小失大；因為他們雖然保全了「顯像純屬主觀幻覺」的論點，卻在靈魂不滅的問題上曳兵棄甲。

不過支持「超—心靈感應」的人還有另一條退路，就是主張在顯像發生的過程中發生作用的不是心靈感應，而是某種透視，所以其間不一定需要有「傳達者」或「投射者」的角色。但如果這樣轉，就變成同樣是用此模式來解釋顯像，可是當解釋生者顯像的時候用心靈感應，解釋逝者顯像的時候卻變成用透視了；這樣的模式我們是不會接受的。並且，如果用透視取代心靈感應解釋所有的顯像，那麼觀察者沒有預期而又帶有目的的顯像，就更矛盾、更不可解了。

此外，透視和心靈感應兩者，也都不能解釋為什麼一個人在自己的顯像被人看見時，會和他自己覺得出竅時正穿著同樣的衣服、出現在同樣的地方、作同樣的事。就算目前有些被誤為顯像或出竅經驗的案例可以用「超—心靈感應」來解釋，那麼其中的顯像者為何和觀察者的描述吻合？這個問題也不容草率地一筆帶過。顯像和觀察者之描述相吻合，至少在顯像主體是活人的情況下，可以證明顯像和出竅經驗無疑是一體之兩面。接下來的問題就是「顯像—出竅」這一體之兩面究竟是客觀的呢？還是純屬共同的主觀幻覺？對出竅經驗進行的科學研究可以幫助我們回答這個問題；實驗結果顯示，出竅與顯像和照相機或其他記錄儀器所得的結果一樣客觀。

「超—透視」理論不成立

出竅經驗有某些特性和透視相類似，主要的共通之處在於兩者的主體都是察知在別處發生的事情；不過相同之處也僅止於此。然而它們二者的不同之處對分析「超—透視」卻極為重要。

首先，我們有出竅經驗的第一手陳述，可以和透視的陳述相對照。瑞登柏在一場宴會中告訴他的朋友和州長，在斯德哥爾摩發生了一場大火；[160]他可能是藉著透視，清楚正確地遙感到現場的情景，可是他卻沒有想像他的意識離開了身體、飛到斯德哥爾摩現場觀看，再飛回來喚醒自己的身體。可是，真正的出竅經驗已經證實主體是覺得離開了自己的身體，並且不受地心引力的拘束，還能穿牆透壁到別的地方去。這一點雖然不能證明出竅是一種特殊的透視，但卻是我們區分顯像與透視的重要依據之一。

除此之外，我們還有證人、照相機，和以動物作實驗所得的證據，可以證明一個人自稱出竅所到過的地方，確實「發生過一些事情」；好比某些顯像案例中現場偵測到的聲音或溫度的變化。如果有些東西，無論它有多特別，只要它「存在於我之外」，我們就可以說在我這個觀察主體之外，的確有某些現象存在，並且它能夠對檢測儀器有所作用，也以同樣的方式對旁觀的人發生作用。這麼說是比較容易一些，但是還有另外一種可能，就是其實它只是觀察者產生的幻覺，感知到一些實際上不存在的形象或事物；並且它也以心靈致動的方式影響了攝影的底片、錄音的磁帶，或是溫度感應裝置。不過這樣事情又弄得更複雜了。[161]

[160] Immanuel Kant, *Dreams of a Spirit-Seer* (1766), trans. E. F. Goerwitz (London: New-Church Press, 1915), 11, 1, pp. 93–95.

假如以上的證據夠充分的話，我們就會得到歐西斯和密契爾的盒子實驗所得的結果。這種實驗排除了藉心靈感應傳遞資訊的可能性，因為除了出竅的人以外，其他人都不可能知道盒子裏的內容是什麼。這項實驗也排除了傳統意義下的透視，因為原本透視是指直接看到東西，而非透過一大串的鏡子和透鏡造成的扭曲才看到東西。有些出竅經驗可能純屬主體幻想自己身在別處的幻覺，所以這種經驗不能夠提供相關的證據。但是我們的研究當中，往往有下面幾種情形：(1)主體覺得自己離開了身體。(2)在主體宣稱自己到過的地方，有旁人或儀器觀察到某些現象。(3)主體回到自己的軀體之後，帶回一些非要在某一特定位置才能看到的視覺經驗。在以上這幾個條件之下，採信心靈感應或藉心靈致動之助的透視，似乎都遠不如採信「真正的脫竅」來得直截了當。

結　論

所以我們現在的結論，就是用「感官意識之總匯偶而離開身體」來解釋顯像或出竅；這個假設比「超—超感知覺」來得充分。有時候這種意識總匯可能完全看不見，有的時候它則看起來像一團霧或凝結在一處的煙。還有一種可能，就是它以主體之肉身的形象出現在觀察者的面前，而後隨其心靈之飄移而消失不見。我們對這種出現在肉體之外的透明體所知甚少，也不清

---

161 Crookall, *Mechanism*, p. 48.

楚它是以什麼方式、在什麼時候出現，也不知道它會對誰現形。印度教、佛教、神智學都常提到這種魂體；假如真有轉世，這魂體就是承載記憶和意識由這一世投入下一世的座駕，讓魏特歷(J. Wheatly)等學者，也據之主張將死後的生命理解成一持續綿延的出竅經驗。[162]

[162] J. M. O. Wheatley, " Implications for Religious Studies," in Stanley Krippner, ed., *Advances in Parapsychological Research* (New York: Plenum, 1977).

§第三章§

臨終經驗的性質

世界上發生附身、擁有前世記憶、或者有過出竅經驗和顯像經驗的人，畢竟只佔極少數。但這些少數的例子，已經夠我們比較各種不同的假設，也夠我們檢證假說是否成立；可是卻還不足以供作大規模對照、統計之用。為了和前述的幾種研究成果相對照，我們也對人在臨終時的經驗加以研究，這種研究能使我們更進一步瞭解死亡的性質，或許還能窺知死亡之後會發生的事情。在發展中國家和歐美世界以外的國家裏，常聽說有人會在臨終時見到彼岸（下一個世界）的光景；許多文化傳統裏對彼岸的描述，也是以臨終或死而復活的人所見所聞為藍本。最近開始對「臨終經驗」進行的科學研究，則是由這個角度探索靈魂不滅的問題。

近來由於科技突飛猛進，每年在醫生宣佈死亡後又復活的病患人數日益增加。並且拜電腦科技之賜，如今對資料之貯存、對照的技術又大為進步，面對數以千計的臨終經驗案例報告，許多從前不可能做到的研究方式現在都能實現了。除了少數例外之外，絕大多數關於臨終經驗的研究報告都是在一九七〇年代晚期開始出爐，而且一般大眾對之接受的程度也隨研究成果之逐漸普遍而與日俱增。

在人們自稱死裏復活的案例裏，當事人宣稱他們在「死」時曾有過各種不同的經驗；我們研究這些案例之後，初步認為有證據可以證明有些人的確經歷過死亡。不過還是需要審慎的考核，不能過早就下定論。判定一人是否死亡是個棘手的問題；而且臨終經驗發生的時候也不一定，清醒的時候、睡眠的時候、昏迷的時候、精神錯亂的狀態下，或者臨床上宣佈死亡以後，都可能出現臨終經驗。大部份的臨終經驗，都是病人在將死未死的時候經歷了從未有過的經驗。臨死的人和死裏復活的人所報告的各種經驗，差異實在非常廣泛，不過並沒有他們原本的性格、信仰和死的方式差異那麼大。

研究死後不滅現象的學者將這些現象分為十個不同的範疇，他們嘗試根據這十類現象找出所有臨死者都會遇上的現象是哪些。因此穆迪(R. Moody)對無法名狀的過程、奇特的安詳靜謐、「隧道」、出竅經驗、在其間和其他人相會、見到光明，和到達天人交界之處等現象有所討論。❶凌恩(K. Ring)也建立了一個模型描述愉悅、出竅經驗、黑暗、光明和超自然的過程。❷

---

❶ Raymond Moody, Jr., *Life After Life* (Harrisburg, Pa.: Stackpole, 1976), p. ix.

❷ Kenneth Ring, *Life at Death* (New York: Coward, McCann & Geoghegan, 1980), p. 40.

可惜有許多研究人員卻囫圇吞棗，認為上述的這些描述全部是一成不變的，所以對之不是一概否認就是全盤接受。這種意見實在不成熟，因為在上述這些經歷裏，只有非常少數的人經歷過一、兩種以上的現象。我們根本還沒有足夠的證據可以將這些經歷明確地分出階段來，所以目前比較妥當的方式是將每一個現象個別處理。

不列入考慮的現象

我們在照單全收或一概否定之前，應該先就各種現象進行查考，逐一衡量它們作為證據的價值。在前面提到的經驗裏，有些其實並非只有在死亡的時候才會發生，而且用神經生理學就能充分解釋。因此我們現在就先把應該排除的現象列舉出來，並說明其不能作為證據的理由。應排除的現象為：(1)出竅經驗，(2)生命回顧，(3)生理因素造成的聲光經驗，例如看見隧道、空洞、幾何形狀等。

出竅經驗

出竅經驗是臨終時的重要現象，特別是在死於非命的情況尤其重要。許多主體陳述他們自己因車禍、外科手術而瀕臨死亡時，有過清楚的出竅經歷。有些學者將來生視作一種延續不絕的出竅經驗，此說的說服力或許可以因此而加強。但不要忘記出竅經驗往往是由甫從死亡或昏迷中恢復過來的人報告的，他們是在身體處於休眠、甚至死亡的狀態下經歷出竅的。❸所以，根據前文的討論，出竅經驗並非只在臨終時候才會發生。

生命回顧

有很多臨終經驗包括了臨死者失去了意識，無法認知周遭的環境，取而代之的是他在心理上出現生命回顧的現象，他心裏出現一幕幕栩栩如生、歷歷在目的回憶。有人說這種一生的回顧和宗教上的最後審判作用類似，是某種道德教誨。無論如何，我們基於以下的理由，將此現象排除在意識不滅的討論範圍之外。

第一，生命回顧算是種罕見的現象。依穆迪的記載，一五〇個案例裏只有六件有此現象，歐西斯研究的案例裏發現它出現的比率只佔百分之七至百分之九，❹凌恩的研究裏只有百分之二十四，諾依士(R. Noyes)發現百分之二十九。他們發現的比例比較高，或許是因為他們研究的

❸ Moody, *Life*, pp. 33–51, passim, and p. 64.

❹ Karlis Osis and Erlendur Haraldsson, *At the Hour of Death* (New York: Avon, 1977), pp. 217, 221.

對象死於非命者較多；生命回顧出現在橫死的人身上本來就比較普遍。❺

而且這些極少數有過生命回顧的人，他們所經歷過的生命回顧也罕有雷同之處。有些人說他們的回顧是從自己的觀點來看的；有些人則是以旁觀者的觀點來回顧此生，就好比出竅似地在一旁看著自己昔日主演的電影一樣。❻另外，有些人說這種經驗好像是快速放映的電影，有些人則說它像一系列固定的影像連續播映，就像是看幻燈片。❼有些看到的是自己早年生活的重要經歷，有些人看到的則是鉅細靡遺的回憶全集。❽我們假設這是起自病人主觀的時間觀念發生扭曲，所以難怪漫長的好多年，在病人感覺起來好像只有幾分鐘而已。

生命回顧為什麼會有不同的類型？這是個有趣的問題。如果這種回顧完全是根據貯存在大腦裏的記憶，那麼回顧的內容應該是從以身體為中心的觀點來看的，因為經驗是透過感官能力記錄下來的；可是有許多人是從第三者的觀點看到自己的，就像出竅或是看電影一樣。這一點

❺ Ring, *Life at Death*, p. 197.

❻ Moody, *Life*, p. 64.

❼ Ibid., pp. 67–68.

❽ 見 David C. Knight, *The ESP Reader* (New York: Grosset and Dunlap, 1969), p. 398; 參考 Ring, *Life at Death*, p. 67.

似乎表示生命回顧這個現象並非只是純然反映既有的回憶而已；而且，在這種現象當中，好像還有一個不僅只等同於大腦的「自我」在其中扮演著某種角色。

然而大部分的病人所報告的，都只是他們今生的回顧；即使有些提到前世，可是也缺乏足資徵驗的證據。[9]相信轉世之說的人往往就抓住這一點，推論說人不僅在軀體死後還繼續活著，並且從前也曾經在別的軀體裏活過許多世。不過，現有生命回顧的例證這麼少，而這麼少數的例子又分成那麼多種，實在令我們不得不懷疑它是否普遍存在，也讓我們對它的成因啟疑竇。

神經生理學家對生命回顧倒是已經有所解釋；潘斐德(W. Penfield)、亞斯沛(H. Jasper)、巴德溫(M. Baldwin)等學者所作的實驗，已經證明對腦部掌管時間的皮層施以輕微短促的電擊，可以令舊有的記憶鮮活重現。[10]諾依士和克列提(Kletti)的研究也發現生命回顧發生的時候，掌管時間的腦神經細胞會出現不尋常的興奮狀況。[11]主體會感覺到時間被壓縮，也表示腦部掌管時

---

[9] Jean-Baptiste Delacour, *Glimpses of the Beyond*, trans. E. B. Garside (New York: Delacorte Press, 1973), pp. 106, 160.

[10] Maitland Baldwin, "Hallucinations in Neurologic Syndromes," in West, *Hallucinations* (New York: Grune and Stratton, 1962), p. 82; 參考 Wilder Penfield, *Mystery of the Mind* (Princeton: Princeton University Press, 1975).

[11] Russell Noyes, Jr., "Near-Death Experiences: Their Interpretation and Significance," in Robert Kastenbaum, ed.,

間的部分受到干擾是造成這個現象的主要原因。腦部輕微缺氧也可能導致管理時間的腦細胞發生輕微的異常興奮；這個區域的興奮可能引起的副作用，還可能導致主體以為自己已經忘記的一些記憶發生倒逆的現象。不同類型的生命回顧，可能就是起自於腦細胞不同的興奮現象，或者不同的貯存記憶的方式。

當然這些都只是揣想；可是由神經生理學的角度解釋生命回顧，會降低它證明來世的推論力量。而且也沒有證據能夠證明過去任何一個案例中的生命回顧現象維持的時間長達幾分鐘之久。因此，由生命回顧的方向著手研究來生不是個好辦法。

生理學可以解釋的聲光經驗

臨終的人常有的經驗，還包括聽見刺耳的嗚聲或嘶聲、看見幾何形狀的閃爍光網，或者覺得自己被拖進幽暗的長廊、黑洞、或穹蒼似的拱型空間。不過這些都可以解釋是因為腦部掌管時間的區域缺氧或輕微興奮，或輕微興奮又同時缺氧所造成的，所以只是神經生理上的因素所造成的間接反應。[12]此外，目前的研究，也未能發現大量案例記載已宣佈死亡的人甦醒後陳述

Between Life and Death (New York: Springer, 1979), pp. 76–81.

⑫ Ring, *Life at Death*, pp. 212–13; 參考 C. T. K. Chari, "Parapsychological Studies and Literature in India," *IJPP*

自己有過類似經驗。大部分經歷過鳴聲、隧道、光網等現象的人，都表示那些只是很短暫的階段。因此，這些現象在討論死後是否不滅的研究脈絡裏並不重要。病人經歷過這些階段，雖然可以用神經生理學來解釋，但並不表示病人完全不可能覺得它們真的是客觀的、外在的。

列入考慮的現象

我們現在要將討論重點放在臨終經驗的三種類型上，這三種類型都是病人在臨終的時候所看到的東西：⑴看見已故的親友。⑵看見「領路人」或宗教上的聖者。⑶看見自己到了另一個超脫凡塵的境域。病人得的是什麼病、或是病人是怎麼死的，都會對他看見的東西有所影響。不過這三種是各種死因的病人在臨終經驗裏所看到的內容裏最普遍的。

對一般人來說，死者復活應該是最有說服力的現象，可是並不常發生。所以我們這個現象不足以作為可靠的研究基礎。並且，死裏復活的病人究竟是處於什麼狀況，也還有待進一步研究，下文對此有詳細討論。如果接近死亡的人所看見的東西，和暫時宣告死亡的人看見的東西有相似之處，那麼我們可以觀察的範圍就比較廣一些，觀察的結果也就因而更有力、更利於比

2, no. 1 (1960): 2–36.

較。所以我們就針對死後復生和彌留狀態這兩種情況進行討論。我們不能根據在這兩種階段見到的東西就斷言確有來生或是描述未來世界的光景。第一，必須檢視臨終經驗之證據的特性是什麼，然後進一步要考慮其他可能的詮釋是否可行。

歷史文獻中的臨終異象

自古以來就有許多死而復活的人留下的故事；柏拉圖在《理想國》結尾處說了一個神話，潘非利亞人厄爾在戰死後十二天復活，其間他到過等待投胎的「遺忘坪」，喝過「遺忘河」的水。柏拉圖說的故事雖然只是子虛烏有的假託，但《聖經》裏的復活故事卻或多或少屬於事實。《舊約》裏以利沙讓婦人書念的兒子復活，[13]《新約》的〈馬可福音〉裏也記載耶穌令睚魯的女兒復活、〈約翰福音〉裏記載耶穌使拉撒路復活、[14]〈使徒行傳〉裏彼得讓女信徒多加復活、以及保羅使聽道時打瞌睡從窗臺上摔死的猶推古復活。[15]如果這些人在死亡階段真的經歷過什麼的話，沒有隻字片語流傳給後代實在是很可惜。

---

[13] 2 Kings 4:32.

[14] Mark 5; Luke 8; John 11, esp. verses 47–48.

[15] Acts 9; Acts 20.

在西元七三一年的時候，宗教歷史學家伯達(Bede)記錄了一個名叫康寧漢的人復活的事蹟，並且將之稱為「重要神蹟」，康寧漢後來也加入了教會。⓰在第十世紀之前的日本和中國，也有許多佛教高人轉世前的臨終經驗流傳下來，弟子們也在他們圓寂的時候看見光芒或是神蹟。⓱除了這些主要的宗教領域之外，也有其他的臨終經驗流傳下來：泰勒(E. Taylor)曾經記載毛利人的死亡、埋葬和復活的過程。令人驚訝的是，雖然當時西洋文化在此地的影響微乎其微，可是記載的內容卻極其相似。⓲瘟疫患者死後復活的事情昔日也時有所聞；所以後來才會發明附有維生裝置和從內部操作之鈴鐺的棺材，甚至還立法規定屍體必須施以防腐措施以避免患者復活。⓳

近年來由於知名人士將自己的死亡經歷公諸於世，所以臨終經驗的文獻保存得比較完整。席勒(F. Schiller)於一八〇五年五月八日曾有過臨終經驗，有許多文獻記載了這件事。他本人在

⓰ Bede, *A History of the English Church and People* (Harmondsworth, U.K.: Penguin, 1955), pp. 290ff.

⓱ Carl Becker, "The Pure Land Revisited: Sino-Japanese Meditations and Near-Death Experiences of the Next World," *Journal of Near Death Studies* 4, no. 1 (1984): 51–68.

⓲ Sir Edward B. Tylor, *Primitive Culture*, vol. 2 (New York: Harper, 1958), pp. 285–87.

⓳ Robert Kastenbaum and Ruth Aisenberg, *The Psychology of Death* (New York: Springer, 1972), chap. 2.

書裡問道「這就是你的天堂嗎?·這就是你的地獄嗎?·」他的好朋友歌德顯然和他心靈相通，因為當天晚上有人聽見歌德在房間裏哭，然後第二天他就說：「席勒病得很厲害是不是?·」歌德後來回憶說他看見席勒在病床上的光景；不過有人懷疑這究竟是他真的看見了，或者只是後來的回憶。[20]昆西(Thomas de Quincey)曾經描述過一段（他母親或阿姨的）臨終經驗。[21]奧利芬(L. Oliphant)的名著《基督祂真的摸過我》一書裏，記述了他在一八八八年十二月二十三日死前兩天經歷的臨終經驗。

至於描述死後見到已逝親人的臨終經驗，則有英國詩人渥滋華斯(W.Wordsworth)在一八五〇年四月二十三日見到他的太太，女演員斐麗絲(R. Felix)臨死時見到姐妹（一八五八年一月二日），這兩個案例的記載比較完整。演員歌星的事情或許因為是新聞媒體追逐的對象，所以他們的臨終經驗直到現在一直還是頗為常見。歌星亞納佛(C. Aznavour)和拉瑪(S. Lama)，演員哥林(D. Gelin)、約根斯(C. Jurgens)，舞星莎拉(J. Charrat)，甚至連希臘國王保羅於一九六四年三月四日彌留的時候都有報導說他曾見到不尋常的異象。[22]

---

[20] Fred R. Marvin, *Last Words of Distinguished Men and Women* (New York: F. H. Revell Co., 1901).

[21] Thomas de Quincey, *Suspiria de Profundis* (London: MacDonald, 1956), pp. 511–12.

[22] Delacour, *Glimpses*, pp. 108, 106, 5–10, 22, 18, 38, respectively.

名不見經傳的人，可能比較沒有人報導他們的臨終經驗，但是在巴雷特(W.Barette)的研究裏就出現了一些；他在他當護士的夫人目睹一次明顯的臨終經驗後，就發表了對臨終異象的研究。[23]近年來的研究規模更見擴充，亞歷桑那州的礦業家吉德(J. Kidd)[24]和影印機的發明人卡爾森(C. Carlson)都出資贊助這類研究。[25]

晚近的重要研究，主要是由芝加哥大學的璩貝蘿絲(E. Kübler-Ross)，和北加州大學的穆迪兩位醫師所作的研究；他們兩人互相並不清楚對方的研究內容，卻在一九七五年同時發表有關臨終經驗的報告。[26]他們的方法基本上是取材自目睹過臨終經驗的醫生和發生類似經驗的病人。進一步的統計調查則是由歐西斯和哈洛森(E.Haraldsson)兩人作的，他們蒐集了美國和印度所發生的數百個案例。凌恩用電腦分析他在新英格蘭地區所得的大量資料。[27]關於臨終經驗的書籍

---

[23] Sir William F. Barrett, *Death-bed Visions: The Psychical Experiences of the Dying* (London: Methuen, 1926), pp. 10–11.

[24] John Grant Fuller, *The Great Soul Trial* (New York: Macmillan, 1969).

[25] Osis and Haraldsson, *At the Hour of Death*, p. 21.

[26] Elisabeth Kübler-Ross, *Death: The Final Stage of Growth* (Englewood Cliffs, N.J.: Prentice-Hall, 1975).

[27] 參考 Bruce Greyson, "Can Science Explain the Near-Death Experience?" *Journal of Near-Death Studies* 8, no.

和論文，自一九七七年以來也大幅增加。

對於究竟有多少人會在臨終時發生明顯的臨終經驗，這個問題目前還是眾說紛紜；究竟哪一種臨終經驗發生的比例較高現在也沒有清楚的定論。柯登堡(R. Kastenbaum)保守地主張絕大多數臨終的病人只是陷入一片空白中，沒有任何經驗，也不會留下記憶。[28]海基特(Hackett)和卡爾森 (Carlson) 也說只有百分之五，不過薩寶 (M. Sabom) 認為有百分之四十，熊梅軻 (F. Shoonmaker) 說有百分之六十。[29]別的研究人員引述薩寶的研究時將他的數字修正為百分之二十，將熊梅軻的數字修正為百分之七十。[30]

這些是一些可能的比例。許多有碰上臨終經驗的人可能因為怕被嘲笑，所以沒有告訴別人。

---

2 (1989): 77–91; "Near-Death Encounters with and without Near-Death Experiences," *Journal of Near-Death Studies* 8, no. 3 (1989): 151–62; "Near-Death Experiences Precipitated by Suicide Attempt: Lack of Influence of Psychopathology, Religion, and Expectations," *Journal of Near-Death Studies* 9, no. 3 (1991): 183–88; "The NDE Scale: Construction, Reliability, and Validity," *JNMD* 171 (1983): 369–75.

[28] Robert Kastenbaum, *Between Life and Death* (New York: Springer, 1979): 16–19.

[29] Raymond Moody, Jr., "Commentary on Rodin," in *JNMD* 168, no. 5 (May 1980): 264.

[30] Michael Sabom and S. Kreutzinger, "The Experience of Near Death," *Death Education* 1 (1977): 195–203.

卡費德(C. Garfield)說發生臨終經驗的人當中，只有百分之二十一敘述自己的遭遇，是因為大多數人都怕被視為怪物所以不願說出來。❸❶雷斯(W. Ress)的研究傾向於支持這個說法，因為他發現有百分之七十二的人會因為怕人嘲笑而不敢說自己發生這種經驗。❸❷或者，也可能每個人都有臨終經驗，但是絕大多數人忘記了；就好比絕大多數人都記不得自己晚上作過的夢。其實有證據顯示不記得夢境的人，往往也不記得臨終經驗。或者，有些人基於某些我們還不瞭解的原因，會發生臨終經驗，有些人就是不會。可能淩恩提出的還是最清楚的數字，他發現有多達百分之四十八的人會發生一些意義重大的臨終經驗，只有百分之十的人會發生意義重大臨終異象或天界經驗。❸❸

逝世親友的異象

發生臨終經驗的人，常會說他們看見了去世親友的面容或形相；最多的就是見到了自己的母親或是配偶。在所有的案例當中，除了見到宗教人物的案例以外，有一半的經驗都是見到母

❸❶ Charles A. Garfield, "The Dying Patient's Concern with Life After Death," in Kastenbaum, *Between*, p. 53.

❸❷ W. Dewi Rees, "The Hallucinations of Widows," in *British Medical Journal* 4 (1972): 37–41.

❸❸ Ring, *Life at Death*, p. 40.

親或配偶。[34]其次是看見兄弟姐妹、子女，再其次就是北美洲（印第安人除外）見到朋友的案例。

> 醫生束手無策，對我的家人說我已經快死了。不過我在整個過程當中都很清醒，就連聽到他在說我的時候，我都覺得我是清醒的。我看見了從前過世的人，我認出了祖母和以前一位女同學，還有好多親戚朋友。我好像主要是看見他們的臉孔，也感覺到他們的存在；他們看起來都很高興。真好。[35]

類似的情形有時候會因人而異，發生戲劇性的變化。譬如一個感染乳突炎的七歲男孩的臨終經驗就頗為特殊。他本來很不聽話，不肯吃藥又和護士吵鬧。然後他發生了臨終經驗：

> 這孩子堅稱查理叔叔（一位醫師）來了，還坐在他身邊叫他吃藥，並且告訴他很快就會好起來。他很確定查理叔叔就坐在那張椅子上，並且真的跟他說過話。這次經驗以後他就變得非常合作。他並沒有顯得特別激動，而且他也當真認為這位去世的醫師確實來過。第二天一早這孩子的病

[34] Osis and Haraldsson, *At the Hour of Death*, p. 218.

[35] Moody, *Life*, p. 53.

就大有起色；照他原來的情況來看，這簡直是奇蹟。[36]

我們暫且不談發生臨終經驗的人如何堅信他們看到的人都是真的，也先不談已逝親友的顯像為數遠超過在世親友的顯像，[37]我們現在可以質疑的是這些臨終經驗本身是否能夠表示人死後會有不滅的現象。也許可以說，那是因為臨死的人想到他們逝去的親友；看見逝去的朋友的形象，也是因為意念集中的緣故。

可是這種質疑很容易回答。那些臨死的人很多在發生臨終經驗的時候並沒有想到親友，也沒有想到會看見他們。更重要的是，許多發生臨終經驗的人原先根本就不知道他們「看見」的親友已經亡故。早期有個桃樂斯的案例記載得很詳盡，她在一九二四年一月十二日看見她妹妹薇妲正瀕臨死亡邊緣，可是薇妲半個月前聖誕節的時候就死了。研究人員有意不讓桃樂斯事先知道薇妲的死訊，為的是避免影響實驗須控制的條件。[38]

還有一種例子是臨死的人所報告的是還沒有人知道的消息；例如他們遠在義大利、巴黎或

---

[36] Osis and Haraldsson, *At the Hour of Death*, p. 149.

[37] Ibid., p. 29; 參考 Kübler-Ross cited in Ring, *Life at Death*, p. 208.

[38] Barrett, *Deathbed Visions*, pp. 10–12.

任何遙遠地方的親人去世。[39]通常這種宣稱親人去世的陳述會被當成幻覺，直到他們親友的死訊後來證明屬實。[40]

目的

臨終經驗中出現的這些人除了均已作古以外，另外還有一個共通之處，就是他們往往是來「引導」或「帶走」病人的。[41]以下這個大衛和哈利的事情是典型的例子：

> 哈利死在十一月二日，地點距離我在阿斯普雷的牧師宿舍有十四英里。另一個孩子大衛第二天死在阿斯普雷。大衛臨死前約一小時的時候從床上坐起來，指著下舖清楚地說：「小哈利來找我了！」另外，男高音莫耳(J. Moore)臨死前說：「媽媽來了。媽，您是來看我嗎？不用，不用，我馬上就來了。媽，您等會兒，我馬上就來，馬上就來了！」[42]

---

[39] A. T. Baird, *One Hundred Cases for Survival After Death* (New York: Bernard Ackerman, 1944), pp. 81, 87, 88, 83, respectively.

[40] Ring, *Life at Death*, p. 207; 參考 Delacour, *Glimpses*, p. 115.

[41] Osis and Haraldsson, *At the Hour of Death*, p. 217.

[42] Baird, *One Hundred Cases*, pp. 82–86.

這些臨終異象中明顯的目的，讓我們想到其他類型逝者顯像的明顯目的，並且兩者都和幻覺顯然不同，因為其他幻覺往往沒有這種特性。

共同主觀性

臨終經驗裏最特別的要數房間裏其他人也看見逝者來「領路」，一位護士如此描述她朋友的臨終經驗：

> 在她去世前的片刻，我感覺到兩個鬼魂站在床邊，兩邊各站一個。我並沒看見她們進房間……，我認出了那兩個面孔，是她兩個最好的朋友。這兩個女孩是去年死的，當時年紀和她現在差不多。就在她們出現之前，我的朋友還說：「怎麼突然變黑了？我什麼都看不見！」可是她現在一下就能認出她們；此時她臉龐上出現一個美麗的微笑。她高興地伸出雙手說：「哦！妳們來接我了！真好，因為我覺得好累。」就在她伸出手的時候，兩位「天使」也各伸出了一隻手。[43]

羅薛醫師(B. Laubscher)敘述他在行醫生涯中，遇過許多護士「真的看到病逝的人身邊聚著已故的親友，他們臉上都露著笑容，好像是歡喜地迎接他加入一樣」。[44]黎安(F. Lean)說看見一

---

[43] Knight, *ESP Reader*, p. 392.

[44] B. J. F. Laubscher, *Beyond Life's Curtain* (Capetown, South Africa: Howard Timmins, 1967), pp. 68–69.

個女孩臨死的時候，她父親和祖母的靈魂出現。㊺還有一個例子是肇博(H. Trauble)於一九一九年臨死的時候，看見早在一八九二年就亡故的一位老友瓦特的顯像出現在病床上方，肇博注視老友的顯像良久，然後說：「那是瓦特！」㊻克魯寇醫師對許多這類事情也有所引述，他可以說加強了臨終經驗近似客觀顯像、而非類似精神錯亂時之幻象。㊼

宗教人物的異象

除了見到至親好友以外，臨終者最常看見的就是宗教上的人物，這些人物有時候稱作「光之人物」。研究結果顯示，拿印度文化和美洲文化做比較，在印度的臨終異象裏，見到宗教人物的情況遠比在美洲多。西方文化裏出現的宗教人物往往是上帝、耶穌、瑪利亞、摩西、或是聖彼得；而在印度最常為臨終者所見的是死神閻王 (Yamaraj)，其次是臘瑪 (Rama)、黑天神(Krishna)等神話人物。㊽不過在二十世紀裏並沒有人親身見過上帝、耶穌或喀什那，所以看見

㊺ Florence Marryat Lean, *There is No Death* (London: Kegan Paul, Trench, Trubner, 1891), p. 89.

㊻ Horace Traubel, in *JASPR* 15 (1921): 114.

㊼ 參考 Ring, *Life at Death*, p. 226, and Robert Crookall, *Events on the Threshold of the Afterlife* (Moradabad, India: Darshana International, 1967).

的人之所以知道那是祂們，都是依照自己附會的形象。

例如有個女孩因為受過喉嚨移植手術，所以人家告訴她沒辦法在教堂裏領聖體。以下是她敘述自己見到的異象：

> 我看見那個形體；它留著金髮，還有稀疏的鬍子，白袍閃閃發光，袍子這裏有個紅點（此時她指著自己胸前）。他手持著聖餐杯對我說：「這個禮拜妳就可以領受我的身體了。」然後他就離開了。後來我自己想：「這可真奇怪。」㊾

上帝或耶穌基督的形象通常很容易認出來，還有一個現在已經很有名的例子是利祁(G. Ritchie)的事情。利祁在一九四三年十二月二十日曾經死過，後來他說：「進到我房間的那道光就是基督。我知道那就是祂，因為『你現在看到的是上帝的兒子』這個意念深深地進入了我心裏。我稱祂作光，不過我想我大概也曾稱呼祂愛，因為當時房間裏滿溢我從未如此強烈感受過的愛。」㊿

㊽ Osis and Haraldsson, *At the Hour of Death*, p. 150; Ring, *Life at Death*, pp. 59–60.

㊾ Moody, *Life*, pp. 56–57.

㊿ Knight, *ESP Reader*, p. 398.

不過也有些不具虔誠信仰的人也有過很類似的經驗，但是他們倒不需要用特定的名稱來稱呼所見到的顯像，只說看見「金光裏有位長著白鬍子的人」。[51] 當然有人會說這只是垂死的人在臨終時期望一些宗教上的慰藉，所以才會有這樣的投射。但如果它是病人的期望使然，那麼應該是發生在下意識的狀況下才對；可是我們發現臨終者的宗教信仰和他所見到異象沒有關係，也不會影響宗教異象出現的次數。不過有宗教信仰的病人比較會用特定的宗教稱謂來稱呼他們看見的「光」。穆迪說：「許多報告顯示，虔誠的信徒和沒有任何宗教背景的人，二者所看見到異象的內容似乎沒有差別。」[52]

更令人訝異的是凌恩的統計結果發現，對臨終經驗所知最多的人反而是看見異象最少的人，而最不會期望看見異象的人竟然最常看見！[53] 即使是虔誠信徒的案例裏，病人往往還有所遲疑，不會立刻指認那就是某位宗教人物。[54] 更特別的一個例子是有位婦女認為看見了自己的守護聖徒聖格魯特；從前她一直向他禱告，期望他相貌英俊，而且穿著和教皇一樣的紫袍。可是

---

[51] Osis and Haraldsson, *At the Hour of Death*, p. 150; Ring, *Life at Death*, pp. 59–60.

[52] Moody, *Life*, p. 134.

[53] Ring, *Life at Death*, pp. 137, 210.

[54] Moody, *Life*, p. 57.

在她的臨終異象裏，他的打扮卻像中古時代的教士，還穿著涼鞋。[55]她期望見到守護聖徒的心願在臨終經驗裏實現了，但他的外表卻和期望中的大不相同。這種例子告訴我們，臨終經驗裏所見到的異象並非完全依附於觀察者的意念。

目的

這種「宗教之光」似乎和前述至親好友的顯像一樣，顯示出引導或帶領垂死者的目的。可是不少印度人臨終所見到的卻不是這種慰藉，而是令人不願跟著去的死神之類的角色。有個大學畢業的印度人在快要被送出醫院的時候，突然放聲大叫：「有個穿白衣服的人來了！我不要跟他走！」十分鐘以後他就死了。[56]不過這個例子似乎是個例外情況，因為在一般情況下，病人見到異象時情緒會明顯地轉好，有時會顯得平靜，有時甚至會感到極大的喜樂。暫且不論病人對其中明顯的目的是感到喜悅或是害怕，我們至少可以看到異象中的人物確實是有目的的。

共同主觀性

在宗教異象的例子裏，也一樣以同病房的人看見臨終者聲稱見到的「訪客」，和前述逝世親友顯像的情況相同。一九一八年心靈研究學會發表了一位男子的案例，「他看見垂死的太太

---

[55] Osis and Haraldsson, *At the Hour of Death*, p. 152.

[56] Ibid., pp. 44, 66–67, 108–17.

床頭站著個女人，好像在歡迎她似的。當時在場的一位腦神經與精神病名醫並沒有看見這個人，不過他表示這位先生所看到的東西沒有辦法用任何現象來解釋，而且也不能歸諸於暫時性的幻覺。」[57]

其他也有人說看見「兩個白色的東西」[58]或「穿白袍的形體，一男一女，他們將白袍披在他（病人）身上，然後就飄走了。」[59]我們前面曾經提過，在實驗裡面，動物可以在人類察覺到出竅的人之前就能先有所感應；最近就有個案例是一位經驗豐富的護士在感應到某些東西的時候，動物所發生的反應：

> 這病人是位四十多歲的警察，信印度教，得的是肺結核。突然之間他說：「亞姆度神(Yamdoo)來接我了，我不要在床上，快把我弄起來！這樣祂就找不到我了。」他一直向上指，說道：「祂在那裏！祂就在那裏！」他指的地方有一棵大樹，樹上站滿了烏鴉。正在病人見到異象的時候，樹上的烏鴉剎那間轟然一聲全部飛走了，彷彿有人開了一槍似的。我們全都大吃一驚，奪門而

---

[57] Ring, *Life at Death*, pp. 226–27.

[58] Wellesley T. Pole, *Private Dowding* (London: J. M. Watkins, 1917), p. 101.

[59] Ernest W. Oaten, *That Reminds Me* (Manchester, U.K.: Two Worlds, 1938).

出跑到外面看，可是卻沒有看到有什麼會驚擾烏鴉的東西。我覺得牠們好像也感受什麼恐怖的東西似的。就在這時候，病人陷入昏迷，幾分鐘之後他就斷氣了。[60]

我們當然不能因為這些例子就以偏概全，可是卻可以顯示臨終經驗和出竅經驗的共同之處：這兩者有時候都會為動物、靈媒或其他觀察者感應到。會不會是人類在臨死的時候對這類顯像特別敏感？

彼岸世界的異象

接下來我們要討論臨終經驗裏看到天堂或是「神遊冥界」的案例。有些病人可以確定認出一些地方就是「天堂」；其中大部分會覺得非常愉快，而且會說「原來以後就是這樣了」，或說「現在我知道有來生了」。[61] 當然這些主觀的經驗不可能證明他們所見為真，但在我們能將之普遍化以前，這種臨終經驗的主要特色和條件還是需要進一步分析。

臨終者看到的「異境」最常見的描述是滿佈花朵的草原、花園或山丘。[62] 坎勃將軍（A.

---

[60] Osis and Haraldsson, *At the Hour of Death*, pp. 41, 180.

[61] Moody, *Life*, pp. 90–91.

[62] Osis and Haraldsson, *At the Hour of Death*, pp. 162–63, 176–77; 參考 Carl Becker, "Pure Land," pp. 51–66.

Campbell) 在暫時死亡的時候，見到「一片荒原上有條大家都知道的小徑引向山巔」。[63] 魏徹(Whiltse)對暫時死亡現象的研究曾經發表在《聖路易醫學雜誌》，他也看到過樹林、天空，和通往岩壁的小路。[64] 小路、山壁這些景象出現的頻率幾乎和花園、草原出現的頻率差不多。

有些人會覺得自己置身在一大片水面上浮著的一個容器裏，遙遙望見親人在對面岸上。還有不少人在臨終見到彼岸異象的時候會看見色彩繽紛的日昇、日落，聽見特別的音樂。[65] 此外常見的還有大門，有些是斧痕樸拙的大石砌成的，有些是金殿城堡，宛如日本或中國古老傳說中的天界。[66] 至於知識分子和學生，會見到的則是一個往來皆是「雕塑家、哲學家、作曲家、發明家」的境域。[67] 幾乎所有的異象裏都有一團光明，放射出光芒和熱度。[68]

內容相似

---

[63] Archibald B. Campbell, *Bring Yourself to Anchor* (London: Rider, 1947).

[64] 見 Knight, *ESP Reader*, pp. 394–96; Campbell 亦見於 Knight, *ESP Reader*, pp. 376–78.

[65] Osis and Haraldsson, *At the Hour of Death*, pp. 163–68.

[66] Becker, “Pure Land,” p. 52.

[67] Osis and Haraldsson, *At the Hour of Death*, p. 176.

[68] “The Pseudodeath of Private Ritchie,” in *Guideposts*, June 1963.

所有的異象似乎共同具有某些「典型」的內容，而且並不因為臨終者的宗教信仰不同而有根本的差異。歐西斯和哈洛森在經過詳細統計分析之後，下結論說：

> 相信死後有來生的當事人，在異象中將死亡視作一種令人愉快之蛻變的機率會加倍(p=.003)；並且當事人會有宗教性的情緒反應(p=.006)。但當事人之信念，並不會明顯影響其於異象中經驗到美與祥和的頻率。因此，當事人相信來生與否，對於來生之異象本身顯然影響甚微；但對當事人之宗教情緒有所指引，並積極影響其對死亡賦予正面評價。[69]

此外，異象出現的頻率與內容，在印度人和美國人之間，以及印度教徒、基督教徒與猶太教徒之間，都顯得極為近似。[70]

超自然見聞

「彼岸」的異象有時候也包含一些後來可以證實的知識。譬如見到許多已經亡故的人，包括一些當事人還不知道已經去世的親友。[71]

---

[69] Ring, *Life at Death*, pp. 56–60, 137, 207.

[70] Osis and Haraldsson, *At the Hour of Death*, pp. 173–82, 220.

[71] Ibid., pp. 92–98; Knight, *ESP Reader*, pp. 385–89.

莎拉(J. Charrat)在一九六一年十二月十八日被認定死亡，她在經歷死亡的那段時間裡看到了自己的未來，其中的情節既不合或然率，也和她自己平日的想法互相矛盾，但是後來她活過來以後，那些事情都一一實現。[72]另外拉瑪(S. Lama)看到自己幾次的前世，其中他看到了一些正常情況下他根本不可能知道的建築物。[73]有很多人在臨終就快死掉的時候，遇見有人告訴他們確切的死期；而他們後來真在那個時候死亡，甚至連醫生都意想不到。[74]

有一個案例的女主角自己相信是被閻王的使者拘提到陰間，結果她醒來之後，腿上真的有繩索捆綁過的痕跡。[75]這和催眠的情況有些類似；有時候受催眠的病人身上會出現一些非由任何生理因素造成的癥狀。因此我們現在要問的，並非是否真的有一條無形的繩子捆住那女孩的腿，而是究竟是什麼因素讓她堅信她真的被繩子捆過，而且深信的程度足以在她身上造成生理上的影響。病人在沒有心理準備的情況下看到天堂或地獄來的使者，顯然會對他們的身體和心理都造成一種類似催眠的強烈作用。

---

[72] Delacour, *Glimpses*, p. 20.

[73] Ibid., pp. 106–7.

[74] Osis and Haraldsson, *At the Hour of Death*, pp. 43–44; Knight, *ESP Reader*, pp. 387–90.

[75] Osis and Haraldsson, *At the Hour of Death*, p. 180.

病人臨終見到彼岸的景象，不僅是個有趣的現象；更是靈魂不滅的共同主觀性的重要指標。其原因倒不是因為病房裡有多人同時看到，而是因為他們在不同宗教、文化的背景之下，所見所聞竟然如此類似。並且臨終經驗以超自然方式所傳達的事情，其中後來證實為真的資訊，是當事人在正常情況下不可能知道的。而且，臨終異象往往發生在病人宣佈死亡之後，然後病人在經歷一番神遊之後又復活過來。在這種情況下，病人復活的重要因素，是覺得自己在人世尚有未完成的事情。[76]

當然這個現象也有例外的情況。有些人見到異象是因為發生幻覺：有少數人因此而看到妖怪，看到地獄，或是經歷到一片黑暗。[77]但是這整件事的重點不在見到異象的人經歷的彼岸是什麼樣子，而是有人曾經在死亡的階段裡經歷過另一個世界。以下我們應該對類似陳述進行批判性的分析。

駁靈魂不滅的證據

[76] Ring, *Life at Death*, pp. 68, 192–93.

[77] Delacour, *Glimpses*, pp. 24, 144; 參考以下著作中的案例，Maurice Rawlings, *Beyond Death's Door* (Nashville, Tenn.: Thomas Nelson, 1979).

過去二十年來學者和醫師所研究的幾千件案例，令讀者即使存疑再深，也不得不承認臨終經驗確實有人經歷過；我們也不能指稱這些都是當事人和醫師集體捏造的。醫學界本身不可能一方面不把臨終經驗當一回事，另一方面又否認它存在，或者認為它純屬虛構。[78]

認為沒有靈魂不滅這回事的人，如果要把臨終經驗化約掉，他們至少會主張下列三件事：(1)臨終經驗的主體在發生那些經驗的時候其實並沒有死。(2)主體是發生幻覺，其實什麼也沒看到。(3)在臨終經驗中獲得、後來又得以證實的資訊，其實或許可以解釋為是他透過超感知覺獲得的，而異象中的其他部分則都只是幻覺。以上這三項主張如果任何一項站不住腳，那麼靈魂不滅的立場就更為穩固；因為支持靈魂不滅的一方可以說：(1)當事人真的是從死裡歸來，因此他至少有一段時間是在死亡中仍然保持不滅。(2)的確有人看到過「來世」，而且是客觀的，不是幻覺。(3)當事人帶回來的資訊，確實是在死亡的階段裡接觸逝者或宗教人物才獲得的。本章以下將就前述反對立場之正反兩面進行檢討。

被宣佈死亡的病人其實沒死

對於病人死裡復活的資料常見的一種反駁，就是說被宣佈死亡的人其實沒有死。這類反駁

---

[78] Delacour, *Glimpses*, pp. 34–36.

不外幾種模式；簡言之，醫生可以說：(1)既然病人可以證明自己沒死，那麼在醫學上就很難為死亡下定義，或者(2)目前醫學上對死亡的界定已經相當充分，因此確實有人曾經在定義上死過，然後又活過來。

粗糙的唯物論

有人站在相當粗糙的唯物論的立場，說所謂復活的人不可能真的死過。他們可能犯了邏輯上的「丐題謬誤」，因為這種說法預設了從未有人真的死過然後又活過來，可是這個前題是否為真尚未經過證明。所以只要有人說「某人死了又復活」，他們就說那是錯誤的；他們完全是根據「活過來的人不可能死過」這個前題。就是這種循環論證，把死亡在醫學上和物理學上的概念和定義貶得沒有意義。

不過現在醫學上對死亡有不同程度的定義；從呼吸脈搏停止，到反應測試、瞳孔擴大、體溫降低、肢體僵硬，以及腦波訊號中止。但即使病人已經完全沒有活人應有的生理機能，也不能單憑上述任何一項標準來界定死亡。如果那些標準不能充分決定一個人是否算是死亡（因為以這些標準被判定死亡的人，有時候其實是活的，而且會醒轉過來），那麼我們就沒有辦法分辨一個人是活著還是死了。既然這標準那麼不好用，它就是個不合理的標準。在這個情況下，我們只好等屍體腐爛，或強制要求施以防腐處理，否則沒有辦法確定死者真的死了；但這就是他們說法中錯誤的假設和不合邏輯的推論，所造成的更難令人接受的結果。

所以，唯一可行的辦法就是接受第二種可能；也就是接受死亡在醫學上的標準，並且萬一真的有人從「彼岸」回來，要承認確有此事。

回生狀態(Parabiosis)

宣稱「復活的人其實未曾死過」還有一種比較科學、也比較合邏輯的方式；他們可以說即使在屍體裏也還有一絲尚存的「生命」，因為身體各個部分死亡的程度不同。這是俄國醫生採取的觀點；這倒也不會令人意外，因為他們無論解釋什麼事情都是站在唯物論的基礎上，[79]所以如此分析的結果，像蘇聯醫生一樣僅憑心跳和呼吸停止就判定死亡，絕不表示病人的生理機制和意識不可能恢復。事實上俄國人曾經對動物作過許多實驗，發現把動物的頭砍下來、再供以充滿氧氣的血液，它仍然能展現所有的生命現象。[80]這些俄國醫生如果既不承認復活的病人曾經死過，又要承認他們當時確實沒有生命跡象，就只好發明幾個既不代表生、也不代表死的新名詞：

[79] Ibid., p. 136.

[80] Leonid V. Vasiliev, *Mysterious Phenomena of the Human Psyche*, trans. Sonia Volochova (New York: University Books, 1965), p. 200.

經過防腐處理的屍體，其細胞、組織和器官仍然可以存活一段相當長的時間。一直要到所有細胞內部的生理功能完全終止、不可能復始的時候，細胞才算真正死亡。在此之前，每一個垂死的細胞都是處於一種極為特殊的狀態；在這種狀態之下，一方面生命機能已經停止，另一方面生命機能又會因某些條件而回復，所以這種狀態既不能稱作生，也不能稱作死。著名的生理學家維登斯基(N. Vvedensky)將此生死之間的過渡階段稱作『回生狀態』(Parabiosis)。[81]

這個妙論有幾點值得注意。首先，瓦斯列夫(L. Vasiliev)先將條件限定在「經過防腐處理的屍體」，然而討論的對象卻是他處理的「經冷凍的屍體」。但我們研究的案例絕大部分都是嚥氣時未冰凍過的屍體，而且發生臨終經驗的病人被冰凍過的更少。

其次，瓦斯列夫還有一點值得商榷的，是他將器官與細胞混為一談。腦和心臟停止之後幾天內，某些細胞（例如毛囊）確實可能依然存活；但如果說因為某人的毛囊還活著，所以就說他還活著；或者說他的毛囊就等於他，這麼說也未免太荒唐了。連瓦斯列夫本人都承認判斷一人是生或死的重要因素是心臟、肺與腦。他說：

如果人的心靈具有器官，並且這器官在心跳和呼吸停止之後隨即停止運作，那就表示與腦部活

[81] Ibid., p. 194.

> 動息息相關的靈魂不可能在肉體死亡之後繼續存在。而且科學家反而已經證明肉體確實可能在完全和腦分離的狀況下暫時運作一段時間。[82]

我們發現瓦斯列夫在此又犯了循環論證，他的假設不足以令人信服。他假定心靈有個器官，就是腦，又說靈魂「和腦部活動息息相關」；然後他據此演繹，說腦部停止活動的時候，靈魂就一定不能繼續存在了。我們很難理解他所說的「靈魂」是什麼樣的東西，除非它不過就是腦部功能的另一種說法罷了。如果瓦斯列夫所謂的「靈魂」真是指腦部的功能，那麼他也只算對了一點點；因為「靈魂」確實在腦部停止運作的時候不再存在。但是，如果他說的「靈魂」是指類似「思想與感覺的意識叢集」之類的東西，那麼他說「靈魂」和腦部活動息息相關就失之於草率。因此他總結說「這種靈魂不可能在肉體死亡之後繼續存在」，也不過是一再反覆他的先入為主的看法罷了。

此外，瓦斯列夫主張腦可以和身體分離，這點也引人啟疑竇。他將他的發現用來記錄肉體運作可以離開心靈活動而獨立存在；但他卻完全不知道心靈活動也可能獨立存在於身體之外。不過，心靈活動究竟可不可以在肉體死亡之後繼續獨立存在，雖然仍是目前經驗科學嘗試答覆

---

82 Ibid., pp. 201–2.

的問題，可是他的馬克斯唯物論立場的答覆並不能讓我們滿意。

維登斯基「回生狀態」的觀念，是建構在「回生」(Anabiosis)的基礎上。所謂「回生」是種子和卵裏暫時休眠的生命現象，甚至有些尚未完全發展成完全生命的昆蟲，牠們在還不能真正稱作生命的時候，也有這種暫時蟄伏的生命現象。他的想法基本上是說從人類臨死到再度展現生命之間，會有幾分鐘的存在，其存在狀態就如同種子或卵存在好幾年之後才展現生命一樣。他認為雖然這些人看起來是死了，但其實應該說他們是處於「回生狀態」。面對這種說法，首先必須確定它是否又犯了前述的循環論證；也就是說用來斷定一人是否處於「回生狀態」的判準還需要用另外的判準來決定，而不是根據此人是不是會復活來決定。

俄國和美國的科學家都承認假使確有這種「回生狀態」存在，它在沒有人為復甦措施的情況下至多可以維持十至二十分鐘。[83]不過根據臨終經驗的研究，復活的病人當中有不少人曾經死過好幾個小時；[84]還有些病人則是屍體僵硬了幾天之久，或昏迷數週之後才復甦過來。[85]簡

[83] Stanislav Grof and Joan Halifax, "Psychedelics and the Experience of Death," in Arnold Toynbee, ed., *Life After Death* (New York: McGraw-Hill, 1976), pp. 197–98.

[84] Delacour, *Glimpses*, pp. 34, 44, 59, 100, 158.

[85] Arthur Ford, *Unknown Eut Known* (New York: Signet, 1969), pp. 54–58.

言之，這些現象都不是「回生狀態」可以解釋的。璩貝蘿絲陳述道：「我研究類似現象，從加州一直到澳洲，病人的年紀從兩歲到九十六歲，信教與不信教的都有，清清楚楚的案例有好幾百個，其中還有一個病人死亡的時間達十二個半小時。他們所有人經歷的事情都一樣。」[86]

總之，所謂「回生狀態」持續的時間，應該比醫學上認為它可能持續的時間要來得久。於是問題又回到前面的兩難窘境：我們或者必須因例外太多而承認科學無法界定死亡或回生狀態；或者必須承認有人真的從死亡中復活，並且他們還報告復活之前不尋常的經歷。如果是第一種狀況，那麼就非得要等著看一個人是否復活才能知道他是不是真的死了。如果是第二種狀況，那麼俄國人提出的論證目前還不算十分成功。同時也有許多西方神經生理學家傾向唯物論，他們的論證倒有些值得參考之處。

腦死

以下是反對靈魂不滅的一方所提出比較好的一種詮釋：我們大家都須依照醫學的判準來界定死亡，而不是憑當事人事後的說法來決定。人的肉體在死後是否存在根本不成問題。重要的問題是肉體死亡之後意識是否還繼續存在。腦是身體各部分中和意識關係最密切的；因此當我們從意識的角度來判斷一人是否死亡時，腦部的狀況應該比心臟和脈搏等都來得重要。

---

[86] 見 Head and Cranston, *Reincarnation*, p. 452.

我們知道當腦部機能停止時，心與肺仍然可能在人工維生系統的維持下繼續運作。但是腦部活動（即思想）的能力在肉體機能終止之後狀況如何，我們就所知甚少了。通常呼吸停止，就是腦部終止控制肺部自主活動的指標，但即使在這種情況下，未必就沒有意識。所以此時我們需要的是一種由腦部掃描或腦波圖示確認腦部活動停止的判準，也就是所謂的「腦死」。[87]

除了極少數因用藥過量或對病人施行體溫降低術的情況之外，一般咸信病人不可能在腦死之後復活。因為從物質的觀點來說，腦既然已死，就不可能再有意識。所以我們可以說自稱看見親人、看見聖者或天界的人，都是在腦波沒有休止的情況下看見這些東西的。從經驗實證的角度來看，病人是否在宣佈死亡後又復活還不是最關鍵的問題，重要的是這些資料我們必須接受。而且更實際的是追問究竟有沒有人在腦波靜止的時候，還會有心智活動或發生幻覺。

贊成靈魂不滅的人認為這個問題很重要，因為它能夠從經驗上提出證明，並且是值得深入研究的問題。如果病人自稱在腦部停止活動的情況下發生過某些經驗，那麼這種案例對「心即是腦」之說不啻有力的一擊。如果我們以腦部活動來界定死亡，而又有人陳述在腦部停止活動的階段中曾經歷過某些經驗，那麼我們就有證據可以說人在死後可能會有意識經驗，至少是有

---

[87] 參考 Peter M. Black, “Brain Death,” *New England Journal of Medicine* 299, no. 7 (1978): 342–44, nn. 25 and 26.

暫時的經驗。初步的研究顯示這確實是有可能的，有文獻記載：「病人在腦波終止後又復活；這種現象可以由抑制中樞神經的鎮靜劑用量過多或體溫降低術造成。」[88]

研究用藥過量或施行體溫降低術過當的患者，可能有助於確認他們在腦死階段的臨終經驗。凌恩曾經研究過藥物和臨終經驗之間的關係，但他卻發現兩者的關係成反比；也就是說病人用藥愈重，他們發生真正臨終經驗的機會就愈小。[89]因此，用藥過量和受過體溫降低術的病人在腦部停止活動數小時之後復活，這點對證明臨終經驗幫助不大。不過它倒確實提醒我們必須格外留意這種情況，因為這關係到腦死病人是否能回天！[90]

另外有一些案例，是並非因用藥過量或體溫降低術而宣告腦死的病人發生出竅經驗。璩貝蘿絲有個案例裏，病人的心臟和腦部活動均已告終止，但後來病人卻能正確地以出竅旁觀的觀點，描述醫護人員對他施行的復甦急救。[91]戰死越南的柯列克曾在出竅的情況裏，在一片光亮環繞之下遇到戰死的同袍，並且還和他們交談。後來醫生把他救活之後告訴他，他本來心跳和

[88] Moody, *Life*, p. 142.

[89] Ring, *Life at Death*, p. 212.

[90] Peter M. Black, "Criteria of Brain Death," *Postgraduate Medicine* 57, no. 2 (Feb. 1975): 69–73.

[91] Karlis Osis, "Deathbed Visions and the Afterlife Hypothesis," *Journal of Indian Psychology* 2, no. 1 (1979): 15.

腦波都已經停止了。[92]丹佛的心臟科醫師熊梅軻，曾經遇過幾次病人腦波已經終止幾個小時之後又醒過來，並且說在那段時間裏見到了一些逼真的經歷。[93]進一步研究這些案例非常重要，因為如果人們真的在腦死階段發生臨終經驗，那麼就能證實意識可以離開腦而且暫時不滅。

異象其實只是幻覺？

腦死病人復活實在是少之又少的現象。但是臨終者見到親人、聖者或其他的異象卻不罕見，而且也比較能以量化的方式研究。反對靈魂不滅的人主張這些異象既不是感官經驗，也沒有真實的對象，只是已死或將死的腦所發生的幻覺。

在我們檢視反對者如何嘗試化約掉臨終經驗的案例以前，我們先觀察一下他們的理路。他們的論證既不是「化約」，也不是「非化約」。化約論者主張臨終經驗是可以化約成腦部的某種狀態；這種狀態是我們已經在別的領域裏瞭解的，並且臨終經驗僅僅不過就是這種狀態而已。因此化約論者可以說臨終經驗只不過就是腦部功能異常，本身沒有什麼特別值得大驚小怪的。

---

[92] M. A. O'Roark, "Life After Death: The Growing Evidence," *McCall's*, March 1981, p. 28.

[93] 同前書；參考 Michael Grosso, "Toward an Explanation for Near-Death Phenomena," *JASPR* 75, no. 1 (1981): 48.

而在同樣的情況下，非化約論者會說腦部的異常功能可能會導致某些能力或經驗，但並不否認患者感知到的影像是真實的，也不排除繼續研究的必要。既然非化約論的立場並不否認臨終經驗有可能是靈魂不滅之研究的材料，在此我就不再贅言。

但是化約論者至少必須還要證明兩個附帶的主張；第一，他們必須承認臨終經驗類似於、或從屬於某種我們已經瞭解的合理現象。第二，他們必須要能夠證明這些現象是幻象，無法告訴我們任何真實的事情，但或許能提供一些關於腦部異常功能的資訊。例如，他們說臨終經驗像一種心理疾病，這種病無法讓人瞭解真實的世界，因此臨終經驗也無法告訴我們真實的事情。

大多數的論證都建基於上述第一種主張，也就是「臨終經驗其實就是某事（或屬於某事的一類）」。即使這點可以當作首要前題，這個論證的第二前題也仍有待商榷，因此也就不能達到它所要的結論。因為雖然臨終經驗和某種疾病或藥物、或出竅所導致的經驗相類似，可是無論是臨終經驗或這些原因所導致的經驗，兩者都沒有告訴我們另一層不同於幻象的實在，所以我們不知道這兩者究竟是否都是幻象。

這和打坐的瑜珈修行者或服用迷幻草藥的北美印第安人說法差不多，他們說藉打坐或迷幻藥發生的神遊經驗和死亡基本上類似。他們可能還會加上一句，說這兩種經驗都具有重要的外在對象，而且都能告訴我們一些肉眼凡胎的意識所不能知道的事情。其實儘管大家一般都認為冥思者所見的都只是幻覺，可是我們真的很難想像如何才能夠清楚分辨。[94]因此，即使臨終經驗真的可以化約成某些其他現象之下的一類，在邏輯上也不能因此就說它的內容不具有外在對象，也不能據此推翻靈魂不滅。

由此可見化約論立場的兩個前題都不可行。所以我們將把重點放在他們是如何化約臨終經驗的。通常臨終經驗會被化約成：(1)腦部的化學變化。(2)心理上的防衛機制或精神分裂。(3)出生經驗的重現。對這些化約方式一一檢視之後，我們將對它們整體提出反證。

化約的方式

化約論者最常提出的，就是臨終經驗只不過是具有化學或神經生理學基礎的幻覺。支持此說最力的六位學者分別提出大同小異的主張，目的不外是要將臨終經驗用他們的方式解釋成別的東西。他們共同的出發點都是腦部的生化變化。

英國精神醫師麥哈格(J. McHarg)提出，臨終經驗是由瀕臨死亡的腦部缺氧所致，就像腦部掌管時間的部分也疑似因缺氧而發生問題。[95]這個論點為卡爾(D. Carr)醫師和智利大學的醫生

---

[94] 塔特曾提出建立「研究各個意識狀態的科學」，以探索意識在不同狀態下所指向的對象。參考 Charles T. Tart, "States of Consciousness and State-Specific Sciences," in Hoyt L. Edge and J. M. O . Wheatley, eds., *Philosophical Dimensions of Parapsychology* (Springfield, Ill.: Charles C. Thomas, 1976): 441–62.

們採取，並且加以發揮。[96]不過底特律的生理學家羅亭(E. Rodin)則認為腦部缺氧或氧氣過多都可能造成臨終經驗；腦部氧氣過多會造成愉快幸福的感覺，會讓人將錯誤的判斷誤以為真，並且在這些判斷關乎病人的冀望、恐懼或者先入為主的想法的時候，特別容易發生。[97]

布拉克(R. Blacker)則指出看見光亮和發生出竅經驗，和醚麻醉的經驗有相似之處；不過他覺得「聽見自己將死的訊息」在理論上根本不可能。[98]加州大學洛杉磯分校的精神醫師席格爾(R. Siegel)非常強調臨終經驗和因藥物引起的幻覺之間相同的地方，特別是隧道、城市和光亮、回憶的影像這四點特別類似。[99]波蘭物理學家史拉溫斯基(J. Slawinski)曾經提出有機體在臨死時會放出一種生物電子學上叫「死光」的光線，或許這可以解釋為臨終經驗裏的強光。[100]我們且

---

[95] J. F. McHarg, review of *At the Hour of Death* by Haraldsson and Osis, *JSPR* 49 (1978): 886.

[96] 參考 Juan C. Saavedra-Aguilar, “A Neurobiological Model for Near-Death Experiences,” *Journal of Near-Death Studies* 7 (1988): 205–22.

[97] Ernst A. Rodin, “The Reality of Death Experiences,” *JNMD* 158, no. 5 (May 1980): 262.

[98] R. S. Blacker, “To Sleep, Perchance to Dream,” *JAMA* 242, no. 21 (23 Nov. 1979): 2291.

[99] Ronald K. Siegel, “The Psychology of Life After Life,” *American Psychologist* 25, no. 10 (Oct. 1980): 923.

[100] Janusz Slawinski, “Electromagnetic Radiation and the Afterlife,” *Journal of Near-Death Studies* 6 (1987):

逐一檢視這些對臨終經驗提出的論證以及它們導出的結論。

臨終經驗並非幻覺

發生臨終經驗的人，大部分都沒有明顯的缺氧或受藥物影響的情形。羅亭的文章也特別指出這種效應可以引起的反應有很多種。歐拉克(M. O'Roark)則曾引述過出竅經驗在腦部並未缺氧的情況下發生的證據。[101] 凌恩則舉證說明使用醚會降低出竅經驗發生的頻率，而且向他陳述出竅經驗的病人們並未接受麻醉。[102] 史帝文生的結論則說出竅經驗非屬毒物引起的精神疾病。[103]

對病人的生理狀況研究得最徹底的是歐西斯和哈洛森，他們對病人進行個別研究，找出導致每個病人發生幻覺的因素。結果發現他們研究的病人當中，絕大多數瀕臨死亡的原因都不是因為腦部疾病或腦部手術，而且一律都不曾有過心理方面的問題。在體溫方面，大部分病人體

127–45.

[101] M. A. O'Roark, "Life After Death," p. 28.

[102] Kenneth Ring, "Commentary on'The Reality of Death Experiences'by Rodin," *JNMD* 168, no. 5 (May 1980): 273–74, and *Life*, p. 211.

[103] Ian Stevenson, "Comments on'The Reality of Death Experiences'by Rodin," *JNMD* 168, no. 5 (May 1980): 271–72.

溫都在攝氏三十七點八度以下，所以也不是因為發高燒而看見異象。大部分的病人並未接受或僅接受一點點目前已知會影響心理的醫療行為，而且大部分在見到異象的時候，心理狀態都被列為「清醒」。再者，大部分病人的醫師都沒有診斷出他們有其他會導致幻覺的徵狀。他們兩位的結論如下：

> 大部分案例都無法以醫藥因素導致幻覺來解釋。可能會造成幻覺的藥物對主要現象既沒有重大影響，也不會特別造成意識不清。經過我們分析醫療行為和臨終異象七種性質之間相互的關係後，發現醫療行為和顯示可能有來生之經驗的性質無關。[104]

從這些研究和回響應該可以清楚看到，許多發生臨終經驗的案例並非腦部缺氧、麻醉或導致幻覺的藥物所引起的。

在歐西斯的研究裏還有一點值得注意：他的病人當中有不少在似乎「看見來生」的時候，還尚未進入昏迷的階段。雖然他們幾分鐘之內就會死去（有時候還出乎醫生意料之外地快），可是一般而言他們都還算清醒冷靜，並且和照顧他們的人之間的應對也還算正常；[105]例外的是他

---

[104] Osis and Haraldsson, *At the Hour of Death*, pp. 156, 172, 226, 230.

[105] Raymond A. Moody, *Reflections on Life After Life* (Atlanta, Ga.: Mockingbird, 1977), p. 109.

們當時也會在異象中看見親人或聖者、天堂。另外也有些一度被宣佈死亡或者顯然不醒人事的病人，復活之後陳述類似的異象。

至此結論已經頗為清楚。如果發生臨終經驗的病人不論是睡著或醒著、缺氧或不缺氧、已經死亡或處彌留狀態，他們的臨終經驗內容都相仿，那麼單憑氧氣是否充足和導致幻覺的藥物這兩個因素，實不足以充分解釋所有的案例。我們要在邏輯上站得住腳，就得找出一個普遍存在於所有案例的原因，而非僅適用於少數幾個案例。目前我們看到能放諸所有案例而皆準的唯一因素，就是它們都在瀕死階段發生。說臨終經驗之起因就是因為人之將死，總比勉強訴諸大部分案例都不適用的生化因素恰當些吧！

臨終經驗和幻覺不相似

臨終經驗的研究顯示它基本上不像缺氧、氧過多或麻醉和藥物造成的幻覺等經驗。在此必須稍作區分。化約論者會說，即使缺氧或藥物等因素並非臨終經驗的成因，但異象之出現至少是因為相應的化學作用（例如大腦自己釋出毒素或恩多芬）；所以其實它還是建基在生化機制上。這個說法沒有證據，但是，如果在其他的已知條件之下（如缺氧、醚、藥物）發生的異象，其內容和臨終經驗極為類似，它還會有一點可信之處。[106]可是臨終經驗和批評者所提之案例的

---

[106] 在現象學上滿足程度之比較為學者所強調；參見 Gordon R. Lowe, "The Phenomenology of Hallucinations

內容並沒有這麼相像。我們先看看批評者的機械式模型可能產生的效果。

在第一個這種模型裏，缺氧應該會造成焦慮、渙散以及感官扭曲。[107]但絕大部分臨終經驗裏並沒有焦慮、渙散和感官扭曲；反而有的是安詳與歸屬感，並覺得所見顯然非人間。

至於氧氣過多，它會導致的是愉快，並且會投射自己的期望、恐懼或先入為主的想法。可是，學者已經證明臨終異象和病人生活經驗中的恐懼與期望並無連帶關係。有許多異象甚至明顯和病人在宗教上的期待或與宗教無關的期待相反。[108]再者，凌恩發現知道臨終經驗和發生臨終經驗兩者之間有一種反比關係；研究過臨終經驗的人發生的機會比較低，從來沒聽過這回事的人發生的機會反而比較高！[109]這或許部分是因為理智或批判性的程度不同。但重要的是由此可以得見臨終經驗並非只是當事人之期望或成見的投射。

最後要談的是用醚藥麻醉以及生物電子學上的「死光」會造成出竅經驗和光亮。假如醚能夠促成真正的出竅，那麼此說就不是否定、反而是肯定某種心物二元論。出竅和顯像相伴發生，

as an Aid to Differential Diagnosis," *British Journal of Psychiatry* 123 (1973): 630.

[107] Karlis Osis and Erlendur Haraldsson, "Correspondence: Reply to Dr. McHarg," *JSPR* 50 (1979): 126–28.

[108] Baldwin, "Hallucinations," p. 78; Osis and Haraldsson, *At the Hour of Death*, pp. 188–90.

[109] Ring, *Life at Death*, p. 210.

這點在前一章的討論裏已證明為可信，所以此處不擬再討論臨終經驗中的出竅經驗。此處我們並不把病人所看到的亮光當作來生最重要、或最能代表來生的屬性。

綜而言之，以上敘述的原因，都不會造成臨終經驗和意識不滅之關係中最重要的和親人相會、看到聖者或天界等異象。

席格爾的類比

眾多批評者當中，考慮問題的方式和我們最相近的是席格爾(R. Siegel)。他就發生臨終經驗的病人和發生幻覺的病人分別記錄了兩種經驗的許多相同之處，因此他的分析值得進一步探討。基本上他對異象內容中的隧道、城市、亮光、記憶四種東西進行比較。[110] 一開始我們就考慮過，隧道和生命回顧或許是由腦部的機制所引發，甚至因而不把它們認真視作靈魂不滅的證據。

席格爾說「臨終經驗和藥物幻覺，兩者都有隧道和回憶出現，表示兩者都和靈魂不滅無關」。當然，此說的反面也可能是對的：也可能臨終經驗的主體和服藥之後神遊的人都瀕臨死亡的邊緣，並且兩者都瞥見了來世。但即使席格爾的推論是正確的，他也只是書空咄咄，並沒有駁倒任何人；因為從來沒有人當真把隧道或是回憶當作靈魂不滅的證據。

---

[110] 關於席格爾的立場，參考其論文 "The Psychology of Life After Life," pp. 922–24.

接著剩下的就是異象中的城市和亮光。席格爾斷言這兩點也是臨終經驗和藥物迷幻相似的地方。但是他在這裡卻有點引喻失義；在他引用的案例中，臨終經驗的主體描述的明明是「光之城」，藥物迷幻的病人見到的卻只是幾何圖形而已。即使兩者看到的東西都可以視作「幾何形建築物」或「光亮奪目的網絡」，也仍然不能動搖我們的論證；因為我們也沒有把這兩樣東西當作靈魂不滅的充分證據。而且，席格爾在說明幾何形的異象不足以證明靈魂不滅的時候，並沒有說如果在異象中看到親人、聖者或天界景觀，也不能算是靈魂不滅的充足證據。

席格爾談到異象中出現親人、聖者和天界的問題時，他只斷定這些是「從回憶中拾出的形象」。這實在是因為他有所不知，因為在有些臨終異象裏，病人根本不記得他平常曾經看過異象裏的親人、聖者的穿著打扮或外表。

我們在處理親人和聖者的異象的時候（席格爾不談這些，他喜歡談異象裏的紅色鯡魚），會看到顯而易見的區別：發生臨終經驗的主體有超過八成在異象裏見到逝去的親友；而藥物迷幻的病人只有約兩成在神遊中見到已逝去的人，並且其中只有很小部分帶有「目的」。但是臨終異象裏出現的故人親友，有百分之八十帶有「領路」的目的，這和藥物迷幻的病人所見大相逕庭。目前統計約有百分之五十的彌留病人在異象中見到宗教人物，但活著的病人發生幻覺的案例裏，卻僅有極少數的病人看見宗教人物，約只佔百分之二至四。[111]臨終經驗的主體，本來預期死後會見到的是青面獠牙、牛頭馬面之類的場面，但後來看到的卻是一生未曾見過的鮮花遍野。這不但和他們的預期相反、違背了他們的教義，也和藥物迷幻者常看到的幾何圖形大不相同。[112]總括來說，臨終經驗並非由幻覺所造成，臨終經驗裏的重要內容（親友、宗教人物、天界）也和藥物迷幻者見到的東西不同。職是之故，席格爾把臨終經驗和藥物迷幻相提並論的類比不能成立。

我們在此重申，即使藥物迷幻可以和臨終經驗相類比，也未必能說兩者都沒有外在的對象。連批評者都必須承認臨終異象之內容的超自然基礎，不能單憑醫學上的理由就加以排除。換言之，我們可以設想，即使藥物迷幻者的神遊可以用化學因素化約掉，也不排除它或許偶而會傳達一些真正的彼岸訊息。所以對臨終經驗和藥物迷幻都還需要更進一步研究。可是此處的判斷還是可以成立：我們重視的這種臨終經驗既不能比擬成腦部生化機能之異常，也不可以這樣化約。

---

111 Osis and Haraldsson, *At the Hour of Death*, pp. 63, 66; 參考 229.

112 G. B. Ermendrout, "A Mathematical Theory of Visual Hallucination Patterns," in *Biological Cybernetics* 34, no. 3 (Oct. 1979): 137. 無故出現的幾何圖形幻覺，可用數學模型解釋。此可用於解釋藥物引起之幻覺，但不適用於解釋所有臨終經驗。

臨終經驗其實是心理疾病或防衛機制

有人主張臨終經驗其實是心理機制或暫時性的精神分裂，但這只是將臨終經驗化約成無外在對象之幻覺的另一種手段。如同前一節，我們將先陳述他們的論證，接著檢視臨終經驗是否真是心理上的問題，然後考察它和防衛機制及心理疾病相似的程度如何。不過首先我們要指出這個行為主義脈絡中的一些混淆之處。

在討論之初，必須將心理狀況和生化狀態兩者區分開來，否則此處的論證會和前一節的論證重疊。在本節中我們將提出有意義的新論證，據此導出心理狀態為什麼不能化約成化學作用的證據。希望把臨終經驗化約成心理現象的行為主義者，若非主張心理問題不能完全化約成化學作用，就會宣稱它總有一天可以完全化約成生化現象。前者是行為主義者難以接受的，因為此說傾向於承認實在界還有非物質性的一面。至於第二個論證，在目前尚屬高度臆測的階段。臨床醫師雖然對人的心靈或靈魂不滅還沒有一個理論基礎紮實的瞭解，可是他還是可以照舊以實證的態度來行醫，這類的問題其實對研究哲學心理學的學者來說才是真正重要的問題。

在本節裏為了討論方便，我們將假定有某些心理狀態或心理疾病，這些狀態或疾病和生理因素的關係還不明朗，或者與此處的討論關係不大。當然，在其中關聯還未為人所知以前，所謂針對臨終經驗提出的解釋，其實還是建基於另外一些還有待充分瞭解的現象之上，因此基礎都不穩固。甚至可以說支持靈魂不滅的人對臨終經驗提出的解釋，還更能幫助我們瞭解某些心理疾病；至少比化約論者用心理疾病解釋臨終經驗更能讓我們接受。簡言之，將臨終經驗化約成某種心理疾病，對解釋臨終經驗並沒有多大助益。但只要不能忍受既定世界觀受到任何挑戰的人，目前還能滿意這種區分，我們就暫且先讓他們將臨終經驗化約或類比成防衛機制或心理疾病。

論證方式

艾亨瓦特 (J. Ehrenwald) 和諾依士 (R. Noyes) 一向是最支持將臨終經驗化約成防衛機制的；艾亨瓦特指稱臨終經驗「展現出為了抗拒身體形象消散所引起之焦慮所採取的多種防衛機制和合理化機制，……經過徹底分析之後，發現它真正的原因其實是因為恐懼無遠弗屆的死亡。」[113] 諾依士則在不同的期刊上發表十幾篇文章，重複雷同的資料和解釋，只為了將病人的「人格解體」解釋為逃離「生命的威脅」。[114] 其他人則提出腦部掌管時間的部分若發生疾病，則

---

[113] Jan Ehrenwald, *The ESP Experience* (New York: Basic Books, 1978), p. 161.

[114] Russell Noyes, Jr., "Near-Death Experiences: Their Interpretation and Significance," in Robert Kastenbaum, ed., *Between Life and Death* (New York: Springer, 1979): 83–86.

會導致見到光的幻覺，或者令精神分裂患者在幻覺中看到親人、鬼魂、教士、甚至見到上帝。[115]假如臨終經驗只是這樣，那麼它完全沒有告訴我們靈魂不滅是什麼，也沒有表示靈魂不滅到底可不可能。

臨終經驗不是心理疾病

由上可知，臨終經驗的人並非起於主體的心理疾病，亦非心理上的防衛機制。前面曾提到有些病人是在身心狀態良好的時候發生臨終經驗的。而且其中還有些人並沒有預期到自己會死，或者根本對死亡無所畏懼。大部分案例中也沒有「逃避死亡」的動機或前例。再者，學者研究由心理因素引起的幻覺，發現會出現幻覺的病人通常有發生幻覺的病史。[116]

不過，只有非常少數的臨終經驗主體確實有產生幻覺的病史，所以在臨終時發生幻覺的機率應該是非常低。同時在我們研究過的臨終經驗主體當中，曾被診斷有腦部疾病或精神分裂的人也不多。[117]所以將臨終經驗化約成心理疾病是不妥當的。不過倒是有極少數諾依士常引述的

---

[115] Baldwin, “Hallucinations,” p. 81, and Eugene L. Bliss and Lincoln D. Clark, “Visual Hallucinations,” p. 104, 同見於 West, *Hallucinations*.

[116] Ihsan Al-Issa, “Socio-cultural Factors in Hallucinations,” *International Journal of Social Psychiatry* 24, no. 3 (1978), pp. 167–76.

極端案例，確實發生「人格解體」的情況。這點讓我們追問關於臨終經驗之性質的重要問題，也要求我們必須認清它與其他類型的防衛機制或心理疾病之間的異同。

臨終經驗和防衛機制或心理疾病不相似

大部分臨終經驗不但不是人格解體或心理疾病所造成的，它和這些根本就不像。我們先看諾依士所說的人格解體：他研究過一些死於意外的死者，發現有百分之四十至六十覺得自己脫離了肉體，並感覺愉快和「頓悟」，而且主觀地覺得時間慢了下來（有些人是覺得時間變快了）。可是諾依士並沒有仔細地把看到親人、聖者和天界等經驗特別分開，只把它們列入「見到異象、影像或天啟」一類。[118]

諾依士的發現和其他人的研究結果並沒有什麼衝突，因為兩造談的不是同一種現象。他所討論的是人格解體和時間扭曲，而支持靈魂不滅的學者感興趣的則是異象的內容，尤其是能提供共同主觀之題材的異象內容。人們在發生意外的時候固然會經歷出竅和時間扭曲，但這並不表示他們就不可能發生異象見到親人和天堂。

即使諾依士真的發現所有死於意外的人都沒有發生我們所研究的臨終經驗，對支持靈魂不

---

[117] Osis and Haraldsson, *At the Hour of Death*, pp. 73, 330.

[118] Noyes, "Near-Death Experiences," pp. 76–77.

滅的主張也沒有什麼影響。他覺得人在肉體死後沒有所謂靈魂不滅，或者臨終出竅只是病人幫助自己在心理上逃避現實的緩兵之計；這些顯然都是他預存的成見，並非從研究素材裏導出的結果。相反地，他所發現的大部分出竅經驗還可能支持靈魂不滅。此處要提出的是諾依士提出的證據不能駁倒其他的臨終經驗，因為他所謂「人格解體」不能幫助我們瞭解出竅經驗，他所發現的事情也沒有告訴我們人類死後究竟是否不滅。

佛洛依德學派對靈魂不滅的批評，可能會是「潛意識裏的印記，造成生命回顧、最後審判、地獄、滌罪等經驗」。[119] 但須知這種印記的存在和它的結構，目前還是待證實的假設，尚非事實。並且，如果說地獄景象和潛意識中的天堂一樣普遍常見，那麼臨終經驗本身和這種不明確的結構之間的關聯就很薄弱，因為臨終經驗中多半是天堂景象，很少有令人不愉快的東西。[120]

至於心理疾病方面，我們可提出臨終經驗的內容和行為，和心理疾病的內容與行為有很明顯的不同。精神分裂的病人會有長時間的幻覺，通常是黑白的；而發生臨終經驗的病人則只看到片刻的彩色異象。[121] 心理疾病通常讓人看見的是不合理的影像組合，譬如長著火雞頭的人，

---

[119] Grof and Halifax, "Psychedelics," p. 190.

[120] Ring, *Life at Death*, pp. 192–97, 209.

[121] Bliss and Clark, "Visual Hallucinations," p. 105.

或是在空無的地方有著雲、影子或灰塵。[122]腦部掌管時間的部分也會造成「閃光」，但不會造成宗教人物在光亮中明顯出現的影像。[123]同樣，腦部出了問題的病人也可能完全不知道自己在作什麼，因而無意識持續地作，或是作出非理性的行為。[124]然而這些都不是臨終經驗所具有的特性。

當然，也有少數心理疾病或精神分裂患者，在表面上和臨終經驗的主體看起來類似。[125]但這有化約掉什麼嗎？他們看見的宗教人物或上帝，不屬於心理疾病患者所見異象的典型，但卻符合臨終經驗異象的典型。因此，我們不能說所有臨終經驗都和心理疾病相類似。

相反地，可能會有另外一種相反的意見。說不定某些心理疾病的病人見到類似臨終經驗的異象，正是因為他們在心理上確實瀕臨死亡，而醫生未必知道。雖然有些臨終經驗有病理學上的依據，而且少數的精神分裂症會有臨終經驗發生，但這兩種現象多半是可以區分的。無論如

[122] Baldwin, “Hallucinations,” p. 78.

[123] F. A. Elliot, *Clinical Neurology* (London: Saunders, 1966), p. 143.

[124] 關於此種機械式動作，參考 Wilder Penfield, *The Mystery of the Mind* (Princeton: Princeton University Press, 1975), pp. 100ff.

[125] Bliss and Clark, “Visual Hallucinations”; 參考 Osis and Haraldsson *At the Hour of Death*, pp. 63–66.

何，將所有臨終經驗都化約成精神疾病或心理疾病是不妥當的，甚至連用這類不充分的模式來解釋臨終經驗都不妥。的確有部分死後不滅期間所見的異象恰好可以用病理學來解釋，但絕不能因此就在邏輯上將它們解消。

駁臨終經驗之真實性

對臨終經驗之真實性最早的攻擊，是主張它只不過是反映見到這些經驗的人自己的宗教信仰。但這點已經被實證研究從幾個不同的觀點給推翻了。對宗教採不可知立場的人和無神論者都有人在異象裏看到過宗教人物或「天堂」，反而相信最後審判或煉獄滌罪的信徒卻沒看到他們所相信的東西。有些文化傳統不相信有來生，有些文化不相信來世的果報（尤其是對罪人和不信教的人的果報）；然而這類由文化所造成的期待，也沒有反映在臨終經驗裏。[126]因此，臨終經驗不能以個人的宗教信仰、冀求或文化薰陶一筆帶過。基督徒、猶太教徒、印度教徒縱然文化背景南轅北轍，但卻會發生相同的臨終經驗，這點應該也可以說明異象中出現的不只是文化上的影像。臨終經驗的內容雖非完全吻合，但相似之處非常多。[127]並且，臨終經驗的現象，

---

[126] Ring, *Life at Death*, pp. 192–96, 132–37.

[127] Richard A. Kalish, "Contacting the Dead: Does Group Identification Matter?" in Kastenbaum, *Between*, pp.

和病理學及心理學機制能解釋的現象之間的不同之處，足證其不能用後者的模式化約掉。

臨終經驗是出生過程的重演

以研究金星聞名的天文學家沙岡(C. Sagan)相信他有辦法能解決臨終經驗一致性的問題。他主張死亡經驗之所以可能造成常見的光或隧道的影像，是因為我們曾有過由隧道走向光亮的經驗，也就是出生的過程。因此在我們的腦裏鑄下不可磨滅的印記，當面對死亡之痛苦時刻時它就會重現。沙岡說：

> 依我目前看來，唯一可能還有的一種解釋，就是所有人和經歷過死亡之旅的人都有一種共同的經驗，就是飛翔的感覺，覺得由黑暗進入光明，有時候還會朦朦朧朧地看見英雄人物出現在榮耀光芒中。符合這種描述的經驗只有一種，那就是出生。[128]

沙岡接著據此將所有宗教和思辨科學，都化約成出生經驗的類比。他認為東方人信仰的開悟或涅槃，不過就是冀求重返溫暖、無我、無差別心的子宮狀態。他將西洋人心目中的救贖與懲罰，尖酸刻薄地比作子宮收縮：

61ff.

[128] Carl Sagan, *Broca's Brain* (New York: Random House, 1979), pp. 303–4.

> 如果宗教基本上就是愚蠢的，為什麼還有那麼多人相信？關鍵就在出生。宗教大抵是神秘的，上帝莫測高深，教義雖然動人但卻不通，因為朦朧的感覺和模糊的徵兆，是初生嬰兒最能掌握的。人們嘗試接近生命中最初、最深邃的經歷，應該也算是種勇氣吧。[129]

最後，沙岡將科學家對宇宙的假設也用出生的過程來比擬：主張宇宙是處於恆定狀態的假設好比子宮階段，假設宇宙處於週期性變化的理論就好比子宮的收縮，至於大爆炸理論，那就如同分娩之後進入前所未有的開闊世界。對他來說，我們出生前的經歷，不但決定了臨終經驗的內容，還能決定天文學家研究宇宙的精神特質！[130]在此不說幾句不行，因為他的說法實在太過輕浮淺薄，還居然堂而皇之地出現在暢銷書裏。

沙岡對金星頗有研究，但對哲學和精神醫學顯然知之甚少。他對這些領域的一知半解，在科學界頗遭人詬病。[131]說事物皆處於恆定、收縮或成長的狀態，固然有幾分道理；也不妨將萬

---

[129] Ibid., pp. 307–9.

[130] Ibid., p. 312.

[131] Vincent Fitzpatrick (review of *Broca's Brain* by Carl Sagan, *Best Sellers* 39 [Oct. 1979]: 234) 文中稱沙岡是「對哲學和神學自以為是的文盲」。 Robert Jastrow, 在 *New York Times Book Review*, 10 June 1979, p. 6, 指

物比擬作子宮狀態、收縮狀態或分娩狀態。但是不能說被比作子宮的東西和子宮之間，有任何真正的關聯。沙岡將宇宙模型和心理模型等量齊觀，並將兩者都化約成出生經驗的類比，實在是幼稚至極。

沙岡這種天馬行空的比喻，顯然完全出自高魯夫(S. Grof)的著作。高氏發現嗑藥、神秘經驗和臨終經驗的意識之間有些類似之處，特別是三者都會看見光亮。[132]不過他在探索腦部功能和臨終經驗之間的因果關係時，有意避免將臨終經驗化約成無外在對象的幻覺。不過相反地，有關人在清醒時無法察知、但在某些狀況下卻會在意識中出現的那種實在(reality)，究竟是否由腦部化學變化所造成，對於這點，高魯夫倒是沒有遽下定論。[133]他認為臨終經驗和其他不一樣的意識狀態，有可能是我們窺見另外的實在；但是沙岡斷然將這類異象化約成我們對出生經驗的朦朧回憶。

沙岡的理論還有後續發展。但如果他客觀地看待自己沈迷的子宮之說，可能連他自己也沒

沙岡「愚昧不知收斂」。Richard Restok, 在 *New York Times Book Review*, 29 May 1977, p. 8, 將沙岡對腦的研究評為「幼稚得令人汗顏」。

[132] Stanislav Grof, *Realms of the Human Unconcious* (New York: ViEng, 1975), pp. 139–41.

[133] 見 Ring, *Life at Death*, p. 214.

辦法接受引申的結果。沙岡說，因為臨終經驗被比喻作出生經驗，所以可化約成對出生的記憶；他並沒有提到在出生經驗以外的真實事物。他也說天文學家研究的宇宙可以比作出生經驗，而他所接受的大爆炸理論，則可能是我們將出生經驗疊在宇宙觀上所發展出來的。

但是如果臨終經驗被說成沒有外在對象（只在心裏發生），那麼他心愛的大爆炸理論也應該沒有外在對象。如果他們把臨終經驗說成無意義的幻象，他們也應該說大爆炸理論是沒有意義的幻象。若依沙岡的理路向下推論，科學應該不是發現宇宙的真相，科學定律也只是投射頂尖科學家的出生經驗，並無外在對象。沙岡本人差點承認了這點，他說：「我覺得不該指望所有首倡宇宙恆定說的人，出生時都是剖腹生產的；應該說他們的類比很接近。」[134]

沙岡嘗試把所有和他理論不合的論點，都說成是導源於心理的幻象；但卻忘了以子之矛，可以攻子之盾。如果他的假設是對的，那麼所有高度客觀的科學都是神話，所有科學也都可以化約成科學家出生的方式和從出生方式所衍生的偏好。被他拿來和「宗教的愚昧」相提並論的「科學知識」，也可以化約成神經生理學；科學理論在他眼裡，地位也和他欲除之而後快的靈魂不滅差不多了。不過，沙岡始終不知道他對宗教大加撻伐，竟然造成這樣的結果。

---

[134] Sagan, *Broca's Brain*, p. 313.

嬰兒感官之說不夠充分

如果對嬰兒的感官用比較科學的方法研究，會發現大部分新生兒的感官能力，都還沒成熟到沙岡所說的那些事情。沙岡將臨終經驗比做出生經驗的一個重點，是兩者都有「光芒中出現一位像神一樣的人物，那是接生婆、或產科醫生、或父親」。[135]但是如果人出生的時候並沒有看見這種光中的人物，他就不可能依此嬰兒時期的感官經驗來描述臨終經驗。為了檢視這一點，我們必須詳考嬰兒的感官和記憶。這點是沙岡沒有做到的。

我們上一輩的人，都還相信嬰兒幾乎什麼都感覺不到。但晚近的研究已經曉得嬰兒所知絕不僅止於此。同時，研究的結果也發現，嬰兒初生的頭幾個月雖然是感官發育最快的階段，但是新生的感官還是有一些限度，特別是分娩時和初生幾週內。[136]

嬰兒有些感官上的限制是視覺和神經上的，因為出生的時候許多神經細胞尚未就位。此時腦裏還沒有尼索體(Nissl bodies)和神經原纖維，易染細胞和髓磷脂也很少，斑點也尚未形成。[137]

---

[135] Ibid., p. 306.

[136] D. A. Curnock, "The Senses of the Newborn," *British Medical Journal* 299, no. 6714 (16 Dec. 1989): 1478–79.

[137] Daphne Maurer, "Infant Visual Perception: Methods of Study," in Leslie Cohen and Philip Salapatek, eds., *Infant Perceprion* (New York: Academic Press, 1975), 1, pp. 8–9.

所以成人正常的視力是20/20，嬰兒的視力約為1/60。[138]

要認知有一定距離的物體，必須具備雙眼視覺或立體視覺；最近歐洲的研究已經證明嬰兒這種視力的限度。新生兒的立體視覺和聚焦的能力非常差，一直要到幾個月大以後，他們才有雙眼視覺和景深的感覺。[139]

雙眼視覺的敏銳程度，自四個月到一年之間會加倍；一年到四年之間會再增一倍。[140]另外有實驗顯示嬰兒即使到了十八個月大，他的立體視覺和五歲大的小孩比起來，還是差了四倍。[141]

---

[138] M. Warburg, "Synets udvikling [Development of sight]," *Ugeskrift for Laeger* 153, no. 22 (27 May 1991): 1571–75.

[139] M. Reim, C. Teping, and J. Silny, "Vision stereoscopique: Etude objective et developpement pendant les premiers mois de la vie," *Journal Francais d'Opthalmologie* 12, no. 10 (1989): 623–27.

[140] F. Vitai-Durand and A. Hullo, "La mesure de l'acuite visuelle du nourrison en six minutes," *Journal Franfais d'Opthalmologie* 12, no. 3 (1989): 221–25, and D. J. Heersema and J. vanHof vanDuin, "Gedragsmatige bepaling van de gezichtsscherpte bij kinderen van 1 tot 4 jaar [Behavioral determination of visual acuity in 1-to-4-year-old children]," *Tijdschrift voor Kindergeneeskunde* 57, no. 6 (Dec. 1989): 210–14.

[141] E. B. Ciner, E. Schanel-Klitsch, and M. Schieman, "Stereoacuity Development in Young Children," *Optometry*

所以，約半數新生嬰兒無法統合一臂之遙的物體的視覺；一個月大以下的嬰兒，全部都不能統合距離五英尺的物體的視覺。[142]

並且，新生兒的視覺影像都不穩定，他們的眼部運動都是晃動不準確的。如果一個東西沒辦法相對於他們的眼睛靜止兩至三秒，他們就沒辦法辨識看見的是什麼。[143]要一個成人穩穩握住照相機半秒鐘不太可能，更何況要求一個東西相對於嬰孩晃動不止的眼球靜止好幾秒鐘？更麻煩的是，嬰孩的眼球運動「快速而不規律，尤其在哭的時候更是如此」。[144]事實上，一個嬰兒完全清醒、雙眼睜開、注意力集中的時間，約只佔全部時間的百分之十一。[145]所以，嬰兒的視覺不但模糊，而且還是片段零星的。

---

and Vision Science 68, no. 7 (July 1991): 533–36.

[142] Oliver Braddock and Janette Atkinson, "Accommodation and Acuity in the Human Infant," *Developmental Neurobiology of Vision*, ed. Ralph D. Freeman (New York: Plenum Press, 1979).

[143] Maurer, "Infant," pp. 31–32.

[144] C. Schulman, "Eye Movements in Infants Using dc Recording," *Neuropediatrie* 4 (1973): 76–78, 亦可參考 Warburg, pp. 1571–75.

[145] D. A. Curnock, "Senses of the Newborn," pp. 1478–79.

嬰兒視覺還有一個問題，就是注意力集中的程度。通常嬰兒的眼睛都因眼淚而模糊，閉起來的原因往往是鬆懈、打盹、眨眼，或是患了德國痲疹、唐氏症等疾病。即使在他們雙眼睜開，並且沒有眼淚，注意力常常也不能集中，情形就好像大人一時恍惚，對周遭事物視而不見。[146]因此，即使一個嬰兒身體上的條件足夠，但是由於注意力不集中，加上神經系統尚未成熟，他也不可能對混沌的光影感知長達幾秒鐘之久。[147]

新生兒的視力方面的限制，部分由於腦的因素，也有來自眼睛的因素。[148]就算有個嬰兒看起來是在追蹤或定睛注視一個東西，他也無法辨識雙眼看到的是什麼。[149]因為他們的網膜、視神經和中樞神經系統，都還沒發展到足以辨識解讀模糊影像的程度。[150]

---

[146] R. L. Fantz and S. B. Miranda, "Newborn Infant Attention to Form of Contour," *Child Development* 44 (1975): 224–28.

[147] B. Z. Karmel and E. B. Maisel, "A Neuronal Activity Model for Infant Visual Attention," in Cohen and Salapatek, *Infant Perception*, p. 124.

[148] D. A. Curnock, "Senses of the Newborn," pp. 1478–79.

[149] R. D. Snyder, S. K. Hata, B. S. Brann, and R. M. Mills, "Subcortical Visual Function in the Newborn," *Pediatric Neurology* 6, no. 5 (Sept.–Oct. 1990): 333–36.

新生兒也還沒有概念系統，所以他們片段零星的視覺影像也無處安置。在醫學上，嬰兒符號化認知的能力很低，也只能透過嘗試的方法形成概念，基本上用的是觸摸或把東西拿起來嚐。[151]一個人要經過長時間反覆訓練，對視覺的依賴才會超過觸覺和味覺。大人可以用概念將片段的視覺經驗組合成完整的形象，譬如即使在視覺上有盲點或者不專心，也可以把一個房間的樣子組合起來。但是即使嬰兒難得能集中注意、對準焦距，仔細看眼前一個清晰靜止的東西，他也完全不知道自己在「看」什麼，也不知道這東西怎麼組合。所以，即使嬰兒真的能記得出生的片刻，也非如沙岡所說，是靠正常視覺的生理因素；而是因為有某種新生兒模糊的視覺和幼嫩的神經系統所不能及的超自然靈魂記憶。

就算嬰兒具有某種隱藏的記憶能力（這點已經由實驗推翻），每個嬰兒的記憶也應該是完全不同的，不該像沙岡所說的完全一致。[152]有些嬰兒的眼睛是睜的，有些嬰兒的眼睛是閉的。

---

[150] Warburg, “Synets udvikling” [Development of sight], pp. 1571–75.

[151] Philip Salapatek, “Pattern Perception in Early Infancy,” in Cohen and Salapatek, *Infant Perception*, pp. 172–75.

[152] 見 M. L. Courage and R. J. Adams, “Visual Acuity Assessment from Birth to Three Years Using the Acuity Card Procedure,” *Oprometry and Vision Science* 67, no. 9 (September 1990): 713–18; and Leslie B. Cohen and Eric R. Gelber, “Infant Visual Memory,” in Cohen and Salapatek, *Infant Perception*, pp. 378–81.

有些會凝神注視眼前靜止的東西片刻，譬如乳頭或鑷子；有些嬰兒則可能從來沒有專注過，看什麼都是模模糊糊的。有些嬰兒是在均勻的光線下出生，有些在聚焦燈下出生，甚至有些出生在黑暗裏。有些可能已經開始辨認明暗的對比，有些可能還不知道明暗有什麼不同。有些嬰兒開始對顏色和動作有所感應的時候，可能有些嬰兒還是色盲，眼睛也還不能追著東西看。

以上種種情況可能有無數種組合，所以即使所有嬰兒都把出生時的記憶貯存下來，它們的「重播」一定也是形形色色，很難有兩個是相同的。沙岡說嬰兒的視覺可以相當程度完整穩定地辨識形象，我們僅憑以上的證據就足以推翻他的理論。

其他的相異之處

即使嬰兒出生的時候能夠支離破碎地辨識周遭環境，也不能把臨終經驗化約成出生的記憶，因為出生經驗和死亡經驗還有其他不同之處。就算新生兒能穩當一致地記得他們出生時之所見，臨終經驗和新生兒看見的東西之間還是有所不同。

首先，沙岡說嬰兒誕生的運河有如一條黑暗的長隧道，只在出口處有盞燈。「運河」這個詞他用得太文學了一點。假如他看過分娩過程的話，就會知道嬰兒的頭是怎麼從子宮裏擠出來的，裏面根本不可能看得見光。分娩應該比擬作從一間暗室裏，掙破隔膜進入一間光亮的房間；或者應比作在滿是污濁泥水的甬道中探起頭，隱約看見另一端有燈火明亮。並且，就算是另一端有燈光，嬰兒也不可能探頭睜眼向上看。[153]如果嬰兒的幼嫩的腦真的貯存了這個亮光，也應該是從視野上方裂縫湧進來的亮光，而不是在長隧道的盡頭處。

其次，沙岡說嬰兒看到光芒萬丈裏看似英雄的人物是接生婆或是醫生。前面已經說了，不管是醫生還是接生婆，嬰兒根本就無法對準焦距。就算他能對焦，他看見的形象又怎麼會「看似英雄」、「光芒萬丈」？他看到的應該是一個外科器械把他從腳拎起，拍他屁股、剪斷臍帶、在他眼上抹硝酸銀，然後在他足踝綁上識別帶！醫生或產婆沒道理在房間裏看起來閃閃發光。其實有很多嬰兒反而是在光線較暗、或對比不強的環境裏出生的。

以上雖然列舉了這麼多，可是還沒說到最重要的一點。沙岡雖然對出生經驗提出不同的說法，是為了解釋隧道、光亮、飛翔和「朦朧的光影」等異象，可是他還是沒有解釋到我們談的那種清晰鮮明的異象。在靈魂不滅的臨終經驗裏，會出現已故的親友、宗教人物、鮮花遍野的天堂景色，還有小徑和邊界等等。而在沙岡的類比裏，影像不外三類：隧道盡頭的燈光、飛翔的感覺和光亮裏模糊出現的人物。這些都無法用他簡單的解釋模式來說明。就算是可以解釋，他舉出的這些影像也既不能推翻、也不能證明靈魂不滅。病人臨終時，清楚明白地看見亡故的

---

[153] M. Jones, "The Development of Early Behavior Patterns in Young Children," *Pedagogical Seminary and Journal of Genetic Psychology* 33 (1962): 537–85.

親人、淌血的耶穌或穿著中世紀修士鞋的聖格魯特，這些都不是單憑沙岡的想像就可以解釋的，也不是他可以推翻的。[154]

以「超—超感知覺」解釋臨終經驗裏的真實訊息

不承認靈魂不滅的人，除了聲稱發生臨終經驗的人並非真的死去，或者說他們並非真的看見來生以外，他們剩下的方法就只有用「超—超感知覺」的假設來解釋病人在臨終經驗裏獲得的資訊。可是我們已經討論過，他們這種假設不但不足以解釋，而且還會遭遇另一種困難，就是它也沒有辦法解釋前述的出竅經驗和轉世等現象。在本節裏，反靈魂不滅立場的論證大致和前面幾節類似，而且在此可作一總結。

病人臨終時雖不知某親友已亡故，但卻在異象中見到這位事實上已死的人，這應作何解釋？有人會說這個病人有超—透視能力。另一方面，可證實的前世記憶和預知未來雖然罕見，但也得用倒攝認知和預知來解釋。反對靈魂不滅的批評者，辯稱臨終經驗是沒有外在對象的幻覺，只是偶爾在病人無意中施展「超—超感認知」的情況下提供了真實的資訊。

此說不充分之處

---

154 Osis and Haraldsson, *At the Hour of Death*, p. 152.

這個假設第一個問題上面已經說過，就是他們主張臨終病人所有透過「超—超感知覺」得到的資訊，幾乎都是和逝世親友相關。持這種說法的人可能必須說垂死的病人是忽然之間擁有透視的能力，藉著它獲得某位亡故親友的消息，而且只得到這類消息，沒有其他事情的消息。「超—超感知覺」理論只有這樣說，才能容納得下現有的資料。可是這樣還是不可靠，也難讓人接受。即使我們承認臨終病人的腦部發生莫名的作用，以致他們只看得見亡故的親友，這樣又會引出另外一個難題。

假如臨終病人真的常常可以藉著透視能力獲知已故親友的消息，他們難道不能藉透視看到天使、聖人、或天堂的大門嗎？當然唯物論者會將透視分為兩種：一種透視提供的是帶有宗教想像的新訊息，例如「我在天堂看到阿姨！」這種；另一種是並沒有提供新資訊的透視，例如「我在天堂看見耶穌」之類。而日後能證實的異象叫作「透視」，不能證實的叫「幻想」。但是這種區分卻沒有唯物論的醫學理據或臨床上的理由。

我們雖然已經把親人、聖者和天堂區分為三種異象，可是它們卻常常出現在病人同一次的異象裏，或在不同病人的異象中出現在同樣的情節裏。它們都有光、都有祥和的氣氛，有時還都有輕柔的音樂。所有臨終經驗裏的人物或聲音似乎都帶有同一個目的：引導臨終者進入另一個世界。這種目的性在前面討論過的顯像裏，是明顯而出乎意料的；有時候它會和出竅主體的目的相符，有時候會和病人生前的希望相合。臨終異象裏的人物，不管是朋友、聖者還是親人，他們都顯示出這種相同的目的。

這點讓批評的人更難以招架。臨終病人固然可能發生幻覺，因而看見某種類型的亡故親友、聖者或天堂等影像；可是有些人能夠從中得知已故親人的消息，而有些人雖然心理狀態有所不同，但卻什麼消息也沒得到。堅決不信的人一定會說，大多數人只有在死亡前，才可能有在幻覺中得到確實資訊的能力，而且還必須要正好有某位親人「引路」。如果引路的不是親人，他們就說那不是可信的透視，而是幻覺。

當然這種說法也有可能成立。懷疑論者能接受的也只有這個說法。可是它太牽強，刻意扭曲資料，完全忽略其中精確簡明的地方。如果它不能說出此類現象是如何發生、以及為何發生，它在解釋上就根本沒有價值。它唯一的價值，就是讓打死不承認靈魂不滅的人可以保有自己原來的世界觀。當其他理論能更融貫直接地解釋同樣資料的時候，這種獨斷的意見在哲學上連立足之地都沒有。

共同主觀性

共同主觀性是對「超—超感知覺」的理論致命的一擊。我們說過臨終病人榻旁的人，有時候也會看見病人的亡故親友或天使，而且他們出現的地方和展露的態度和病人描述的一樣。這些人物在不同個案裏都出現在同樣不可能的地方，譬如站在病榻旁，或懸在病榻上空；也同樣都出現在光裏，或慈愛的氣氛裏，並且同樣都是來領路的。這些異象會讓看見的人突然產生情緒變化，而且是無法用別的方法解釋的情緒變化，一定是因為看見異象。甚至還有人看見他們在病人將手交給他們時也同時「伸出手」。

對於這點，「超－超感知覺」的支持者一定會說那只不過是共同主觀的幻覺（假設是由病人所投射的）。但是這就牽涉到一個問題，就是病人是不是擁有他原先沒有、也不知道的另一種能力：他是否有能力將自己的幻覺，投射到身旁其他人或動物的心裏？但是，前文也討論過，一個人的顯像，即使沒有旁人看到，也會有儀器或動物察覺到。我們也說過，與其將顯像說成是觀察者自己造成的，還不如將顯像解釋為與這個顯像形貌相似的人所作的心理投射。

有親人、有聖者、有來生的臨終經驗，它和顯像有許多相似之處；它們都有明顯的目的，它們都能以超自然方式提供資訊，它們都忽然出現、又忽然消失，還有，看見它們的人心理狀況都是健康的等等，不一而足。所以用類比的方式來說，理論上可以講這些異象的成因，至少部份來自被看見的顯像，而不是由觀察者所造成的。如果是這樣的話，那麼它們應該有自己的實在性或客觀性；不過和現在我們所瞭解的物質的那種實在性或客觀性不一樣。這樣來解釋顯像、出竅和臨終經驗，遠比「超－超感知覺」的理論勉強個別解釋來得簡明、一貫。

所有這些現象，包括前世記憶、顯像與出竅經驗、臨終經驗裏的超自然異象，都可以用靈魂不滅的假設解釋得通。在這個假設之下，上述每一種現象都表示心靈或意識在肉體死亡之後仍然存在，並且能夠在一段時間內顯現，和活人或死者溝通。而且靈魂不滅也可以解釋一個人如何能在歷經投胎轉世的時空變遷之後，他的記憶依然還能存在。對意識的飄渺之體，目前我們雖然所知不多，但它畢竟有時候會在實驗室裏的溫度計和監看螢幕上發生作用。

靈魂不滅有這麼多有力的證據，科學界為什麼還是一直排斥它呢？下一章裏，我們將回答這個問題。

§第四章§

科學哲學的探討

上一章裏我們討論了靈魂不滅的各種證據，發現反對靈魂不滅這一方的詮釋不夠充分，贊成「至少有某些人靈魂不滅」的一方則較佔上風。然而還是有些科學家和學者不願正視這些證據、推理和結論，因為他們認為這些東西抵觸了所謂「現代科學」。這個問題非同小可，不能等閒視之。

數百年來西洋文化中偉大的哲學家和科學家勠力鑽研，嘗試以實驗和觀察的方法瞭解世界，他們陶鑄的世界觀既精微又深具預測能力，發展出的方法學也廣為接受，成為圭臬。因此，假如我們的研究所得果真和現代科學方法或結果相抵觸，就應當另闢蹊徑，重新尋找詮釋的可能性。

因此本章將就現行的科學世界觀入手，以物理學作為科學宇宙論的前驅，考察我們的結論究竟是否和物理學家對宇宙的瞭解相悖。我們先檢視反對靈魂不滅的一方在科學基礎上的理據和社會性因素，以及他們在情緒上的反應。然後將討論超心理學逐漸邁入科學領域的過程，一探判別孰為科學、孰為不科學的關鍵因素究竟為何。

現代物理學的存有論基礎

物理學的世界觀一直處於恆常的變遷中。誠如邁科思偉(N. Maxwell)所述，其發展進程略可分為數個階段，每個階段各自有說明現象的理論。他說：

> 亞里斯多德的自然哲學模型為物理學之濫觴，統御西洋物理學近兩千年；其說主張萬物運轉均有目的，以實現其潛能與性向。例如向上拋石塊，石塊必定落地，因為它「欲求」與同類在一起；又如眾星繞日而行，以其「欲求」太陽的溫暖。即便在今日，也有人說植物的基因突變，也是為了「欲求」較佳的生存狀況，好似植物也有意識地希望後代順利繁衍，又好似它們的欲求會影響後代的突變。但自十八世紀以後此模式幾為科學家完全揚棄，改而主張大部分自然物體均無意識，且無所謂依「欲求」而運行。
>
> 笛卡兒的模式，則以機械論的角度將世界描繪為一大群相互作用的微粒；好比常用來向兒童解

釋因果關係的「乒乓模式」或「撞球模式」的宇宙。然此模式易使人誤以為物體互動乃需相互「碰觸」而發生。如今我們知道物體不外是能量與空間；但是中子與電子這類少數真正存在的粒子，它們相互間其實完全沒有接觸。

牛頓與海姆霍茲(H. Helmholtz)的模式認為物體之相互作用，是其間相斥或相吸的力量作用於彼此的重心。此說用於解釋萬有引力、磁力和簡單的電力現象尚稱成功，但仍不脫窠臼，依舊用「可察知之某物」來解釋萬物。

愛因斯坦的相對論則不再使用粒子模式，改以「場」解釋萬物，並且所有的「場」都可以在「統一場」的觀點下徹底理解。雖然愛因斯坦的想法有時候讓人誤以為世界上沒有絕對的事物，但他自己倒是肯定宇宙是實在的，他甚至也相信人可以徹底認知宇宙。他的相對論主張，只是說對一物體之認知是建基於認知主體與認知對象兩者位置與速度的相對關係。

第二次世界大戰後興起的量子物理學，則主張還有數十個比原子更微小的次原子粒子無法客觀觀察，並認為宇宙是測不準、不可能徹底量度的。❶

---

❶ Nicholas Maxwell, "The Rationality of Scientific Discovery, Part 2," *Philosophy of Science* 41 (Sept. 1974): 275–95.

邁科思偉對科學演嬗變遷的描述，說明了以往每一個階段的科學在哲學層面所持的基本假設；對他的敘述應該沒有甚麼爭議。比較值得一提的是，不熟悉尖端物理學的人往往會以笛卡兒或牛頓式的觀點來看世界。我們會將原子想像成笛卡兒式封閉空間裏的籃球，循肉眼可見之大小的物體該遵守的運動定律相互碰撞；可是嚴謹的科學家近一百年前就已經拋棄這種想法了。所以，為了知道我們對靈魂不滅的想法是否符合現今的科學，應該先對一九九〇年代科學的世界觀有所瞭解。

對物理實體的看法

現代物理學所討論的實體，它的體積小到無法想像，根本無法「觀察」或「經驗」。現代物理學所用的工具，是用幾英里那麼長的粒子加速器，將肉眼看不見的能量加諸於肉眼看不見的粒子上。在此所謂觀察，是將極微小的變量在電腦上加以放大分析，最後再將結果列印出來，或在螢幕上呈現在肉眼前。許多次原子粒子也不是我們可能觀察得到的，科學家只是假設它們存在，以解釋現有資料中更玄妙的異常現象。這些解釋有的普遍為人所接受，以其「解釋價值」較高；有些則仍在激烈爭辯當中。無論如何，我們已放棄了從前的老觀念，再也不認為一切都是可以觀察的，從此也不再用「可觀察的方式」來說明世界上所有的實體和運作歷程。

如今，科學所研究的對象已大不同於傳統物理學研究的對象，統攝這些對象的規律也大不同於直覺的想法。博特(C. Burt)說：「現代科學的基本概念因為距實際的觀察甚遠，離一般感官經驗也甚遠；所以別說是堅持，就連提出這些概念都會被人譏為荒誕，也沒有人再說這些概念應該由肉眼可觀察之現象所導出的『基本原理』來『規範』。」❷

萬物愈來愈難瞭解，統攝萬物的規律也益發難以捉摸；許多對萬物之性質的假設，也在物理學家的眼裡開始崩解。海森堡(W. Heisenberg)已經證明如果我們對微小的粒子進行觀察，這些粒子一定會被我們的觀察所影響，所以我們在理論上就不可能精準地測定出這些微小粒子的位置和質量。如果對粒子的位置要求得愈精確，就愈不可能測出它的質量；反之亦然。這「測不準定律」從根搖撼了物理學的基礎。結果海森堡自己也開始相信理論物理學的進展，推翻了「看不見的生命力不可能存在」的說法。❸馬格瑙(H. Margenau)總結道：

---

❷ Cyril Burt, "Psychology and Parapsychology," in *Science and ESP*, ed. J. R. Smythies (London: Routledge & Kegan Paul, 1967), p. 81. 現代西方科學的「基本限度原理」係布洛德(C. D. Broad)於一九四〇年代首倡的觀念，他藉此指出人無法設想抵觸現行世界觀的事物。詳加分析後，可知此說不僅能說明不規則的現象，並且也在愛因斯坦物理學以及量子物理學中得到證明。

❸ 見 John C. Poynton, "Parapsychology and the Biological Sciences," in *Parapsychology and the Sci-ences*, ed.

直話直說，從此科學再也不能包含「絕對真理」了。我們已經開始懷疑能量不滅、因果律和許多本來以為顛撲不破的基本命題。從前對自然和超自然的分法，現在也行不通了。❹

對「物性」的看法

我們且回顧一下是哪些物理學上的重要發現和疑難令學者對世界觀遲遲不能下定論。一物體的萬有引力、磁力，隔空對另一物體發生作用，其間不需波動或粒子作為中介，這個現象早在牛頓的年代就已經難以分說。晚近一系列後愛因斯坦的實驗，則將「物性」觀念再向前推一大步。柯斯特勒(A. Koestler)對此述之甚明：

> 物質，在半個世紀以前被愛因斯坦、迪博葛里(De Broglie)、和薛丁格(Schrödinger)給解消了。狄拉克(Dirac)說宇宙中盡是洞，洞裡偶爾釋放出帶著負質量與負能量的反粒子。在湯普森(Thompson)著名的實驗裏，一個電子竟然在同一時間穿過了兩個地方。而時間竟也發生了逆轉；費因曼(Feyman)的正質子居然在運動中回到了過去。天文學也發展出黑洞理論，所有物質

Alan Angoff and Betty Shapin (New York: Parapsychology Foundation, Inc., 1974), p. 117.

❹ Henry Margenau, "ESP in the Framework of Modern Science," in Smythies, *Science and ESP*, p. 213.

都會被吸進這個洞裡。在相對論的觀點下，物理學定律暫時失效，本來所謂的物質也在此意義下煙消雲散。現在從量子物理學的立場已經可以設想一個方的圓形，或兩條平行線的交會點，只因為空間的扭曲。❺

如果我們對宇宙的理解這麼不可靠，如果因果律和客觀的觀察都動搖了，甚至如果所謂觀察的對象其實根本是不可能觀察的，那麼現代物理學還剩下什麼?它還不如十九世紀的物理學，也不如現代的行為主義生物學。現代物理學家對「真理」的性質比以前還沒把握，不過對人類知識的限度倒是比以前清楚。新的物理學比較不獨斷，對新的假設也比從前態度都要開放。

物理學家現在不會只憑事實和數據作判斷，也不會單依物質的「定律」下結論；他們現在根據的是或然率，或是依實驗結果和新的假說二者之間是否融貫來下判斷。用於次原子物理的統計方法與或然率，和所謂的超感認知所實驗應用的統計方法和或然率相類似。❻雷襄(L.

---

❺ Arthur Koestler, "The Perversity of Physics," in Alan Angoff and Betty Shapin, *A Century of Psychical Research: The Continuing Doubts and Affirmations* (New York: Parapsychology Foundation, 1971), p. 165.至於因果律等原理之遜位，參考 Max Planck, *A Spiritual Autobiography* (New York: Philosophical Library, 1949), p. 149.

LeShan) 說現代物理學對物性的看法，其實和遠古的玄祕之說沒什麼兩樣。他說這話的那篇論文現在已經聲名大噪。❼

物理學和超心理學相容之處

物理學家和科學哲學家對超心理學、對實在界之面向的假設愈來愈開放，這並不令人感到意外。不可見的形體、第五度空間這些觀念，現在對研究宇宙的物理學家來說也不那麼荒唐了。奈勒 (G. Kneller) 說：「可能目前我們還有一些能力尚未用在物理學上，譬如魂魄悠遊的能力。」❽

還有一說更廣為人接受，就是可能另有我們目前尚難以測知的時空向度存在，或這種時空向度基本上就不是我們能夠測知的；它存在於它自己的宇宙裏。物理學家馬赫(E. Mach)認為第四度空間本身是一種結構，主張物體忽然出現或消失就是證明此空間向度的明證。❾這顯然就

---

❻ Burt, “Psychology,” pp. 107–8, 120–21.

❼ Lawrence LeShan, “Physicists and Mystics, Similarities in World–View,” *Journal of Transpersonal Psychology* 1, no. 2 (1969): 1–15.

❽ George F. Kneller, *Science as a Human Endeavor* (New York: Columbia University Press, 1978), p. 41.

是前文裏顯像的現象，亦如江崎(Esaki)和齊納(Zener)兩人用兩極管作的實驗。❿

這現象令一些物理學家提出有「超空間」（非歐幾里德空間）存在，在物理學和超心理學兩個領域裏的解釋都有相當的價值。⓫此說也為超心理學家採用，或認為確有其事，或將它當作一種比喻；他們用「超空間」來進一步證明自己和尖端物理學的世界觀相容。⓬當然用這個模式來解釋是否妥當還有待研究，⓭不過究極的答案應由以經驗為基礎的實驗來判斷，而非靠哲學論辯來定奪。

---

❾ 引自 Nils O. Jacobson, *Life Without Death*? trans. Sheila La Farge (New York: Delacorte Press, 1974), p. 221.

❿ Herbert Benson, "Physical Aspects of Psi," in Angoff and Shapin, *A Century of Psychical Research*, pp. 147, 152.

⓫ 參考 James Jeans, 同前書，p. 148.

⓬ Hideo Seki, *Five Dimensional World* (Tokyo: Chuo-koronjigyo, 1974), 或參考 Burt, "Psychology," pp. 107, 120–21.

⓭ Hornell Hart, "The Psychic Fifth Dimension," in *JASPR* 47 (1953): 7–10ff. 哈特使用「向度」(dimension)一詞常混淆不清，有時指數學構造，有時又指某種精神境域。這個問題相當棘手；不過這種向度理論即使不能幫我們解決問題找到答案，至少有啟發的作用。

此事端賴頂尖的物理學家對其他可能的物質形式與其他可能的空間抱持開明的態度。他們相信這種假設在物理學和超心理學兩個領域中都有解釋的價值。物理學和超心理學研究的對象固然南轅北轍，但在根基處的觀點卻有引人入勝的吻合之處。

大家一向都認為物理學的「定律」和觀點是解釋宇宙性質最好的模式；其他領域的科學家也依此來觀照世界。於是物理學成為「紮實」的、合乎數學的、以經驗為基礎的研究典範，並且為其他領域學者所樂於採取或仿效。然而，現在早已為人推翻揚棄的許多笛卡兒或牛頓式的唯物機械定律，從前也正是這個領域裏的金科玉律。

待決的哲學問題

以上說明了超心理學家嘗試將靈魂不滅的假設融入現代物理學存而不論的開放立場。不過還有一種叫作形上二元論或超物理主義的超心理學立場有所不同。

形上二元論主張超心理學研究的題材，如出竅經驗和臨終經驗等，基本上不屬於物理學家或物理學方法研究的對象。因為他們認為這類現象「可以離心靈而獨立存在」，而且心靈不是物理學研究的那種物質的延續，也不適於用同類的解釋來說明。所以在超心理學的領域之內，產生了超自然心靈現象是否可用物理學模式解釋、或超自然心靈現象是否適用於行為主義或經

驗主義模式的哲學爭論。⓮

這個爭論與現象本身的性質無關，而是哲學上鏖戰已久的一元論與二元論之爭。塔特說：「科學對心物問題所普遍接受的一元論或心靈不存在的假設，實導源於從經驗觀點斷然否認心靈現象的世界觀。心靈現象之存在，在科學上顯然證明我們對物理世界所知不足。」⓯他的結論是：唯有徹底的二元互動論可以解決問題。

另一方面，莫菲(G. Murphy)則只採取功能上的二元論，無意將物質領域視作心靈之觀念的另一種可能形式。他相信物理學家自己對實在界的觀點，也深具柏克萊(G. Berkeley)式的唯心論色彩。⓰畢洛夫(J. Bellof)贊成有許多心靈現象如果用柏克萊哲學的觀點來處理，在理論上會比較容易理解；但是他反對因此就說物理學家在意識型態上已經不屬於唯物論或一元論。⓱

⓮ J. Gaither Pratt, "Parapsychology, Normal Science and Paradigm Change," *JASPR* 73, no. 3 (1979): 25–26.

⓯ Charles C. Tart, "Emergent Interactionism and Consciousness," in *Brain /Mind and Parapsychology*, ed. Betty Shapin and Lisette Coly (New York: Parapsychology Foundation, Inc., 1979), p. 182.

⓰ Gardner Murphy, "Psychical Research and the Mind-Body Relation," *JASPR* 40, no. 4 (1946): 192, 207.

⓱ John Beloff, "Parapsychology and Its Neighbors," in *Philosophical Dimensions of Parapsychology*, ed. Hoyt L. Edge and J. M. O. Wheatley (Springfield, I11.: Charles C. Thomas, 1976), pp. 410–14.

這個問題在哲學上有若干不同的立場，每一種立場都有嚴謹的科學哲學家相信。譬如有一種立場叫「互不相屬二元論」，如塔特與賴恩(J. Rhine)屬之；主張心物二者不可能相互化約。有一種近似唯心一元論，莫菲有時採此立場；此說相信萬物的最終解釋必循同一進路，且此進路終究不離唯心元素。最後，還有一種唯物一元論，主張雖然萬物都能以物理因素徹底解釋，但是這種物理學目前尚未能揭開實在界許多性質的面紗。

顯然這個由來已久的問題還沒有定論。但是前述每種立場的支持者都承認目前科學還不能充分解釋所有的現象，包括關於死亡的各種經驗。他們也承認物理定律或法則的應用範圍，目前尚未及於超心理學的領域，所以兩者固然不同，但卻未必矛盾。

無論最後的答案究竟是二元論或一元論，描述出竅經驗或臨終經驗的法則，必定不同於現在用來解釋「物體在真空中墜落」的法則。如果還有哪種理論因為死守落伍的世界觀而避諱談出竅經驗和臨終經驗，它實在應該有所修正了。理論必須以事實作基礎，不可以作為排拒事實的理由。希望持續不斷的實驗可以在現有的基礎之上幫助我們更瞭解現象，而非適得其反。正如蕭旺(R. Chauvin)所言，雖然我們還不能化解物理學和心靈現象之間的鴻溝，但是不能因此說二者相互矛盾；如果要化解這兩者，需要先重新理解世界。[18]

---

[18] Remy Chauvin, "To Reconcile Psi and Physics," in *Philosophical Dimensions of Parapsychology*, ed. Hoyt L.

總而言之，物理學已經從牛頓的格局邁入了測不準的階段，物理學家也開始面對宇宙中難以解釋的例外現象。有些超心理學家急著將心靈現象與新物理學相提並論；有些則強調兩個領域不可以互相化約。在他們眼裡，不管現代物理學的態度有多麼開放，對出竅經驗和臨終經驗之類現象來說都了無新意；根本的癥結還是在哲學上的一元論與二元論之爭。但是，多半學者都同意超心理學的科學地位，不會因「違背因果律」或「無法觀察」的欲加之罪而有所動搖；他們也相信靈魂不滅的證據和物理學沒有抵觸。

對超自然證據的合理反駁

儘管物理學家承認超心理學和科學未必矛盾，可是生物學家和行為主義學派的心理學家，還是從哲學和方法學的角度對靈魂不滅的研究提出若干質疑。⑲除了前幾章裏提過的批評之外，

Edge and J. M. O. Wheatley (Springfield, I11.: Charles C. Thomas, 1976), pp. 410–14.

⑲ 參考 Poynton 所言：「雖然海森堡曾提出過一些意見，但是也許目前大部份生物學家和心理學家仍然奉行過時的世界觀，和建基於此世界觀之上的物理觀念；此處境豈不可笑。」("Parapsychology," pp. 118–19). 亦可參考 Alister Hardy, "Biology and ESP," in Smvthies. *Science and ESP*. D. 149.

他們對超自然現象的證據是否能用於科學研究，還提出了三種合邏輯的反對意見。為討論方便起見，且將這些意見分為「能否反覆發生」、「必須有理論架構」和「現象本身的可能性」三類。我們將逐一檢視，並看科學家如何回應。這些都是哲學和科學方法學上的重要問題，所以討論之前應該先加以準確描述。

能否反覆發生

質疑超自然現象能否反覆發生的論證，直陳「反覆發生對自然科學的觀念極其重要；因為反覆發生的觀念和自然律的觀念密不可分，而自然律的觀念又是自然科學觀念的根本。」[20]自然律的問題，我們會在下一節討論理論要求的地方處理。此處要回應的是超心理學研究裏的靈魂不滅現象如何可能反覆發生。首先，對方的立場是，如果某一實驗在同樣條件下重複操作，不論由誰操作，也不論在何處操作，都應該會得到同樣的結果。接著他們主張顯示來生可能存在的現象並不符合這個模式，而且這種研究會產生矛盾的結果。他們的結論是這類研究根本不必視作嚴肅的科學證據，靈魂不滅更不算一回事了。這種批判是否能成立？

反覆發生在理論上並非不可或缺

[20] Antony Flew, "Parapsychology Revisited: Laws, Miracles, and Repeatability," *Humanist* 36, no. 1 (1976): p. 28.

在實驗裏，其實並非一定要得到完全一致的結果才算合乎科學或合理的實驗。雷襄說這種要求簡直是「取自只能討論撞球的物理學，一百年前就被拋棄了。」即便是最合乎科學的實驗，也因為很多理由無法反覆得出同樣的結果。例如原子物理學，它的實驗依據只取決於或然率；所以每次實驗的結果都不可能和前一次完全一樣。此外，又如雷襄本人曾經從事過的藥理學實驗，也已經將病人的心情、價值觀和信念納入變因之列。[21]又比如，醫學被算是一門科學，但是許多醫學實驗卻不會重複出現同樣的結果；因為學者已知實驗操作者及病人的信念和心情，確實會對實驗結果有相當的影響。

也有許多科學不具反覆發生的結果

即使在今日，在不少所謂「歷史性」的科學裏也沒有將反覆發生視作絕對必要。在「歷史性」的科學裏，被研究的現象因為它原本的特性使然，所以只發生過一次。史貴芬(M. Scriven)對此的解釋是：「是否能夠反覆發生並不重要；像里斯本大地震就只發生過一次，但它的成因卻絕對能充分解釋。如果能得到反覆發生的結果，那當然很好；我們也很希望有一天能達到這個地步。但是，並非所有的科學都一定非要反覆發生不可。」[22]

---

[21] Lawrence LeShan, "Parapsychology and the Concept of the Repeatable Experiment," *IJPP* 7, no. 1 (1966): 133.

[22] Michael Scriven, "New Frontiers of the Brain," *JPP* 25 (1961): p. 310.

此外還有其他的例子，例如天文學裏有些天體現象也只發生過一次；考古學、地質學、精神醫學也都有類似的情況。㉓我們儘可以改良研究天體、火山或者研究精神疾病的儀器設備，但當現象真正發生的時候，我們只有一次觀察的機會。然而現象沒有反覆發生，完全無損於其事件本身之真實，也不會降低科學研究的價值。所以我們說顯像、附體、前世記憶、出竅經驗、臨終經驗，這些現象不能重複發生是在這個意義底下說的。正如歷史不會重演，人類過去的經驗只發生過一次，對未來也無法預測；但研究歷史並不會因為歷史不重演而沒有價值，研究地震也不會因為地震只發生過一次而毫無意義。

有些靈魂不滅的研究會重複發生

在科學上一直有個爭論，就是究竟應該深入研究個案的具體細節，還是應該以統計的方式廣泛採樣；㉔不過兩種方式都不能排除對方。因為在下列二種情況裏，無論採用哪一種方式都不能肯定前世或來生不存在：(1)多組科學家各自研究同一位個案主體，例如第一章裏白娣・墨菲和善蒂・妲薇兩個案例的作法。(2)科學家在不同主體的身上進行同樣的研究，結果得到類似

㉓ Examples from LeShan, "Parapsychology," p. 124.

㉔ R. G. A. Dolby, "Reflections on Deviant Science," in *On the Margins of Science*, ed. Roy Wallis (Keele: University of Keele, 1979), p. 32.

的結果。

在我們研究的三種範疇裏（前世、出竅或顯像、臨終經驗）都曾有過同樣現象重複發生的情況。學者經過各自進行研究後，確認了催眠回溯、當事人敘述的前世記憶，以及顯像的實驗和臨終經驗的觀察。其中臨終異象尤為突出，因為無論觀察者的背景為何，其內容均如此類似。簡言之，主張靈魂不滅之研究的結果不能重複發生而指其「不科學」的論證不能成立。

必須有理論架構

所謂必須有理論架構，就是說任何一個事實如果要「在科學上」有意義，就必須放進某個理論架構中，並且要在此架構下來解釋。否則，就可以依此要求將處於目前已知領域之外的素材摒棄不論。㉕這種主張認為科學方法是一種不斷肯定假設的過程（或如卡爾巴柏所言，不斷推翻假設的過程）；職是之故，一件事實必須先要能夠放得進一個假說裏，才能有真正的意義可言。心靈現象或臨終經驗就是因為放不進任何解釋架構，所以沒有意義。這種標準合理嗎？在此處適用嗎？

事實必須優先於理論

㉕ Pratt, "Parapsychology," pp. 25–26.

我們不能說，為了解釋事實而建立統攝之理論以前，先蒐集事實就是沒有價值的。在自然科學裏，例如生物學、地質學和天文學裏，蒐集散於各處的素材、照片或波動形式是從事這項科學的重要工作。這些資料在剛開始的時候可能違背原有的理論，或是風馬牛不相及。科學家必須經過這個蒐集素材的過程，才能退一步思考，提出例如腔棘魚類、地質板塊或電波球體確實存在之類的假設。然後他們嘗試確認其他方式蒐得的材料，並且再建構能夠容納新素材的理論，以調和原有的理論。如莫菲所言，「建構成熟的理論之前必須先蒐集不相干的素材」[26]。一項研究工作是否符合科學，並不在於蒐集素材之前就先建立理論；而是儘可能地準確蒐集素材，並依此態度儘可能觀察所有可能影響研究結果、或影響對素材之分析的變因。[27]

解釋與理論之間的關係

「科學解釋」往往不過是一種過程的描述，只不過廣為人所接受就是了。當我們說一物是

---

[26] Gardner Murphy, "Are There any Solid Facts in Psychical Research?" in Edge and Wheatley, *Philosophical*, pp. 396–97.

[27] 參考普朗克所言：「如果一個物理問題非要能獲得確定答案，它才值得深入檢視，那麼我對這個觀點就有所保留。」(Max Planck, *A Spiritual Autobi-ography* [New York: Philosophical Library, 1949], p. 139).普朗克接著又指出，一個沒有得到確定答案的實驗，仍然能對科學有所建樹的方式。

「類星球體」、是「夸克」，或說某種過程是「演化」或「受重力影響」，其實未必對它所知有所增長。我們只是在某個範疇內給了它一個名字，而且有時候給它個名字讓我們心理踏實點。這點是科學哲學上的一大洞見：

物理學自己開始接受無法解釋之事件的存在了。我們經過多年的記錄和研究，完成了充分的描述，終於覺得自己對所描述的現象算是有所瞭解。我們沒有將它化約成別的現象，但這只是在感覺上有所不同而已，完全沒有違背我們的科學感。㉘

再舉個更明顯的例子，我們如何解釋某物質A經過某流程X後會收縮？我們會說因為A是屬於B類的物質，而B類物質經過X流程後往往會收縮。或者，我們會提出X是Y類流程的一種，而Y流程往往會令A物質收縮。這種說明常常會讓人誤以為這樣就算是「解釋」了，但它有沒有說明A為什麼會在X流程中收縮？顯然沒有。

另外有一種解釋的方式，會說A物質的分子構造在沒有經歷X流程時是一種情形，但在X發生時，它的組合狀況就會改變，因此造成總體積變小。這種方式可能會適用於某些脈絡，但

㉘ Michael Scriven, " Explanations of the Supernatural," in *Philosophy and Psychical Research*, ed. Shivesh C. Thakur (London: George Allen & Unwin, 1976), pp. 188–89.

它還不能算是完整的解釋。因為我們依舊可以追問X究竟如何、並且為何造成A之分子結構的重組？追根究底之後，答案往往會是「事情就是這樣」。即便是牛頓的萬有引力定律說「地心引力使得蘋果落地」，也不過是換個面貌來說世界上的萬物中，比較小的物體就是會朝質量比較大的物體移動。蘋果落地只不過是自然規律中的一個例子。如果我們再追問地心引力如何作用、為何作用，目前還沒有進一步的說法或機制可以答覆。

當然，我們目前還不能自稱已經能充分解釋附體、災異顯像或臨終見到亡故親友等現象；史貴芬說這需要對現象的細節進行「多年的記錄和研究」。我們應該更確定現象裏牽涉到的變因，並且藉已知的機制或類比來理解現象。不過，有一天當我們對現象瞭解更多的時候，也許會問「它為何發生？」，這時說不定答案會是「喔，那就是災異顯像嘛！」或「那是另一種有完全意識的共同主觀性宗教臨終經驗」，而不需要假設還可能有更進一步的「解釋」了。㉙

並非沒有理論可用

㉙ 對「解釋」之性質的進一步闡釋，參考 Michael Scriven, "Explanations, Predictions, and Laws," in Baruch A. Brody, ed., *Readings in the Philosophy of Science* (Englewood Cliffs, N.J.: Prentice-Hall, Inc., 1970), pp. 102–3.

對於我們討論過的這些資料，並非從來沒有理論可以解釋。那些理論或許並不合乎解釋世界的傳統理論，但是新的理論本來就未必需要和其他理論同聲同調。相反地，我們也看見史帝文生如何為新的假設辯護，極力主張轉世之說最能夠解釋他所研究的現象，並因此而建立起專業聲譽。

同理，假定顯像是由出竅所產生，或假定臨終經驗內容之相似，是導源自對真正的死後經驗之共同主體性精確觀察，應屬「理論上的要求」所需要的那種解釋性假設。不過，如果要求這些新的資料或假設必須符合對世界原先的認識，那就不妥當了。而且兩者之間也並非一定有衝突之處。如史貴芬所言：

> 心靈現象與其他科學發現之間並沒有衝突，衝突只發生在從已知推斷未知的定律之間。現有科學定律所提出的證據不能用來推翻超感知覺（及出竅、臨終經驗等）。它是說「除非你握有直接證據，否則別相信超感知覺。」當然，我們真的是有直接證據。[30]

所以，「必須有理論架構」，對我們取自審慎研究過的超自然來源的資料來說，並不算有效的反駁。

[30] Scriven, "Explanations of the Supernatural," pp. 192–93.

現象本身的可能性

從現象本身的可能性來立論反駁靈魂不滅，看起來對我們沒什麼殺傷力。它就好比一個物理系學生測得的光波波長或摩擦係數和教授所預期的數值不同。遇上這種事情，從現象本身之或然率立論的人就會說這種誤差，是因為學生使用的方法不對，或在觀察上發生訛誤；而不會承認這可能是因為自然世界本身的變化。說得廣泛一點，它的立場就是說「現象本身的可能性」永遠符合現有的定律，因此不承認可能造成質疑的偶發反例。

只要有少數個別發生的例外情況和目前確立的「定律」似乎有所矛盾，一般總是認為該修正的是已經為大家接受的事實，而不是修正定律。在靈魂不滅的研究上，這個觀點主張解釋現象的時候，不該採取靈魂不滅的假設，而應該用心理學或生理學的觀點來解釋。但當目前尚無心理學或生理學理論能勝任，只有靈魂不滅的解釋能說得通的時候，他們就會說若非實驗錯誤，就是研究人員撒謊。

類比不當

這個論證首先就犯了一個明顯錯誤：前述物理系學生的例子並不完全適用於我們的情況，他和獨立研究發現臨終經驗或出竅之陌生屬性的研究人員情況不一樣。他的物理課至少有三點和我們的研究情況不同：(1)統攝現象的定律和變因已經確立。(2)最重要的變因都經過周延定義，其他因素可能造成的影響也已降至最低。(3)他作的實驗，已知是涵蓋在經過證明的定律或假設的範圍內。

所以在這種情況下，否定該名學生所得到的資料，確實比質疑他所研習的定律來得恰當。但是在靈魂不滅的研究裏，顯然並非所有統御現象的定律和變數都已確立，因此也還不知道究竟哪些是重要變因，哪些只是偶發的因素，並且目前也還不知道靈魂不滅的相關實驗，可歸任何現行的傳統科學定律所統御。

比較好的類比應該是像這樣：定律裏說「出生是界定哺乳動物的特性之一」，所以如果生物學家提出鴨嘴獸會下蛋、鯊魚會分娩，那麼就有幾種可能。我們或者應該限制定律適用的範圍（例如進一步的判準界定哺乳動物），以使定律不受生物學家所發現的事實所影響。或者我們應該修正哺乳動物的定義，以便將鴨嘴獸以特例的方式涵括在內；甚至可以為鴨嘴獸和鯊魚建立新的範疇。總之，我們絕對不需要排除這些資料，因為科學家經過研究，確定了牠們的習性之後，發現「在理論上就不可能」。

超自然現象好像也是人們心目中法則外的特例。但是一個法則的適用範圍絕不可以否認確實有現象發生。在這種情況下，該作的是審慎界定現行法則的統御範圍，或者將之修正以涵括新的事實。

機械論的假設

用「現象本身的可能性」排除靈魂不滅，其主張係建基於一種機械式的一元論宇宙觀，類似用來解釋撞球交互作用的觀點。喬治·布賴斯(G. Price)在對靈魂不滅的評論裏強調說：「科學的本質是機械論。如果有人提出例外的新現象，我們應該墨守成規還是應該開闊心胸？他們的測試是為了嘗試在機械論立場下提出周密的解釋。」31可是如果現行的機械論理論都不適用，布賴斯則說我們應該選擇墨守成規！但反觀從前提出機械論的物理學，現在在解釋許多現象的時候，不也是放棄了機械論嗎？

機械論已經退隱，它也不足以作「現象本身是否可能」的判準，我們顯然不能再重蹈覆轍了。或許賴恩的說法是對此類主張最好的回應：

> 以機械論作為普遍定律，在實驗從來就沒有真正得到過確認，那麼它又怎麼存在於萬物的本性之中呢？事實上，整個機械論的工作，只是表示機械論運作於研究世界的科學家局限的領域裏，物理學的理論（各種自然科學）到目前為止就足夠了。自然地，機械論會發展成心靈的習慣，

31 George R. Price, "Science and the Supernatural," *Science* 122, no. 3165 (1955): p. 362.

> 變成看待宇宙的方式。但是要將這種以物理觀點詮釋整個自然界、要宣稱宇宙中沒有其他原理原則之前，我們必須先對宇宙有整全的瞭解。當然，大家都知道我們沒有。[32]

簡言之，如果用「現象本身的可能性」來責難，是基於萬物都能用機械論來解釋的假設，那麼它本身就是一套關於物性的「形上學」(並且不能藉由經驗得知)，缺乏科學證明。

休謨對奇蹟的論證

以「現象本身的可能性」作論據的反駁有時候會以不同的面貌出現。英國懷疑論哲學家休謨(D. Hume)說：「奇蹟違背自然律。」因為自然律和人類的感官相較之下，比較融貫也比較絕對。所以當似乎有奇蹟發生的時候，大概不是自然律暫時失效，而是觀察者本身被欺騙或發生幻覺。[33]

對新發生的證據或「奇蹟式的證據」所提出的這種反駁，有兩種方式來化解。如果我們接受休謨的名言，認為從來就沒有什麼奇蹟，因為自然律從來沒有被違反過，那麼我們就必須承

---

[32] J. B. Rhine, "Comments on 'Science and the Supernatural,'" in *Science* 123, no. 3184 (1956): 12.

[33] 喬治・布賴斯在"Science and the Supernatural"一文中援用過這個論證。其原始出處係 David Hume, "Of Miracles," in *An Enquiry Concerning Human Understanding* (Chicago: Open Court, 1912), pp. 120–21.

認宗教信仰為人治病、出竅經驗、臨終經驗等都不是奇蹟，並且根據定義應該都符合自然律。如此，休謨之主張中蘊含我們已經知曉自然律或自然律基本上是可知的這個前提，就必須有例外了。其實有可能確有統攝萬物的法則存在，只是我們不知道它是不是如我們所相信的那個樣子；我們也不能用這些法則來「排除」出竅經驗或臨終經驗，因為它們應該必然包含在這些法則的範圍之內。在這種情況之下，我們談的並不算是個真正的問題，因為我們的討論只是依據十八世紀的錯誤假設，認為人類已經知道所有的自然律。

休謨的說法還有一個可以反駁的地方，就是他說自然律不可能違背。目前絕大多數科學哲學家，都認為法則只不過是將我們已知的事情用普遍化的方式描述。不但可以「違背」，而且其實每次有重要新發現的時候，不管是夸克的例子還是鯊魚的例子，都違背了自然律。這種新發現對相信自然律不可能違背的人來說，都像是奇蹟一樣。但是這些新發現並不會因為違反了已知的普遍描述，而被貶為虛妄或根本不存在。

費若本曾在〈一致中的內在不合理〉和〈統一裏的自欺〉兩篇文章裏[34]，詳細討論過休謨

---

[34] 參考 the section headings in Paul Feyerabend, "How to be a Good Empiricist Plea for Tolerance in Matters Epistemological," in Baruch A. Brody, *Readings in the Philosophy of Science* (Englewood Cliffs, N.J.: Prentice-Hall, 1970), pp. 328–34.

這種對奇蹟與自然律不妥的看法。杜卡瑟(Ducasse)也直言「主張不可能，是基於現今科學家的形上信念。但無力承認非物理性的事情，則是唯物論科學家的職業病。」[35]賴恩更是擊中要害，說：「如果有人像喬治・布賴斯那麼獨斷地接受這種信念，就表示這信念已經取代了當靠山用的神學，而且它在這種人生活裏扮演的角色已遠遠不僅止於科學了。」[36]

我們會扼要討論一下研究靈魂不滅在神學上的意義和困難。但是目前要提出的是，以「現象本身的可能性」為論據的反駁，都假定了我們對世界之所知，比實際知道的要多。

研究靈魂不滅是經驗科學

以上的論證，反駁了基於方法學和理論上的理由，主張靈魂不滅的研究本身就不科學的說法。現在我們將從正面來看，它在哪些重要的方面確實屬於科學。雷襄和瑪格瑙對科學的要旨強調以下幾點：

(1)研究領域需在經驗範圍內。

---

[35] C. J. Ducasse, *A Critical Examination of the Belief in a Life After Death* (Springfield, Ill.: Charles C. Thomas, 1961), pp. 149ff.

[36] 參考 J. B. Rhine, "Comments."

(2)必須選擇可觀察的變因。(需有可觀察的變因以資觀察或參照)
(3)有些術語在程序上是藉其他術語來界定。
(4)不問「某物是什麼?」而問「某物如何發生作用,或此物與另一物如何發生關係?」
(5)可以預期互動(在有效控制變因之下)會有規律地發生。
(6)理論內部不應有矛盾,並在同一經驗範圍內也不應與其他理論矛盾。[37]

這幾點顯然可以應用在靈魂學或靈魂不滅的研究上。其中最難決斷的似乎應屬第二點,也就是必須要有可觀察的變因。但並不表示變因必須是公開的、肉眼可見的,或必須是已為人知的;也不表示變因必須既已為人知,又需是肉眼可見、公開的。如此臨終異象就可以是這種科學的研究對象,就如同次原子粒子或夢之解析,在不追問其存有論性質的情況下,依舊可作為科學對象。

對超自然現象的非理性批駁

[37] Lawrence LeShan and Henry Margenau, "An Approach to a Science of Psychical Research," *JSPR* 50, no. 783 (March, 1980): 274–75.

雖然我們握有靈魂不滅這種超自然現象的證據，雖然蒐集這些資料用的是經驗科學的方法，但還是有很多科學家依然堅持這些資料不是真的或根本不存在。[38]涂魯奇(M. Truzzi)[39]和麥克尼(R. McConell)[40]詳列了科學家常舉的反對理由，其中大部分都已經有所回應，部分在上文「對超自然現象的合理反駁」一節中討論過，部分則如本書前幾章針對資料所進行的分析。

前面曾經說過，賴恩發現在喬治・布賴斯反對超自然現象的言論裏，嗅得出宗教狂熱的氣味。我們討論過的現象，連海姆霍茲這一級的科學家都說「皇家學會會員的證詞和我自己的感官，都無法讓我相信一個人的思想傳遞給另一個人，可以不透過可知的感官管道獨立為之。」[41]

這樣的說法既不科學，在哲學上也站不住腳。這麼優秀的學者怎麼會如此盲目固執？在此我們要檢視一下科學家非理性地排斥靈魂不滅的動機。抗拒靈魂不滅之說的意見，一般可以分

---

[38] 參考 Thomas S. Kuhn, "The Function of Dogma in Scientific Research," in Brody, *Readings*, pp. 357ff.

[39] Marcello Truzzi, "Paul Kurtz's Analysis of the Scientific Status of Parapsychology," *JPP* 44, no. 1 (1980): 39–41, 89–90.

[40] R. A. McConnell, "The Resolution of Conflicting Beliefs About the ESP Evidence," *JPP* 41, no. 1 (1977): 199ff.

[41] 見 Rosalind Heywood, "Notes on Changing Mental Climates and Research into ESP," in J. R. Smythies, *Scence and ESP*, p. 48.

為心理因素、知識上的因素、宗教因素和社會因素。我們將逐一探討這些因素的起源，並且假如它們真的持之有故，我們也將探討其是否言之成理。藉此，可以看看靈魂不滅證據是否不堪一擊，並對時下科學史和科學哲學的討論文獻進行探討。

心理上抗拒認知不一致

一九五〇年代初期，布魯納(J. Bruner)和波思曼(L. Postman)作了一些實驗，要求受測者透過視覺記憶測試鏡，在極短的瞬間內辨識閃過的撲克牌。撲克牌當中混雜了一些不可能出現的牌，譬如紅色的黑桃六、或黑色的紅心十二。有些受測者對所見和預期之間的差異，產生情緒上的不快（此差異即認知之不一致）。絕大部分受測者都把閃過的撲克牌當作正常的樣子，例如，他們把紅色的黑桃稱作紅心或黑桃，竟然都沒發現這些牌出現了不相容的組合。

這個重要實驗讓他們兩人下的結論是，我們人類直覺上就不喜歡例外情況的程度，甚至到了會在潛意識中錯認事實的地步；我們強迫自己的感官配合心理的期望，而不是接受系統裡面不一致的狀況。[42]孔恩引用這個實驗，提出「資料會被打進隊伍裏」，以符合原先解釋萬物屬性

[42] J. Bruner and L. Postman, "On the Perception of Incongruity: A Paradigm," in D. C. Beardsley and M. Wertheimer, *Readings in Perception* (New York: D. Van Nostrand, 1958), pp. 654ff.

的理論。[43]用察特(Trotter)的話來說，就是「人的心靈不喜歡新觀念，就像身體不喜歡陌生的蛋白質。」[44]換言之，我們在下意識裏就無所不用其極地排斥新觀念。

人的心靈直覺地迴避認知上的不一致，並且還想辦法把它排除。這點在心靈處理記憶和解釋經驗的方法上也可以看到。例如，我們可以看威廉・詹姆士如何說明靈媒在光線充足、實驗狀況良好的情況下作法。他在描述完以後，特意加上了這一段：

> 現在已經過了四天，我的心似乎有股強烈的力量，想要抹去我觀察到的事，好像因為那實在太脫出常軌了。我有如看著超自然的事情，像密西西比河氾濫般湧入正統文化的平原。不過我發現，我今日是以一成不變的眼觀看自然，而早已定型的習慣則將快要決堤的洪流給排斥出去。[45]

---

[43] Thomas Kuhn, *The Structure of Scientific Revolutions*, 2d. ed. (Chicago: University of Chicago Press, 1970), p. 135.

[44] 見Rosalind Heywood, “Notes,” p. 57.

[45] Gardner Murphy and Robert Ballou, eds., *William James on Psychical Research* (New York: Viking Press, 1960), p.92; originally in *JASPR* 3, no. 2 (Feb. 1909).

威廉・詹姆士至少還保持知識上的誠實，承認自己在心理上有所壓抑。但是他不夠強韌，他沒有正視自己的所見所聞，沒有為它在自己的宇宙觀裏安一個定位！

比較近的一個例子是底特律的醫生羅亭(E. Rodin)，他在一九五三年發生臨終經驗，看到天堂的美景。當時他覺得自己正要上天堂，並且懇求讓他死去。二十五年以後他重述此經驗，不過這次是依照他自己的醫學信念來解釋；這次他不相信那次經驗是真實的，也不相信它有任何意義。[46]在此我們又看見科學家壓抑知識上的不一致（即經驗與思想之不一致），用的方法是否認自己的經驗，而不是改變自己的想法。思想體系的力量由此可見一斑。我們的成見比感官經驗還強，因為它宰制我們認知事物的方式。

連卓越的心理學家和醫生都可以完全不顧自己經驗的重要性，而用傳統和自己比較自在的世界觀來重新詮釋經驗。也難怪人們會為了保衛自己的思想體系，而將出竅經驗、臨終經驗等現象視作幻覺、沒有意義、甚至騙人。但在素養上就要求知識必須一致的科學家，會發現靈魂不滅的資料和他們的世界觀不符。所以他們就極力否認有這些資料存在，甚至完全否認這些資料可能存在。他們寧願把這些資料從自己的世界觀裏剔除，也不肯改變世界觀來容納這些資料。[47]這可以稱作對不一致所產生的心理反應。它改變不了真理，但卻可以在心理上提供一個

[46] Ernst Rodin, "The Reality of Death Experiences," *JNMD* 168, no. 5 (May, 1980): 259–62.

讓自己比較舒服的機制。

在知識上排斥再教育與更換典範

哲學家在受教育的過程當中，就要學很多各式各樣的理論。其中有的理論大家耳熟能詳，有的則罕為人知，並且他們還要分辨出這些理論中的精義和謬誤。反觀科學家，他們很少學他們那一行的歷史。就算是學了，往往也是和他們傳承關係最密切的一些科學分支㊽。譬如，煉金術和占星術對科學的貢獻，只有在加諸於它們的抨擊裏才聽得到，沒有人把它們當作另一種世界觀來看待。因此，科學教育好像是固若磐石的一言堂，一味強調自己抱持的形上學多麼優越、多麼正確。科學哲學家孔恩說得好：

> 科學教育諄諄教誨的是科學界昔日歷盡艱難才得到的成果，它教人恪遵一定的世界觀，並且就在這個世界觀裏從事科學。在成熟的科學發展裏，成見和抗拒似乎是常態而不是例外。科學家

㊼ 參考 D. Bramel and L. Festinger, "The Reactions of Humans to Cognitive Dissonance," in A. J. Bachrach, ed., *Experimental Foundations of Clinical Psychology* (New York: Basic Books, 1962), p. 256; 亦可參考 McConnell, "Resolution," p. 212.

㊽ 參考 Paul Feyerabend, *Science in a Free Society* (London: NLB, 1978), pp. 1–4, 其中特別強調這個觀點。

就是在這種根深蒂固的過程裏養成的。[49]

科學家要學的不只是事實和實驗，而是完整的世界觀以及瞭解世界的方式，孔恩把這種方式稱作「典範」。一個典範寫成了教科書並一再反覆之後，就開始會排斥其他的典範。這種典範在投入強烈的感情以後，它就變成若非唯一、也是最好的世界觀。[50]因此，一個典範一旦為人選用，它就變成極度情緒性的因素，而不是理性的因素了。它從來沒有經過哲學上客觀角度的檢視。奉行某典範的整個科學團體中，也沒有人想過或許還有其他更好的典範。[51]更換典範不僅事關改變心意，更需要透過一種皈依似的經驗，來接受看待世界的新方式。[52]

無怪乎科學家寧願對相衝突的證據視而不見，也不願稍改自己一貫的世界觀。這點在他們自己的世界觀面對衝擊時更明顯。一位數學家談靈魂現象或超自然現象的時候，說：「如果那

---

[49] Kuhn, "Function of Dogma," p. 357; 這些觀念亦見於 *Structure of Scientific Revolutions*.

[50] J. W. Brehm, "Post-Decision Changes in Desirability of Alternatives," *Journal of Abnormal Social Psychology* 52 (1956): 378–84.

[51] Charles C. Tart, "States of Consciousness and State-Specific Sciences," in Edge and Wheatley, *Philosophical*, p. 444.

[52] Thomas Kuhn, *Structure*, pp. 114, 151.

些是真的，就表示我得拋棄一切，重頭開始。」[53]當然，數學和超自然現象兩者本身之間沒有什麼衝突，但是由此可以看出他自己的世界觀和他對自己其專業領域的瞭解關係有多密切。以下這個現象是雷襄觀察到的：「我們的文化和機械論概念的關係密不可分，就像笛卡兒『發條式的宇宙』那種概念。我們太怕受到挑戰了。」[54]凱凌頓(W. Carington)等人發現，排斥超自然現象，與擔心超心理學可能會推翻傳統因果律的觀念有某種關聯，因為因果律的觀念是科學發展所依循的架構。[55]

這些態度都不理性。超自然現象的研究從來不需要放棄數學、因果律，也不用犧牲笛卡兒（他明顯的錯處除外，例如他對動物、對撞球和松果腺的看法）。此處所表達的憂慮，起因是無知和不願更改老觀念。

有許多科學家已經放棄笛卡兒解析幾何和傳統因果律觀念，或者已有相當程度的修正，為的是要研究原子和宇宙。所以對海森堡這些人，科學經驗論本身之不確定對他們所造成的威脅，

---

[53] In Rosalind Heywood, "Notes," p. 50.

[54] Lawrence LeShan, "Some Psychological Hypotheses on the Non Acceptance of Parapsychology as a Science," *IJPP* 7, no. 3 (1966): 378.

[55] Whately Carington, *Teleparhy*, 3d ed. (London: Methuen, 1946), p. 45.

不下於來自靈魂不滅造成的威脅。靈魂不滅也可以和力場理論或向度理論的某些特殊情況相容。

對研究靈魂不滅研究的抗拒，大多來自生物學、心理學，甚至社會科學，它們抗拒的理論基礎還不如物理學堅強。[56]它們加諸靈魂不滅的暴力「正足以顯示靈魂不滅之重要」。[57]例如神經生理學家研究人腦，卻不願承認有很多變因的難以界定，甚至無法控制。這也難怪，因為如果他們假定心就等於腦，就比較容易覺得無所遺漏，也比較容易讓自己相信一切都能用自己擁有的工具徹底瞭解。靈魂不滅的證據為神經生理學家這種假設敲響了喪鐘，但他們大多卻拒絕正視這些證據，不承認有其他的變因可能會影響現有的學說。

宗教對「異端邪說」的抗拒

從靈魂附體到神遊冥界，這些超自然現象無論在歐洲或亞洲，都已經流傳幾千年了。教會之所以一向都採禁制的態度，並非因為其真實性可疑，而是因為這些現象有開啟異端之虞，甚或開啟了魔鬼的大門。科學家也有普通人的宗教信仰和預設，所以有時候就以無關宏旨或不可能發生作為排斥的理由，有時候則將之限制在信仰的範圍內，刻意不將這類資料列入科學研究

---

[56] I. Bernard Cohen, quoted in *JASPR* 46 (1952): 159.

[57] Brian MacKenzie and S. L. MacKenzie, "Whence the Enchanted Boundary?" *JPP* 44, no. 2 (1980): 127.

的領域裏。顯示人類不僅是物質、或生命在死後可能不滅的證據，對許多堅守教義的人來說可能觸目驚心，所以一下就採取咒詛的態度。[58]

麥克道格(W. McDougall)認為學科學的人擔心認可超自然現象，可能會讓他們喪失公信力，「因為他們知道學科學的人經過了近幾百年的努力，才能把這些信念在小圈子裏充分壓制住。」[59]

普林斯(W. Prince)在他研究科學對超自然現象的精闢論述中，說科學家在研究這些現象的時候，他們的客觀性和理性被一種「魔圈」給套住了。他鉅細靡遺地寫下了法拉第(Faraday)、丁道爾(Tyndall)、赫胥黎(T. Huxley)等數十位大科學家如何斷然拒絕這些證據。其中不乏指名道姓地人身攻擊，或者扭曲自己不喜歡的資料。另一項科學研究曾對為數不少的科學家發出問卷調查，詢問假設有某種靈魂現象發生，他們會如何詮釋。結果竟然大部分受訪科學家都無法答覆，甚至沒有辦法想像這種假設。[60]

---

[58] Ibid., pp. 149–52.

[59] William McDougall, "President's Address to the Society for Psychical Research," in *PSPR* 27 (1914–15): 157–75.

[60] W. F. Prince, *The Enchanted Boundary* (Boston: Boston SPR., 1930), esp. pp. 200–220.

研究靈魂不滅的科學家現在發現，有些保守的教會人士也不願人們相信來生是可以證明的。這些保守人士擔心大家認為要上天堂不一定需要上教會、領聖餐；也有些是憂慮如果天堂可以證明，會給人自殺的理由，或是會造成在蓋亞那發生的瓊斯教會集體屠殺慘劇。[61]說這些話的人是客觀的，並且也在研究生命的另一部份，但是似乎並沒有稍減他們在宗教上的恐懼。類似的抗拒也非新聞：

> 想當年哥白尼和伽利略在天文學受到的敵視，布豐(Buffon)和赫頓(Hutton)在地質學上受到的敵視，還有達爾文和赫胥黎在生物學上受到的敵視，他們的理論現在大多都被一致接受了。這種抗拒主要是起自宗教信仰混合著由來已久的形上觀念與偏見。[62]

我們還不能預言靈魂不滅的研究，是否能和生物學、地質學一樣成為獨立的科學領域，但是來自形上學的抗拒卻一樣明白可見。宗教界排斥靈魂不滅的理由，既不合邏輯也不科學。不過，我們扮演的重要角色，是將科學界認為可信的東西摶鑄成形，並進而讓社會大眾接受。

---

[61] 參考 Ernst Rodin, “A Reply to Commentaries,” Anabiosis 2, no. 3 (Feb. 1981): 15.

[62] Burt, “Psychology,” p. 64.

社會性的抗拒和怕人譏笑

前面看到排斥靈魂不滅之證據的人，其真正的理由可能是基於心理因素或形上信念，而非科學上的理由。因此靈魂不滅之研究受到忽視，應歸之於社會因素，而不是由於它本身在研究方法上的錯誤。[63]

> 受過科學教育的人怕被人譏笑，加上自己也因它乍看非理性而有所顧忌，這個因素比理論上的扞格不入還嚴重。這也是人之常情，就像從前的人不肯從伽利略的望遠鏡望出去，因為害怕所見到的東西不符合自己的理論，所以用眼不見為淨的方式保護自己。[64]

達爾文完成《物種起源》二十年後才敢發表，因為他擔心會挑戰《聖經》的說法，更因為他「不願忤逆眾議」。[65]威廉・詹姆士曾私下表示，擔心會因為對靈魂的研究有興趣而影響名聲。[66]

---

[63] J. M. O. Wheatley, "Reincarnation, Astral Bodies, and Psi Components," *JASPR* 73, no. 2 (1979): 109.

[64] Heywood, "Notes," p. 48.

[65] George F. Kneller, *Science as a Human Endeavor* (New York: Columbia University Press, 1978), p. 108.

這種擔心遭人譏笑的心理也不是沒有理由的。諾貝爾獎得主艾科斯(J. Eccles)的三等位基因世界觀(trialistic worldview)從前因為重提心物互動論不合當時主流而受譴責，目前他的主張已為人廣泛接受。67 萊希(W. Reich)當年因為理論日益偏激而鋃鐺入獄，書也被銷毀。68 在靈魂不滅的研究方面，璩貝蘿絲和穆迪也曾被人譏為通俗作家，甚至瘋子。前面也曾經提過史帝文生如何不畏《神經與心理疾病》期刊的譏評，毅然發表關於轉世的研究報告。69 簡言之，因為害怕被人譏笑而迴避靈魂不滅的研究，就像當初因為怕人譏笑而拒絕由大西洋向西航行一樣，都不是合理的理由。但儘管不合理，它在大眾將靈魂不滅的研究視為合理的研究之前，在科學上壓抑其地位的效果卻不錯。

---

66 Murphy and Ballou, *William James*, p. 64.

67 參考 George Mandler, “An Ancient Conundrum” (review of *The Self and Its Brain*, by Sir John Eccles and Karl Popper), *Science*, 200 (June 1978): 1040.

68 參考 David Boadella, *Wilhelm Reich* (London: Vision Press, 1973) and Michael Cattier, *The Life and Works of Wilheim Reich*, trans. G. Boulanger (New York: Horizon Press, 1971), p. 211.

69 參考 Harold I. Lief, “Commentary on Dr. Stevenson’s ‘The Evidence of Man’s Survival After Death,’” *JNMD* 165, no. 3 (1977): 171.

總括來說，科學家排斥靈魂不滅和超自然現象的研究，是有一些非理性的因素。這些非理性的因素一經匯合，就在真實經驗的世界和科學理解的世界之間，形成一道堅強的障蔽，有時甚至像銅牆鐵壁般滴水不漏。這些科學家對他們領域外的排斥態度，絲毫不影響我們的證據或結論。他們至多只是展現出許多科學家墨守的教條和機械論。在另一方面，我們也有必要瞭解他們用什麼方式與途徑，來貶低這些研究的重要性和合理性。

§第五章§

歷經抗拒與嬗變的典範

科學在我們的設想裏，常常是一個成長與增益的過程；它將日積月累的事實，組合拼湊成一幅日趨完整的宇宙圖像。然而，當代的科學哲學家卻對此觀點抱持著很深的懷疑態度。像是費若本(P. Fyerabend)等主張「不確定多元論」的哲學家，認為科學的改變揚棄了整個世界觀，有時候還把以往所重視的前提和問題也都一併揚棄了。我們在前文中看到，這整個過程充滿了心理與社會的創傷。此外，逐漸取代舊典範的新典範，並不一定就比較完美。新典範或許比較高雅一點、經濟一點、有效一點、或更有美感一點；但最終仍然有一天會變成舊典範，變成暫時性的、有瑕疵的。這種觀點認為，科學的成長比較仰賴的是文化與歷史的因素，而對邏輯與理性之因素的依賴較少；此說甚至威脅到科學家平日謹守之「客觀性」的地位。

發生在演進過程中的更替，究竟是典範的更替，或只是事實的更替，這個問題我們必須小心加以區分。將世界視為球體而非平面，這基本上是對於事實的更正；它並未要求將所有的舊問題摒棄不答，而只是為舊問題提出新解答。反之，萬有引力與太陽中心論，則是取代舊有的目的論，並引導出全新的問題與答案、以及觀看所有事物的全新方法——簡言之，就是轉變成一個新的典範。

我們對靈魂不滅的探討，為科學之演變的論戰在歷史上提供了一些重要的記錄與觀點。我們可以將其發展分為幾個階段：排斥、打壓、另起爐灶，以及同化與接受。在本章裏我們要看看，靈魂不滅的研究在被承認為科學或實證研究的過程中，究竟邁了多大一步，或究竟只踱了多小一步。

排斥證據

如果有件不尋常的事情確實發生了，但它卻和現行的世界觀不盡相符的時候，一般抱持現行世界觀的人，在開始往往是傾向根本不承認這些反常現象存在，或者根本就說那不可能。有些人乾脆拒絕查看證據，有些人則是無所不用其極地攻訐，不願面對這些證據可能有的正面意義。

拒絕考慮

拒絕靈魂不滅的證據，可以分為幾種類型。有的是粗魯而頑固的拒絕，像是在《科學》雜誌上所宣稱的「即使有數以百計不同的調查者參與，即使經過上千次的實驗與千萬條線索」，也不足以讓人接受靈魂不滅。❶這位科學家顯然寧可盲目地相信他的唯物形上學，也不相信科學訓練所傳授他的客觀經驗主義。有些人則是喜歡將他們的反對意見，隱藏在聽起來比較複雜的分析哲學語言中，像是傅祿(A. Flew)說，他對於靈魂不滅，有「無法克服的原始障礙」。❷然而這也不過是在稍加潤飾地說：「我就是沒辦法讓自己相信人的心靈會在肉體死亡後不滅。」

還有人選擇的方法是高喊「騙人！」這種指控乃是針對早期那種敲桌子的召魂術與現代的靈媒，而科學界研究靈魂不滅的人也已與其劃清界線。喬治・布賴斯(G.Price)借用休謨的論證表示：「與其說自然世界可能發生變易，倒不如說全世界幾十億人裏有幾個人在撒謊。」他指控某些十分著名的現代心理學家陰謀詐欺。❸雖然喬治・布賴斯親自對這個主題誠心研究後，

---

❶ In Rosalind Heywood, "Notes on Changing Mental Climates and Research into ESP," in J. R. Smythies, *Science and ESP* (London: Routledge and Kegan Paul, 1967), p. 57.

❷ Antony Flew, "Is There a Case for Disembodied Survival?" *JASPR* 66, no. 2 (April 1972): 129.

撤回了他早先的批判，但是這類批判仍出現在韓索(C. Hansel)在一九六六年與季卜生(H. Gibson)在一九七九年的作品中。[4]

不論他們的遣詞用字是粗鄙還是文雅，所傳達的訊息都十分清楚。然而他們指控研究人員詐欺，並沒有任何知識上的根據，也沒有提出合理的懷疑來證實確有詐欺情事。他們只不過是「假設對方詐欺，來輔證他們先入為主的否定。雖然超感認知在理論上是不可能發生的，但對於超心理學家所解釋的現象仍需要加以澄清。假設對方詐欺就是在補這個漏洞。」[5]

我們還記得在第一章裏蕾娜(R. Reyna)如何用誹謗研究前世記憶的人來駁斥轉世的假設。即使這些證據是以分別蒐集的方式取得、並有上百件案例獲得證實，她也不為所動，不肯改變觀點。她在後來的著作裏，認定了轉世是不會發生的。因此，對於一切看似明確的證據，對她來說不是因為調查者詐欺，不然就是他們無知。[6]當有某些證據向她預設的立場挑戰時，她又假

---

[3] George Price, “Science and the Supernatural,” *Science* 123, no. 3184 (1956): 12.

[4] C. E. M. Hansel, ESP: *A Scientific Evaluation* (New York: Charles Scribner’s Sons, 1966); H. B. Gibson, “The Royal Nonesuch of Parapsychology,” *Bulletin of the British Psychological Society* 32 (1979): 65–67.

[5] H. M. Collins and T. J. Pinch, “The Construction of the Paranormal,” in Roy Wallis, ed., *On the Alargins of Science: The Social Construction of Rejected Knowledge* (Keele, England: Keele University Press, 1979), p. 251.

設對方詐欺，以掩飾自己預設的非理性立場。

牽連入罪

攻擊靈魂不滅之研究的另一種策略，則是把它和神祕玄學邊緣那些比較不可信的部分連結起來，然後藉著把研究者的人格與神智狀態牽連入內，來達到質疑的目的。這多少算是比較自覺的策略。麥克尼(R. McConnell)認為「正統的科學家之所以不願意為廣受支持的超感知覺研究背書，其間有個很重要的原因，是由於他們沒辦法清楚界定流行的信仰與科學信仰之間的差異。」[7]

不論是相信或反對靈魂不滅的人，都會同意如果超心理學越是受歡迎，越令人感興趣，便越會傷害到它在科學上的地位。[8]反對此項研究的科學家也知道這個現象，而且他們還善加運用這一點。[9]在大多數美國人、基督徒與科學家眼中，所謂走偏鋒的神祕玄學是不值得尊重的。

---

[6] Ruth Reyna, *Reincarnation and Science* (New Delhi: Sterling Publications, 1973).

[7] R. A. McDonnell, “The Resolutions of Conflicting Beliefs about the ESP Evidence,” *JPP* 41, no. 1 (Sept. 1977): 212.

[8] Paul Allison, “Experimental Parapsychology as a Rejected Science,” in Wallis, *On the Margins*, pp. 286–87.

若是把它和靈魂不滅研究牽連在一起，便會有人批評研究出竅經驗或臨終經驗所發現的證據，不值得花工夫進一步認真研究。❿

權威的批判

在我們對所謂前世記憶的討論中，曾談到過這種駁斥不滅證據的方法：大人們時常會批評小孩子所說的話，因為它不完全符合大人的世界觀。這容易使得這些記憶的發表受到壓抑，最後完全受到抑止，使其毫無價值。嘉瑞特(E. Garrett)描述在她小時候曾預先「透視到」一位親戚去世，並且告訴了她的監護人。監護人的反應是：「不要再說了，要是一語成讖怎麼辦！」好像只因為小孩預見了事情將要發生，她就要為所發生的悲劇多少擔負些責任。⓫這種反應顯然是非理性的，對被指責的孩子也難有助益。由於小孩既沒有能力也沒有地位來與大人理論，結果便是乾脆把有關死亡與超自然經驗的討論一併壓抑掉。

---

❾ Marcello Truzzi, “A Skeptical Look at Paul Kurtz’s Analysis of the Scientific Status of Parapsychology,” *JPP* 44, no. 1 (1980): 90ff.

❿ 這點或許可以說明為什麼自述前世記憶的案例在西方比較少。

⓫ Eileen J. Garrett, *Adventures in the Supernormal: A Personal Memoir* (New York: Garrett, 1949), p. 441.

知識界的權威人士也提出類似的批判，不過規模比較大。例如美國標準局前任局長這類權威人物，透過《原子科學家通訊》發出如下的手諭以後，可能就會令許多人談起超心理學的時候有所猶豫了：

> 過去有人講所謂靈異現象，後來又有超感直覺；值此兒童的心靈將為其腐蝕之際，我不相信新聞自由，也不相信言論自由。依我看，那些把偽科學當成真理的出版商或教師都有罪。他們應該公開受鞭刑，並且永遠不准在這些值得敬重的行業裏執業。[12]

標準局壓根不喜歡原有的規範發生分歧，所以即使我們指出所謂「權威」根本就不懂他們所抨擊的領域，對民主和法律所知更少，這樣的抗議也沒什麼用。他們對可敬的出版界造成的效果，便是壓制人們自由地表達個人的經驗、觀念與對話。然而，唯有在這些對話不受限制的情況下，我們才可能更加了解真相的內容。

打　壓

[12] E. U. Condon, "UFOs I Have Loved and Lost," *Bulletin of the Atomic Scientists*, 25 December 1969, pp. 6–8.

權威人士對於靈魂不滅的駁斥如此誇張，對不合乎傳統的資訊造成了非理性的直接打壓。至於其他的打壓方法則可能較為間接，例如對出版和研究經費加以限制。

限制出版機會

要遏止人們討論「惹人厭」的靈魂不滅，有一種很有效的方法，就是嚴格控制它為人接受為「合理」研究的管道。最明顯的是科學界與醫學界的主要期刊，對所有向該領域中主流典範挑戰的文章，在政策上都避免刊登。一直到最近，哲學界才開始有興趣研究學術圈裏的社會控制與懲罰。在此之前，學術界對科學期刊所發表的文章類型、時間、原因等問題，從未有過歸納研究。也就是因為這樣，他們才能一直神不知、鬼不覺地排斥非傳統的科學，並且永遠有藉口將「主題不當」的文章退稿。

柯霖斯(H. Collins)與賓契(T. Pinch)進行了一項研究，調查《科學》雜誌之類的重要刊物，除了多數讀者投書反映和評議者建議等因素以外，它們退稿的理由究竟是什麼。⓭艾力遜(P. Allison)認為傳統期刊登出的文章數量少，「並不是因為稿源不足」；⓮反而幾乎都是因為「評

⓭ Collins and Pinch, "Construction," pp. 257–58.

⓮ Allison, "Experimental Psychology," p. 278.

議系統經常封殺某些他們討厭的重要新素材」。[15]

當然，像是哲學等其他領域也會發生這種情況。然而，科學期刊不像哲學的期刊可以就「萬物本性」的不同觀點，讓實證主義、一元論、人文主義、唯心論等立場各自有發表園地。科學期刊則很少會發表對立的觀點或方法學。科學反而是被少數的期刊所主導，這些期刊的預設立場早已將反對或動搖典範的素材一致排拒在外；至於研究靈魂不滅的學者，只剩下少數的另類園地可供發表。[16]

這些期刊還有一種策略，就是偶爾刊登一篇討論靈魂不滅的文章，然後再大加撻伐以達到其打壓的目的。[17]有時候數家刊物會勾結起來，讓好幾篇批判的文章與單獨一篇支持的文章同時出現。或是某些編輯會採取沈默政策，只刊登那些揭發超自然研究的限制與不確定性的文

---

[15] R. A. McConnell, "Experimenter Effects in ESP," *JASPR* 69 (1975): 144–45.

[16] 討論死亡的期刊，在一九七〇、一九八〇年代增加不少；諸如 *Theta*, *Omega*和*Death Education*。但這些期刊大多是由社會學和心理學的角度探討自殺、臨終看護、訣別等問題，罕有討論靈魂不滅。在超心理學刊物上討論靈魂不滅相關問題的文章日益增加；並且還出現專論靈魂不滅的期刊 (*The Journal of Near-Death Studies*,其前身為 *Anabiosis*)。不過這些期刊的訂戶都不多，也很少列入重要的索引和電腦檢索系統。

[17] R. A. McConnell, "Resolution," p. 212.

章。⑱

檯面上的科學家用這種未形諸文字而通常又隱密的政策，可以迴避越來越多證實人類不屬於機械層面的證據。因此，許多對心靈現象與靈魂不滅之研究有興趣的人便會得到一種印象，以為這些研究一無所成，或是在科學上地位不高。這些證據可能會對科學家有所刺激，讓他們考慮他的研究是否應該改弦易轍，或者讓他們因為發現自己已成形的概念受到威脅而感到沮喪。但是他們採行的方式，卻是藉由編輯之手，將這些素材由版面上剔除出去，以迴避其挑戰與干擾。

此外，如果靈魂不滅的素材無法刊登在重要的科學期刊，它也不可能會被大眾化刊物（如《美國科學》、《今日心理學》、甚或《讀者文摘》等）摘錄以接觸到更廣大的讀者，它也無法登錄上科學文獻與期刊文章的電腦索引或書面索引；這使得寫評論文章和搜尋書目的工作格外困難。這是以無聲無息的方式，給靈魂不滅的研究扣上「不科學」或是「不合理」的帽子；既毋需提出理由，也沒有受強烈反駁的風險。

這種排拒靈魂不滅之證據的方法，至少在一九七〇年代中期以前大行其道，並且顯然效果良好。直到一九七〇年代末，《精神醫學》、《美國醫學會會刊》以及《神經與心理疾病》這些

⑱ 參考 Collins and Pinch, "Construction," pp. 258–59.

專業期刊，才開始留些空間給靈魂不滅研究的詮釋，不過刊出的也只有最為慎密的嘗試性文章。這種打壓出版管道的方法，還比較容易統計與記錄；至於其他的打壓方法就可能更為狡猾了。

箝制學術團體、工作機會與經費

自然科學界的社會結構比其他領域更為緊密，也就是奈勒（G. Kneller）所謂的「隱形的大學」；學者在此組成研究網絡與團體，對特定的問題進行探討。他們彼此交換觀點，並透過研討會、書信往還、暑期課程、甚至研習營，來和更廣泛的科學圈彼此交流激盪。[19]因此，一個人可以在科學領域中成為「先進」，並不是因為想法比較好或實驗比較審慎，而是因為找對了人或找對了團體，搭對了線。至於研究靈魂不滅的學者，一般而言都被排拒在這個科學圈之外。即使有一些「離經叛道」的成員得以進入(像是賴恩和塔特兩人)，他們在「嚴謹」科學的會議中，雖然獲准提出報告，但發表的主題也有所限制。

有一種打壓的方式，雖然比較不容易觀察，但情況卻更嚴重，那就是直接歧視超心理學家。艾力遜在威斯康辛大學所發表的論文中指出，超心理學會會員宣稱因對超心理學感興趣而受歧

---

⑲ George F. Kneller, *Science as a Human Endeavor* (New York: Columbia University Press, 1978), pp. 191–92; 參考 Kuhn, *Structure*, p. 168.

視的案例有一八三件。[20]這些案例中，一半以上是關係到聘任、升遷或研究設備的使用權；並且多半發生在學術環境中。

這也許是贊助單位的保守作法無心插柳的結果。研究人員若是研究或教授超出傳統科目範圍以外的主題，那麼就比較不容易獲得經費、贊助或職位。這個問題在超心理學領域中更顯得格外複雜，因為它跨越（或夾在）各種不同的知識領域之間，包括神經生理學、物理學、電子學、心理學以及宗教哲學。在學術經費受到刪減之下，如此離經叛道是很難獲得認可的。因此，存在於現行知識邊緣的研究計畫便難以獲得經費。

將資料另作詮釋

將資料另作詮釋，或者說把資料化約掉，是科學家駁斥靈魂不滅研究的另一種方法。我們沒有必要把前幾章中所有談到過的批判策略都重新說一遍，不過為了幫助瞭解，在此將對其中一部分作個總結。最傳統的方式是認為我們提出的各種現象，只不過是在展現一個我們早已熟知的狀況；於是杜赫斯(K. Dewhurst)試圖將出竅經驗解釋為看見自己的幻覺，席格爾(R. Siegel)則試圖將臨終異象化約為幻覺。這些策略沒有顧到出竅經驗或臨終經驗中某些獨特而重要的特

[20] Allison, "Experimental Parapsychology," p. 279.

質，然而卻給予不具批判能力或無知的讀者一個印象：「這其中根本沒有什麼值得大驚小怪的事情」。當反對者企圖將靈魂不滅的某一種特定的詮釋，改頭換面成另一種在科學上易於反駁的詮釋時，情況就變得有點好笑了。例如，我們還記得瓦斯列夫(L. Vasiliev)嘗試在生死之間界定出一個新的生命型態，將之稱為「待生狀態」，以說明某些人在肉體功能停止後又復活的事實。接著也有人試圖將臨終經驗定義為容格原型的投射。而艾爾(A. J. Ayer)和傅祿(A. Flew)，則常常援用「超—超感知覺」的假設。這是雙重的諷刺。第一，如前所述，待生狀態、原型、甚或超感知覺本身，都還是非常不明確的假設。其功能，甚至於其存在與否，都要比我們所研究的對象還值得懷疑。第二，他們以為賦予一個權威性或具有科學感的名稱，在感覺上便足以將這些現象化約掉，並將其排拒在進一步的嚴肅思考外。資料本身的存在是無可否認的，然而他們所提出的「解釋」卻比其所解釋的對象更不確定、更為神祕。將新的證據吸納在傳統的規約下，多少讓人們不必再進一步鑽研，並且把這些問題一舉掃到檯面下。

另起爐灶

超自然現象的證據，在可敬的學術界邊緣獲得越來越多的支持，研究者隨之也愈來愈進取，開始避開現成的出版品和團體，組織起自己的新團體，使他們的新觀念得以傳播並獲得認同。

發表研究成果

當一個社團開始相信現行的科學典範有所不足的時候，應最先採取並且最重要的對策之一，就是將自己的非傳統觀點公諸於世。靈魂不滅的主題便是科學史上這股潮流的最佳範例。上一個世代裏，只有一位正統的科學家曾發表過關於轉世證據的素材；只有少數的先驅，如高魯夫與璩貝蘿絲曾經研究過臨終經驗。他們的作品慘遭傳統形式的扭曲，大大減弱其革命性的影響力。與其他在類似領域中的研究者比較起來，他們算是較不為人知的。[21]

然而，隨著穆迪的《論來生》在一九七六年出版，以及歐西斯的跨文化比較性作品《死亡時刻》在隨後的一年出版，大門乃隨之敞開。並不是科學界承認了他們的研究與結論是合理的，而是有志於相關領域並從事研究的先驅，總算鼓起了勇氣嘗試將自己的成果出版問世。單是在過去的十年間，至少有三十本討論臨終經驗的書籍出版。[22]在這些書籍出版後，隨之而來的便

---

[21] Raymond Moody, preface to *Life After Life* (Harrisburg, Pa.: Stackpole Books, 1976).

[22] 例如 Brent A. Barlow, ed., *Understanding Death* (Salt Lake City: Desert Books, 1989); Raymond Bayless, *Apparitions and Survival of Death* (New York: Carol Publishing, 1989); Arthur Berger and Joyce Berger, eds.,

是摘錄和作者專訪，刊登在諸如《時代雜誌》、《生活》、《新聞週刊》以及*McCall's*等大眾化雜誌上。

Perspectives on Death and Dying (Philadelphia: Charles Press,1989); David Childster, *Patterns of Transcendence: Religion, Death, and Dying* (Belmont, Calif.: Wadsworth, 1989); Philip Kapleau, *The Wheel of Life and Death: A Practical and Spiritual Guide to Death, Dying and Beyond* (Garden City, N.Y.: Doubleday, 1989); Robert and Beatrice Kastenbaum, *Encyclopedia of Death* (New York: Oxford University Press, 1989); David Lund, *Death and Consciousness: The Case for Life after Death* (New York: Ballantine Books, 1989); Melvin Morse and Paul Perry, *Closer to the Light: Learning from Children's Near-Death Experiences* (New York: Villard, 1990); Lois B. Murphy, ed., *There is More Beyond: Selected Papers of Gardner Murphy* (Jefferson, N.C.: McFarland, 1989); Mary Murphy, *New Images of the Last Things: Karl Rahner on Death and Life After Death* (Mahwah, N.J.: Paulist Press, 1989); Carol W. Parrish Harra, *The New Age Handbook on Death and Dying* (San Bernardino, Calif.: Borgo Press, 1989); Robert C. Smith, *You Can Remember Your Past Lives* (New York: Warner, 1989); Chet Snow and Helen Wambach, *Mass Dreams of the Future* (New York: McGraw-Hill, 1989); Joel Whitton and Joe Fisher, *Life Between Life: Scientific Explorations into the Void Separating One Incarnation from the Next* (New York: Warner, 1989); and Ian Wilson, *The After Death Experience* (New York: Morrow, 1989).

另外，可能更重要的，就是坊間出現了專為討論靈魂不滅問題而策劃的期刊。因此「心靈研究學會」(Society for Psychical Research)首先在這種鼓勵之下在倫敦、波士頓與加州成立了分支。最近，像是《死亡教育》、*Theta*、*Omega*、《臨終經驗研究》等有關生死的期刊，在死亡學的出版品裏受到極大的歡迎；並且每一種期刊都有極大的篇幅討論靈魂不滅的問題。

成立專業團體組織

許多新的出版品陸續出現後，對靈魂不滅證據有興趣的人，也在原有的機械唯物論體系之外組成了新的團體。這些組織包括了幾種類型，有些是類似「國際臨終研究協會」(International Association for Near-Death Studies , IANDS)，他們與某些大學系所有所聯絡，並獲得其支援。他們雖然也接受其他來源的捐款，但他們強調所進行的研究是科學性的。[23]另外還有像「Lumena」和「歐洲來生研究與資料中心」(European Research and Information Center About Life After Life, ERICLAL)，則是鼓勵曾有臨終經驗的人參與，為詮釋靈魂不滅的證據多少貢獻些力量。

也有靈魂不滅科學家加入現有的反典範組織，例如「超心理學基金會」(Parapsychology Foundation)。這個基金會通常在歐洲舉行年會，聚集了超心理學界的先驅與各相關領域的成員，

[23] 至於被斷絕學術資源網絡的危機，見 Allison, "Experimental Parapsychology," pp. 238ff.

包括物理學、統計學，到神經生理學和心靈致動。在最近幾年，研究臨終經驗與出竅經驗的科學家參與的興趣愈來愈高。

反典範社團的發展可以分為兩個階段。首先，參加的人只是客觀地研究尚未被典範充分研究的現象。後來，便有人鼓吹建立一個定義更為明確的新基礎以取代舊的典範。他們向傳統的科學界挑戰，「如果你們認為我們的工作毫無價值或不屑一顧，我們就與肯定我們的人結合起來。」於是，除了自己出書之外，這些反典範的科學家也可以出版會議論文與報告，並建立起自己的研究團體。只要假以時日，這些團體便會以「合理科學」的姿態出現。

開闢經費來源

成立刊物和舉辦會議，需要有實質的經費補助。其中部分是來自於熱心成員的荷包。然而，更為重要的來源則是來自於政府和私人基金會捐助的合法經費。這些經費不但使某些特定性質的研究得以實現，同時也賦予研究者值得尊敬的地位。柯霖斯與賓契觀察到超心理學界接受合法經費的趨勢：

> 超心理學家採取搖身一變成為科學家的策略。所以他們在大學覓一席之地，諸如在許多美國大

學以及德國弗萊堡(Freiburg)、荷蘭烏特萊(Utrecht)、印度安得拉(Andhra)和齋普爾(Jaipur)等地的大學擔任教職，在三所英國大學當博士研究生，以及在英國薩里(Surrey)、愛丁堡等大學當系主任，以及爭取政府的研究經費。㉔

此外維吉尼亞大學醫學院，也已指派了一位系主任專門進行靈魂不滅的相關調查研究。許多大學中的老師也投入部份的時間，研究並教授死亡的相關課題。討論靈魂不滅的論文在今天已能為人所接受，這在十年前還是無法想像的。㉕

在經費的來源上有一個問題，就是有些資助與學術幾乎扯不上關係：有些老太太希望藉由科學來證實自己的信仰，或是像亞歷桑納州的檢察官吉德(J. Kidd)遺贈了三十萬美元，只要有人能以照片證明人類靈魂不滅，就把錢給他！㉖至於那些一心想成為科學家的人，關心的則是「洗錢」，他們想讓人覺得這些經費看似出自聲譽卓著的機構。㉗於是，科學認同的社會性過程裏，

㉔ Collins and Pinch, "Construction," p. 253.

㉕ 艾力遜(P. Alison)一九七三年在威斯康辛大學的社會學博士論文應屬最早的一批。米斯侯(J. Misholve)一九七八年在柏克萊的博士論文發表後，促使學界正視各大學對此項研究授與學位之權利的問題。史帝文生在維吉尼亞大學醫學院主持的研究機構，則是由全錄公司創辦人卡爾森(C. Carlson)贊助成立的。

㉖ 參考 John Grant Fuller, *The Great Soul Trial* (New York: Macmillan, 1969).

要將桂冠授予一位新成員時，其經費和來源都在考核條件之列。

同化與接受

支持新典範的團體，在變得更為「科學」的過程中，慢慢地博得了傳統體制內組織與個人的接受。如前所述，即使調查人員的方法與思考，都夠客觀夠謹慎，其科學化的過程仍然是不完整的。最重要的關鍵，反而是要擺出現行科學的形式與門面、要在這個已獲認可的科學家的小圈子裏博取認同。圈內的科學家，可能會以幾種方式來接受圈外的成員與研究成果，包括：雖承認事實但不肯轉變典範、因個人信念而轉變典範，以及以新典範全面替換舊典範。讓我們對這些方式逐一加以檢查，尤其是要參考靈魂不滅研究成為科學之一支的發展歷程。然而，首先讓我們簡單地回顧一下典範的性質。

孔恩(T. Kuhn)學派的科學哲學家以典範這個名詞來描述以下這兩件事：⑴觀看和檢查世界的一種方式。包括了假設世界如何形成、假設我們有哪幾類問題需要回答。⑵證明某一世界觀優於另一世界觀的特定實驗。我們在此完全是使用這個名詞的第一個意義。因此，反典範這個

㉗ Collins and Pinch, "Construction," p. 255.

語詞所指的，便是對現行的傳統典範採取反對立場，而不是反對所有的典範。同樣地，典範的轉變並不是由錯的轉變為對的。不同典範之間的競爭，並不能用非黑即白的方式來描述。比較適宜的說法，是將典範的更替類比為宗教的轉換，或是換工作。這種看待世界的新方式，為「轉變後的」科學家重新界定字義、重新設定問題的方向。新的典範對於某些問題的答覆，或許會優於舊的典範；但是它也會留下一些舊典範自稱能夠瞭解、新典範卻無法解答的問題。

我們可以看到每一個傳統的典範，都是經由狹隘而反覆的科學教育過程所建立和加強的。而這些教育過程，不會鼓勵人們由歷史觀點重新評估敵對的典範。因此，對於某些科學家而言，他要踏出的第一步，便是要承認或許另有某一個重要的知識領域存在；並且這個領域中所需要的研究工具或方法，與現代科學所使用的截然不同。而更困難的一步，則是要讓科學家在中途改變自己的世界觀，轉而用另一種全新的方法來檢查這個世界。如前所述，有許多科學家終其一生堅拒這種典範的轉變。這些個人的反應，在整個科學界的反應上也可以看到。現在讓我們回到現有的科學界，看看靈魂不滅研究初試啼聲的成長過程中，究竟受到過哪些反應。

承認事實但不轉變典範

過去一個世代以來，超心理學家一直希望獲得科學界的承認，但始終未能成功。迪恩(D.

Dean) 記錄下過程中所產生的若干問題。第一步是在一九五七年組成專業的「超心理學協會」(Parapsychological Association)。在隨後的十年間，這個協會不斷地試圖獲得「美國科學協進會」(American Association for the Advancement of Science)的承認。最後由於米德(M. Mead)在該會的一次會議中發表了一篇鼎力支持的演說，才終於在一九六九年獲得承認。迪恩記下了這件事：

> 美國科學協進會達成的結論如下：超心理學協會是一個調查研究具爭議性或不存在之現象的組織；然而該會也接受批評者與不可知論者加入為會員；他們也樂於使用科學的調查方法。因此其調查堪稱科學。另有資料指出，美國科學協進會的會員中，同時加入超心理學協會的人數，並非如會議資料中所說的四人，而應該是九人。[28]

我們或許會注意到，在爭取「合理科學」之地位的過程中有些有趣的因素。米德的訴求在此所扮演的角色再重要不過。她個人的聲望與勸說，對於長久以來投票將超心理學協會拒於門外的會員，具有強烈的效果。她將超心理學協會的會員比擬為人類學家；人類學家也以科學家自許，但卻不會說自己也信仰他所研究的神話。這是支持超心理學協會的另一個重點。此外，我們可以注意到，米德訴諸自己身為美國科學協進會一員的忠誠，如果美國科學協進會會員中，

[28] Ibid., p. 254.

「不是四人，而是九人」已成為超心理學協會的會員，那麼這也可能表示原先所不受承認的地位已經獲得接納。由此可見，超心理學協會是非常努力地讓它的九名會員加入美國科學協進會。

但是進入美國科學協進會，當然不代表超心理學協會的研究成果獲得接受，只是承認超心理學家應用的也是科學方法。然而，進入了美國科學協進會，使得以後的靈魂不滅研究者要進入其他的專業組織和會議就容易多了。尤其是近來有關宗教、心理以及靈魂的全國性會議，經常致力於靈魂不滅的討論。然而，即使這些全國性組織承認了靈魂不滅研究中確有一些有趣的議題，但這也並不意謂著他們認同這些是重要的問題，也不表示他們接受靈魂不滅學者的答案，更不表示他們認為有必要修正自己的典範。

孔恩認為傳統科學家與挑戰的科學家之間，根本就溝通不良。他建議若是兩者如果要逐漸靠攏，首先需要用對方能理解的語言，將彼此陣營中的問題表達出來：

> 如果他們研究一下他們對內和對外討論的內容有何不同，就會發現有些語詞或語法在各團體內部討論的時候都不會發生問題，可是一旦用在團體與團體之間的討論上，就成了溝通的障礙。當然，即使有像這樣的技術可用，也不保證勸說的工作一定成功。翻譯對於大多數的人而言都是令人望而生畏的過程；對於正常的科學而言，更是全然陌生。[29]

在靈魂不滅研究和其他的領域裏，互通的語詞使用越來越廣泛；或者說，至少大家都在學習以不同的術語來看待世界，這些都是典範轉換的一部分。我們可以看到的例子包括穆迪所創的語詞，像是「生命回顧」(Life-review)與「光之人物」(figure of Light)，和歐西斯創的「心境高度」(Mood elevation)，以及縮寫的ＯＢＥ（out-of-body-experience，出竅經驗）和ＮＤＥ（near-death-experience，臨終經驗）。這些語詞如今被科學界廣泛運用，連不贊成以靈魂不滅來詮釋那些現象的學者也使用這些語詞。

至於個人態度逐漸轉變，我們可以用涂魯奇(M. Truzzi)的例子來說明。涂魯奇創辦了《考據雜誌》，以科學的方法批判超自然現象相關的研究成果。然而，他在對材料進行了若干年的研究後，本身的立場大為軟化。然後他把《考據雜誌》讓給了一個像他五年前一樣致力於揭發所有超自然現象的假相的強硬團體，他自己則創立了一家新的雜誌《考據學家》，對靈魂不滅以及超心理學的其他中心議題，進行「批判但客觀的檢視」。依涂魯奇的經驗之談所說，我們無法藉由說服懷疑論者，來達到改變科學的目的；這些懷疑論者心存成見，無法敞開胸懷對待這種轉變。所以我們唯有慢慢說服科學界中心胸開闊、較無偏見的成員。[30]

---

[29] Kuhn, *Structure*, pp. 202–3.

[30] Truzzi, "Skeptical," pp. 49, 89.

因個人信念而轉變典範

由於受過專業訓練的科學家，真正由舊典範轉而投向新典範的為數並不多，因此這些少數特例便格外引人注意。早期一個著名的例子是柯南道爾(Conan Doyle)和浦萊斯(H. Price)；他們因為不斷的研究與堅定的信念，終於讓自己的世界觀發生了重大轉折。柯南道爾在開始研究靈異現象之前，一直採取批判的態度，後來他愈來愈相信這是重要的現象，也愈來愈相信人類的靈魂不滅。他晚年小說寫得少了，取而代之的是所有時間幾乎都投注在這個主題上。而浦萊斯本來是位致力於揭發靈媒不遺餘力的科學家，對於靈魂不滅的整個觀念，即使沒有敵意，也是採取不可知的態度。但是有一次在召靈會裏「柯南道爾本人」出現在浦萊斯眼前；並且靈媒透露出在一九三〇年發生的R-101飛船墜毀悲劇中，一些無法經由正常管道獲知的訊息，於是浦萊斯自己終於相信了靈魂不滅。[31]

我們依發表時間逐年研讀考據布洛德(C. D. Broad)、莫菲(G. Murphy)以及甚至傅祿(A. Flew)等哲學學者的著作後，可以發現到他們反對靈魂不滅的立場漸漸有所軟化。他們當初為了批判靈魂不滅的研究，而對其鑽研數十年，後來卻無法那麼斬釘截鐵地宣稱「這是不可能發生的」。

㉛ 參考 John Grant Fuller 精采的描寫，*The Airmen Who Would Not Die* (New York: G. P Putnam's Sons, 1979).

用布洛德的話來說，如果最後發現靈魂真的不滅，他們的感覺可能是「失望大於驚訝」。

最引人注目的轉變應該就是前面提到的浦萊斯了。如前所述，他曾在一九五五年對超感知覺大加撻伐。可是與杜克大學的賴恩(J. Rhine)及其同僚經過十餘年的書信往還之後，浦萊斯最後終於相信了他們的品格，同時也相信確有某種力量存在，而且承認這種力量雖然明顯違反機械論的典範，但卻能合理地解釋靈魂不滅。[32]

以新典範全面替換舊典範

典範轉換的另一面所顯示的，則是許多科學家就是無法以新典範來重新看待他們的世界。在孔恩關於科學革命的著作裏，俯拾皆是當時著名科學家至死堅決抗拒某些理論的故事，然而這些理論卻日益為人所接受，最後也終於完全取代了那些科學家的理論。普林斯(W. Prince)在他的《障蔽》一書中，也列出了一串偉大的科學家，敘述他們即使面對強而有力的證據，也不肯對靈魂不滅的問題改變立場。

科學所面對的立場如此的強硬，又怎麼有希望有所改變呢？物理學家普朗克(Max Planck)在他的自傳中總結道：「波茲曼(Boltzmann)對奧斯華(Ostwald)的勝利也給我上了一課，就我來看，

32 參考 Kuhn, *Structure*.

這是非常重要的一課：新的科學真理之所以獲得勝利，並不是由於它使反對者開了眼或心悅誠服；而是由於反對者終將凋零，而熟悉新真理的新一代則茁壯成長。」[33]

這個聲明，是出自於一位親自與二十世紀物理學和哲學巨擘們相識的科學家；他嚴峻地駁斥了科學家著稱的「客觀性」。普朗克證實了一個理論之所以被排斥，是心理上和教育上的因素，大過理論上或科學上的因素。

更進一步的例子是許多一九五〇年代和一九六〇年代的邏輯實證論者和史基納(Skinner)行為學派心理學的學者；他們沒有新的典範，也不同意新一波的心理學。然而，如今他們正被新一代的科學家所取代。新一代的科學家自己以冥想和會改變心理的藥物進行實驗；他們已經不再接受十九世紀的機械論哲學，因此也比較能對靈魂不滅的研究採取開放的立場。[34]在下一個世紀，我們或許能目睹這個領域能有更開放的空間，也願見到「合理的」年輕科學家有興趣研究其他允許靈魂不滅或轉世假設的典範。

輿論與科學之轉變

---

[33] Max Planck, *A Spiritual Autobiography* (New York: Philosophical Library, 1949), pp. 33–34.

[34] Tart, “Emergent Interactionism,” p. 182.

科學發生轉變的另一項因素，則是輿論在科學調查，以及在界定所謂「合理科學」這兩件事情上所造成的影響。當然，這項因素在自由國家裏比在極權國家裡重要。我們已經說過，科學界為了毀損靈魂不滅研究者的信譽，還指控其為神祕主義，或是「玩弄平庸的大眾」。但是在西方，愈來愈多的科學家開始承認，大眾的興趣是決定科學合理性的重要因素。

例如，費若本公開反對傳統科學家的專制。他認為大眾對幽浮、占星術和靈魂不滅的興趣，說不定是對真理的靈明一瞥，並且重申科學研究的內容最後應取決於公眾。[35]據費若本表示，他這麼說，部分是因為科學研究有許多經費是來自納稅人的荷包。更重要的是，即使是凡夫俗子，也可以看穿「在萬能科學眩目的把戲後面，隱藏的是千古不變的無知。」[36]

科學問題是否因此就該交給外行人來決定？這個問題見仁見智。一個國家對於科學的態度，不論是冷漠或是崇敬，對其所獲得的支持都有深遠的影響。[37]大眾對臨終經驗和出竅經驗所知愈來愈多，相關的文章也發表得愈來愈多；無論研究靈魂不滅的學者最終的成果和結論是什麼，這對於這種研究是否能納入合理的研究領域來說，具有相當大的影響。[38]

---

[35] Paul Feyerabend, *Science in a Free Society* (London: NLB, 1978), pp. 60–90 passim.

[36] Paul Feyerabend, quoted in "News and Comment," *Science* 206 (2 Nov. 1979): 537.

[37] Kneller, *Science as a Human Endeavor*, pp. 226–32.

我們在第四章裏看到了那些懷疑某些現象是否可以重複發生、看到了要求一定要具備理論架構以及否定一現象發生的可能性等反對意見。這些意見的根基都不穩固，根本不足以抹滅靈魂不滅研究的價值。我們也討論過心理學、教育、宗教以及社會對靈魂不滅研究的抗拒。這些各式各樣的反對意見，並不能真正駁斥或修正靈魂不滅學者的結論。然而，它卻能幫助我們瞭解那些未曾仔細研究該議題和證據的人，究竟是基於什麼原因要反對。我們將靈魂不滅研究的發展分為四個不同的階段，可以看出它如何從被拒斥、被打壓，到它另起爐灶獨立成長，最後終於獲得傳統科學的承認與接受。

原則上，靈魂不滅的研究，和其他任何以經驗為基礎的實證研究一樣地科學。由本章的敘述，我們可以瞭解到某些權威拒斥靈魂不滅研究的心理上的動機，以及他們採取的社會性手段。我們看到了超心理學以及靈魂不滅研究逐步贏得學術地位的經過，我們也看到相關研究可能會因為與神祕主義或宗教牽連過深而走上歧路的危機；如果研究的方向會因此而受到扭曲，那麼研究者的客觀性也可能因而受到質疑。

在下面的最後一章裏，我們將為前面所討論過的研究提出大膽的結論。當然這些結論，還

㊳ 參考 Sandra Mertman, "Communicating with the Dead," in Robert Kastenbaum, ed., *Between Life and Death* (New York: Springer, 1979), esp. pp. 124–32.

有待日後陸續出現的資料來加以支持或駁斥。然而，我們在先前的章節所提出的推論，應該能夠使我們以理智和超然的態度，來檢視未來任何的資料與反對意見。

§第六章§

彼岸的世界

我們在本書中所看到的這些實證經驗研究，顯示出有關死亡經驗的種類是極為廣泛的。即使是受過教育的文明現代人，於有生之年在個性、意識與經驗的性質上也有極大的出入。因此，當我們聽到人們說起各種不同的臨終經驗、出竅經驗，或者見到了不同的顯像時，實在不必太過驚訝。

種類廣泛的死亡經驗

大體而言，人們的背景和肉體型態如此之不同，但卻能經驗如此相似的臨終經驗，確實令人驚訝。這些經驗當中，有些可能導源於瀕死腦部中的化學變化，與未來之存在的性質並無關係；有些經驗則雖可能與生理因素有關，卻不一定必然導源於生理因素。而還有一類經驗，則完全不關乎生理因素，顯示其完全是屬於另一層次的經驗。

「彼岸的世界是什麼樣？」這個問題實在太廣泛，我們無法一口氣回答出來。而「死亡的感覺是什麼樣？」或「我的意識在肉體死後是否不滅？」這類問題又太過特定而個人化，所以又無法得到確切的答案。因此，我們一開始要問的問題，應該是：有些人在肉體死亡後可能會得到一些經驗，那麼這些經驗的種類有哪些呢？

穆迪和淩恩等學者曾提到這些經驗的種類，他們列舉出死者所經歷的一些「階段」。❶我們曾強調過，這些階段並不是每個人都會經過的一套標準程序。然而由於每一種階段都曾經有人敘述過，因此其他的人也十分可能會在未來遇上這些階段。

有許多人在死亡時會經驗到一種嘶嘶的聲音，或是發現自己正通過一道黑色的漩渦、隧道或空洞。有些人可能會看到彩色的網、光線和幾何圖案。有些人會有垂直升降的出竅經驗，從外在看到自己的身體。還有人可能會產生導源於化學因素及其他原因的幻覺。而有些人則會看到已故的至親好友、宗教人物或天堂的景象。在這些事件中，有些是與神經生理的因素多少有關；但是有些事情，除了用靈魂不滅的假設來解釋以外，別無他途。

---

❶ Kenneth Ring, *Life at Death* (New York: Coward, McCann & Geoghegan, 1980), pp. 23–33.

不論死得是安詳或是痛苦，大多數的人在死後都沒有神奇的經驗或獲得拯救的相關報告。❷單就證據來看，好像只有少數的臨終者曾有過出竅經驗或臨終經驗，而宣稱擁有真實的「前世記憶」的人數則更少。因此，我們不可遽下結論，認為所有的人死後都會靈魂不滅或重生。比較可能的說法應該是：如果人確實能夠靈魂不滅的話，不同的人也會有不同的經驗。❸

許多討論靈魂不滅的書都有一個相同的論調，就是人的期望可以決定其意識經驗是否能延續下去，也可以決定以何種方式延續下去。這是超心理學家浦萊斯 (H. Price) 與神學家希克 (J. Hick)首先提出的理論。❹後來許多的神祕學家、宗教作家及研究靈魂不滅的學者也相繼提出此說。

> 來世應該是人在世時之理想與慾望的一種反射；人把前生的欲求或理想加以戲劇化。簡言之，印地安人死後真的會發現他們到了「快樂狩獵場」，其他的古老民族也會進入其教義與信仰中

---

❷ Robert Kastenbaum, *Between Life and Death* (New York: Springer, 1979), esp. pp. 16, 20, 22. 他認為「死亡是件樂事或只是解脫痛苦」之說亟需修正。

❸ Ibid., p. 180.

❹ John Hick, *Death and Eternal Life* (New York: Harper & Row, 1976), pp. 414–16.

描繪的樂園。「金色大門」的概念，除了規模較大以外，其實與「快樂狩獵場」殊無二致。因為它純粹是物質性的，對於一個在物質享受上追求金碧輝煌的民族而言，這反映出了他們的最高理想。[5]

這種論證也可針對不相信靈魂不滅的人：「維京人的英靈殿(Valhalla)，與印地安人的快樂狩獵場，對於許多靈魂來說也是真實的。而相信唯物論的人死了以後，也會正如其所預期地體驗到完全的空虛。唯一不同的是，他會發現自己依然以靈魂的形式活著，並且還有意識。」[6]這理論的確非常「精巧」，而且還帶點維持廣泛正義的諷刺意味在內：如果唯物論者主張死亡後一切都是空無、無意義，那麼他便會心想事成。這樣的論證還不算明顯的謬誤，它也許在重新整理後能夠符合實證的研究，但目前它還未臻成熟；因為我們曾看過一些案例，其中相信唯物論的人與無神論者，死亡的時候也會有「神聖的」、心靈敞開的經驗。反而有些虔誠的教徒卻在痛苦中死去，沒有陳述任何死後的經驗，或在暫時宣告死亡的期間裏，只經驗到無意識的

[5] Yogi Ramacharaka, *The Life Beyond Death* (Chicago: Yogi Publication Society, 1940), p. 80.

[6] Nils O. Jacobson, *Life Without Death?* trans. Sheila La Farge (New York: Delacorte Press, 1974), p. 266.

狀態。❼

就某種微妙的層次來看，我們在死亡時或許會真的「經驗到自己所相信的事情」。然而，光是相信某種死後的生命，顯然尚不足讓那種經驗在死亡的時刻立即發生。不過，若是真有任何死後的生命經驗，我們可以合理的預期，臨終者的心理狀態對以後的意識經驗有重大影響。

我們曾經看過有人在死亡時會經驗到很多事情，也有許多人根本什麼都經驗不到。現在讓我們再進一步思考死後狀態的性質。其可能的範圍種類，可以從「以太」(ether)之體到唯心的彼岸世界，或超越的非屬人狀態（涅槃）❽。然而，在一般人的宗教心靈裏，最為人所預期的則是轉世。所謂轉世，或許是以肉體降生於塵世，或許是以超越肉體的形式來到神聖的或「復活」的境域。現在就讓我們再思考一下這些概念的狀態，與以上所列舉的證據間的關係。

轉世

❼ 參考 Maurice Rawlings, *Beyond Death's Door* (Nashville, Tenn.: Thomas Nelson, 1978)，他表示甚至虔誠的基督徒有時也經歷過「地獄般」的體驗。

❽ 此論點之延伸擴充，見 Michael Grosso, "Possible Nature of Post-Mortem States," *JASPR* 74, no. 4 (1980): 422.

儘管某些西方人可能不容易接受轉世之說，但它卻是最能解釋為什麼有人會有可證實的前世記憶。某些兒童所表現的記憶只可能屬於某位逝者，而他們又堅持自己就是那些前人；他們展現出的語言、運動、技藝與才能，是他們在今生未曾學習過，而卻又是已逝者所擁有的；他們身上的印記與已逝者身上的印記一致；除了轉世外，沒有任何其他的假設可以解釋這些資料，也沒有其他的說法能正視這些兒童說法的價值。他們從前是另一個人，在凡塵過著前世的生活；而如今他們則成為現在的這個人。附身或是催眠回溯的案例，在仔細控制的條件下，也可提供類似的證據。綜合這些證據，我們所能接受最合理的說法，便是至少有一些人在其前世的肉體死亡後，能夠投胎到新的身體中。神學家希克作出了以下的結論：

> 有些轉世教義的形式，可能與實際所發生的狀況相差無幾。就如印度的吠檀多教義的主張，永恆的「靈魂」或「更高的自我」是在一長串轉世系列中的最終層級，這也許是真的。或如同佛教所主張的，世世代代的輪迴是由業力所造成，其中之一便是現在的我，這或許也是真的。❾

希克不相信人類是經由一連串先於人類的轉世所演化而來的，他認為人是由上帝從無中生有所創造出來的。❿這兩種說法都有可能，但是其中以演化論較為符合科學的宇宙論。

❾ Hick, *Death and Eternal Life*, p. 392.

相信復活的基督徒，會發現他們對這點的立場也是相同；因為復活就如同轉世一樣，並非在死亡的當下發生，而是發生在若干時間以後，這過程需要一個扮演承載角色的個人同一性。光靠意識是不夠的，因為若是意識停止，那麼它就永遠消失無蹤了。如果有來生的話，那麼在前世與今生之間便有一道鴻溝，一段過渡期。

如果個人同一性的說法成立，那麼在轉世的過渡期間裏就必須有意識的流轉，而且在存有學上也必須有個承載意識之流轉的底基存在。而意識之總匯，可能是人類肉眼所看不到的一種載具或藍圖。⓫但它必須存在，因為如果意識不存在，那麼我們便會陷入一種吊詭，也就是我們只有超自然的記憶與複製的身體，而沒有真正的前世記憶存在。其實，如果意識能夠暫時以非物質性狀態存在於某種唯心的境域，或存在於某種精微的形體中，那麼我們如果要說復活轉世或任何形式的生命不滅的現象確屬事實，就必須要承認這種精微的形體或唯心的境域存在。

顯像的世界

在我們對出竅與顯像的研究裏，發現顯像之發生，通常是其主體經由意識的投射或夢境所

⓾ Ibid., p. 457.

⓫ J. M. O. Wheatley, "Reincarnation, Astral Bodies, and Psi Components," *JASPR* 72, no. 2 (1979): 111, 118.

製造出來的。在可證實的出竅案例中，我們曾看過有人能感覺到超越他肉體所在及視野所及的遠處物質世界，而在該處所設置的儀器或動物有時也會偵測到某些事物「出現」。如果這樣有意產生的可偵測的顯像，與亡靈顯像並無重大的差別，那麼我們應該也可以說亡靈顯像產生的過程也是相同，尤其是這些顯像所提供的資訊與動機除了死者外無人知曉。於是我們可以斷言，死者在某種意義下，會經由意識的投射或夢境而到達一個地方，在那兒他的顯像可以被覺察到。

由於這種理論類似於傳統的鬼魅或靈魂之說，因此可能立刻會被性急的批評者嗤之以鼻。事實上，用這種分身的說法來解釋死亡後的個人同一性與人格，是最簡單的方式。這套理論主張人擁有兩種「身體」；一種是物質性的肉體，另一種是看不見的「以太之體」或魂魄。死亡時，「以太之體」或魂魄會離開肉體，就如同它在出竅期間會暫時離開肉體一樣。有時隨侍在臨終榻旁的人，會覺察它離開了肉體。而在一些案例當中，我們看到它也會出現在其他地點的至親好友面前，好像在向他們通知噩耗，或是對他們有所忠告。

這個靈魂的問題乃是詢問人死後的命運，而不會否定其假設本身。[12]這種無形身體的理論也不一定與現代科學相違背。無形身體的演化過程，與我們肉體由低等動物演化的過程可以並行不悖。[13]它也許正是我們在印度文獻常見的林伽—沙里業，或佛教阿賴耶識之類的存有，亦

[12] J. B. Rhine, "Research on Spirit Survival Reexamined," *JPP* 20, no. 2 (June 1956): 127.

即意識的精微之體。⓮

這種通常看不見的身體所構成的理論，或許與現代非牛頓物理學能夠完全相容。因為「即使是最極端的唯物論也必須承認，人格與意識的安宅之處，或許根本不是肉體性的腦，而是一種在死後不會消散的幽冥之腦。」⓯有些唯物論者或許希望能反駁這個主張，然而就如同上文所說，他們的反駁乃是基於錯誤的假設，就是他們假設現代科學已能辨識和理解宇宙中的萬事萬物。但事實上，現代科學只是系統發展史悠遠長流中的一個系統而已，它還需要繼續的修正。「我們不能只因為某種效應與物理學的某一系統不相容，便說它是非物理性的。」⓰

飄渺之體不牴觸唯物論

⓭ J. B. Rhine, "The Science of Nonphysical Nature," in Jan Ludwig, ed., *Philosophy and Parapsychology* (Buffalo, N.Y.: Prometheus, 1978), p. 125.

⓮ Hick, *Death and Eternal Life*, p. 344.

⓯ R. Binkley, "Philosophy and the Survival Hypothesis," *JASPR* 60, no. 1 (1966): 28.

⓰ John Beloff, "Parapsychology and its Neighbors," in Hoyt L. Edge and J. M. O. Wheatley, *Philosophical Dimensions of Parapsychology* (Springfield, Ill.: Charles C. Thomas, 1976), p. 383.

無形的身體至少在三方面與現代唯物論相容：無形的身體或許是某種尚未研究出來的粒子或類似波動的能量實體；它也可能類似一種力場；或它可能存在於另一度空間中，偶爾侵入我們的空間或與我們的空間產生互動。

質子波理論

分身也許是一種目前尚未充分研究的例子或類似波的東西所構成的。這套理論是由麥爾斯(F. Myers)於八十年前首創。他提出一個超以太的宇宙「存在於以太之後或超越其上；是靈魂存在的精神世界。」[17]這套理論經由墨菲(G. Murphy)發展成為他所謂的「Myers-Newbold理論」，他認為這套系統是介於傳統哲學中的史賓諾沙一元論與笛卡兒二元論之間的中間點。[18]而未經研究的以太定律，其存在與否則可由靈魂現象而多少窺見端倪，泰瑞爾(G. Tyrrell)等學者也支持此說。[19]

其他學者則為這種波或粒子提出各種不同的名稱，也許它們可以說明靈魂現象，並且合理

---

[17] F. W. H. Myers, *Personality and Its Survival of Bodily Death* (London: Longman's, Green, 1903), pp. xix-xxi.

[18] Gardner Murphy, "Are There Any Solid Facts in Psychical Research?" in Edge and Wheatley, *Philosophical Dimensions*, pp. 391–92.

[19] Ibid., p. 402.

解釋死後不滅的無形意識。多布斯(A. Dobbs)稱這種粒子為「魂子」(psi-trons)，他為其賦予一個想像的質量，而其位階則屬於一種尚未發現、想像中的次原子粒子。[20]凱靈敦(W. Carington)則創造出「心子」(psychons)這個詞，來指涉這種主要與意識互動，同時可能死後不滅的粒子；[21]布洛德(C. Broad)採用類似的名稱「心因子」(psi factor)。[22]羅耳(W. Roll)則較強調此物的不滅層面，而非靈魂的層面，他稱之為「西塔元」(theta agents)[23]，而索烈斯(R. Thouless)與其他人則是以希伯來字母中的Shin來稱呼它。[24]

---

[20] Adrian Dobbs, "Time and Extrasensory Perception," in *PSPR* 54 (1965): 249ff.; 亦可參考 Adrian Dobbs, "Feasibility of a Physical Theory of Psi," in J. R. Smythies, ed., *Brain and Mind*, pp. 241–53.

[21] Whately Carington, *Thought Transference* (New York: Creative Age, 1946).

[22] Charlie Dunbar Broad, *Lectures on Psychical Research* (New York: Humanities Press, 1962), p. 416.

[23] William G. Roll, "A Critical Examination of the Survival Hypothesis," in Angoff and Shapin, *A Century of Psychical Research: The Continuing Doubts and Affirmations* (New York: Parapsychology Foundation, 1971), p. 125.

[24] R. H. Thouless and B. P. Weiner, "The Psi Processes in Normal and Paranormal Psychology," *PSPR* 48, no. 174 (Dec. 1947).

在此有三點值得注意：⑴有一種我們尚未充分研究的東西存在，它可能是某種物質、或某種粒子、或是某種波，⑵它雖尚未經科學研究，但並不因此降低其存在的可能性，⑶它有助於解釋靈魂現象以及臨終顯像，並合理說明靈魂不滅。這種以太般的東西，可以類比為色彩或輻射線之類的波長；這些波長是我們一直到本世紀初才發現的。我們越了解宇宙是由連續的波所組成、而非一顆顆像撞球的實體所組成，那麼就越顯得在這能量的連續列中，確實有一部分尚未經過科學的研究。這種精微之體的觀念，不僅能合理說明靈魂不滅，同時也恰恰符合了亞洲人的世界觀；亞洲人認為在我們通常以肉眼所見的世界之外，還有其他類型的事物存在。[25]

力場

除此之外，不滅的「身體」也可能被類比為力場；它是一種肉眼看不見的構成元件，它在我們活著的時候促成肉體與意識的互動，在死後則構成某種身體意識。藍道 (J. Randall) 是這種觀點的主要支持者之一，他認為「心因子」就好像是被物質場加以選擇性限制的磁場。[26] 賴恩也傾向由能量的角度思考這個問題，而不用物質的觀點：「要使心靈的現象成立，首先一定要有某種能量存在，這種能量與物理界已熟知的其他能量狀態，可以相互作用、相互轉換。心靈

[25] 參考 Stevenson, “Carington’s Psychon Theory,” *JASPR* 67, no. 2 (1973): 138.

[26] J. L. Randall, “Psi Phenomena and Biological Theory,” *JSPR* 46 (1971): 151–65.

能量(psi energy)無法由感覺器官所覺察，同時也不是在任何我們已知的時空、質量的架構下運作。不過它確實是依某種法則運作著。」[27]

然而，還有另一種更新的力場理論，就是所謂的「整體」理論(holon, holographic theory)。它是由普柏瀾(K. Pribram)所首創，用來解釋腦部的記憶系統，並且在幾乎未經審慎評斷的情況下，就被用來解釋顯像和靈魂不滅等種種現象。[28]簡言之，「整體造相」(hologram)的影像形成乃是當同相雷射光照射過軟片時，經由類似光源所造成的干擾圖案，便會被折射並記錄在軟片之上。整體造相與腦部只有一個地方相似，就是當它們部分被破壞時，存放在裏面的影像有時會完整保留，而不受局部損害的影響。[29]

除了這個奇特的相似點外，普柏瀾並未指出人腦與整體造相到底在何種意義下相似，因為在腦中既沒有軟片，也沒有雷射光掃描。然而，弗谷松(Ferguson)與凌恩則認為，這種關於人腦的理論，多少帶領我們進入了一個全新的、「具有意義的、根本的、超越時空的實在界。」[30]

---

[27] J. B. Rhine, "The Science of Nonphysical Nature," p. 125.

[28] Ring, *Life at Death*, pp. 234–37.

[29] Karl Pribram, "Holographic Memory," interviewed by Daniel Goleman, *Psychology Today*, February 1979, p. 84.

我們不清楚腦部是如何與這個實在界相關，也無法合理地把這種領域稱作「整體實在」。[31]如果這套理論能發展成為一套可行的系統，那麼它將會比較接近力場理論，和波動或粒子的理論比較不像。不過它與我們的物質世界在感官上仍然有所連結。[32]

力場理論，比起直接用波動或粒子來解釋靈魂，問題好像還更多。直到現在，我們仍無法真正理解磁場、引力或次原子等力場的運作方式。我們只知道這些層面有某種規律，而我們將此種規律作用的領域命名為「場」。目前暫且採用「場」的理論，只不過是以一個未知的領域作參考，用它來「解釋」另一個未知領域；用這種類比的方法，只是讓我們感覺比較好而已。

當然，物質與力場到最後可能在某種意義下可以相互轉換。如果是這樣的話，那麼這兩種理論都可能是正確的。但在目前，把波動與粒子的模式，和力場的模式加以區分是有作用的。大多數相信靈魂不滅的人，都採納波動與粒子的模式。但我們必須謹記在心，那不是唯一可能的理論，力場理論同樣也能在不違反科學原則的情況下，合理地說明靈魂不滅。

第四度空間

[30] Ring, *Life at Death*, p. 236.

[31] Ibid., p. 237.

[32] Pribram, "Holographic Memory," p. 84.

將現有的物理學理論略事修正後，就可以有另一種方法來解釋無形的身體在肉體死後依然不滅，那就是承認第四度空間之存在。對於把時間視為第四度空間的人而言，這種理論也可稱為第五度空間理論。但時間顯然與前三度的物質空間不屬同一類空間，我們也不清楚其他的空間是否具有時間。所以，我們所謂的第四度空間，乃是指一個在我們生活中的三度空間外，所存在的另一個物質性領域或向度（非指時間）。

在本世紀初，物理學家馬赫(E. Mach)認為第四度空間乃是一個純粹的數學概念，若是在此岸世界中，有若干感官對象會突然出現或消失，那麼就能用這套理論來解釋。[33]奧本斯基(P. Ouspensky)循此思路提出一些頗為大膽的臆測後[34]，哈特(H. Hart)首先在一九五三年將空間理論應用於靈魂現象。[35]但哈特卻無法區別純粹的數學架構與其他空間的比擬性概念，這兩者間是無法全然等同的。[36]後來，彭生(H. Benson)發展出的第四度空間理論，能同時解釋靈魂現象與兩極管(tunnel diodes)的物理系統。[37]現在有越來越多的物理學家傾向於接受另一度空間、或所

---

[33] 見 Jacobson, *Life Without Death?* p. 226.

[34] 參考 Peter D. Ouspensky, *A New Model of the Universe* (New York: Alfred A. Knopf, 1943).

[35] Hornell Hart, "The Psychic Fifth Dimension," *JASPR* 47 (1953): 3–11.

[36] C. J. Ducasse, "Letter to Hornell Hart," *JASPR* 47 (1953): 52ff.

謂「超空間」的可能性，這個空間和我們所生活的空間系統類似，但它卻無法進入我們的空間，要不然就是在我們看不見的情況下進入我們的空間。㊳

這樣的理論也會導引出一種說法，就是短暫死亡的人所看到的另一個境域，可能是位於另一度空間中，我們唯有通過連接此兩種空間的隧道，才能進入另一度空間。另一度空間的時間頻率，可能與我們的不同，因此才使得那裡的東西能自由進出我們的三度空間。由另一度空間可以覺察到我們的空間，就好像我們可以覺察到「平地」一樣，只不過可能在物質上少了些什麼。㊴如果有另一個空間存在，那麼那裏就有可能存在著數目不詳的「平面」，每一個平面都與我們所生活的平面相垂直，每一個平面都為其居民提供存在的領域，而不一定會與其他領域的地理相衝突。用哈特粗糙的比喻來說，這情況就像是在同一個房間裏睡著幾個人，但其中一個

㊲ Herbert Benson, "Physical Aspects of Psi," in Alan Angoff and Betty Shapin, eds., *A Century of Psychical Research: The Continuing Doubts and Affirmations* (New York: Parapsychology Foundation, 1971), pp. 147, 152.

㊳ Cyril Burt, "Psychology and Parapsychology," in J. R. Smythies, ed., *Science and ESP* (London: Routledge and Kegan Paul, 1967), pp. 106, 120.

㊴ 穿越隧道進入其他向度之說係凌恩所提出，見 Ken Ring, *Life at Death*, p. 234.

人所作的夢卻不一定會取消或牴觸別人的夢。[40]

如果能夠把空間理論善加規劃，它可以有豐富的意義，並且非常能夠解釋現象。然而至今我們對其他空間的樣貌或進入的方式所知仍極為有限。對於數學空間實際上是否與靈魂的第四度空間相似，我們也不甚了解。除非物理學、電子學及其他科學發現了進一步的證據，否則我們只有就此罷手。同時，我們仍可以承認第四度空間可能存在。或許我們可能沒有意識到，其實我們現在正居住其中，或是在適當條件下，於死後移居入內。不論如何，以上所述的世界觀，乃是推展物理學家的世界觀，而非破壞。

如果真有其他形式的物質、波、能量、場或者空間存在，為什麼我們卻如此渾然不覺？問這個問題，是逞口舌之能以排除其他存有者之存在的可能性。然而更為嚴謹的檢查，可以使我們能更深入了解自己看待人類及宇宙的方式。

光憑感官，人類是無法徹底了解宇宙的。我們不僅看不到紫外線、紅外線，聽不到呼喚狗的哨笛聲波或蝙蝠的音波，而且一直到二十世紀才剛開始拓展對電磁波的認識。我們運用自己的智慧與直覺，才逐漸了解宇宙的一小部分。但談到探測可能存在的波與空間，我們充其量只不過是最原始的原生物罷了。

---

[40] Hart, "Psychic Fifth Dimension," pp. 6–7.

許多哲學家相信，我們的頭腦原本所能接收到的資訊，可能遠比實際上接收到的多；但是我們感官對接收其他現象的魯鈍，也有其實用的價值。康德認為我們的身體不是產生思想的源頭，而是限制思想的條件。㊶威廉・詹姆士在《人類的不朽》一書中發展出一個觀念，認為頭腦是對實在界加以限制與過濾的器官。㊷蒙克利夫(M. Moncrieff)在一段討論進化論的文字裏，依柏格森(H. Bergson)之說談到感官的限制：「感官的功能，是在限制或疏導每一個有知覺的生物所都具有的特異覺察功能，它所用的方法是將與生物性無關的事物一律排除。」㊸

也許，這就是我們為什麼通常看不到原始民族或精神分裂病患看到的精微物質形式，也無法感覺到可能圍繞著我們的無數靈魂脈動；因為我們在這個物質世界中有效的感官功能，對它們一點用也沒有。

四十年前，萊洱(G. Ryle)主張心靈只不過是一套類似電腦的動作與意向。他將心靈的概念稱之為「分類錯誤」，並試圖要從日常語言中，將控制我們頭腦的「機械裏的鬼魂」這種概念

㊶ Immanuel Kant, *Kritik der Reinen Vernunft*, 2d. ed. (Leipzig: F. Meiner 1906), p. 809.

㊷ "Human Immortality," in Murphy and Ballou, eds., *William James on Psychical Research* (New York: Viking Press, 1960), p. 292. (Originally written in 1898.)

㊸ Malcolm M. Moncrieft, *The Clairvoyant Theory of Perception* (London: Faber & Faber, 1951), p. 7.

驅逐出去。[44]才過了幾年，艾科斯(J. Eccles)便在其腦部生理學的研究中作出了回應，他認為頭腦「可能正是被鬼魂操縱的東西」[45]。塔特則更大膽地提出，我們的頭腦和制定決策的功能，並非由感官及化學因素所控制，而是由靈魂與心靈感應的力量所控制，特別是以心靈致動方式遙控腦部運作的非物質性心靈。[46]雷襄(L. LeShan)主張頭腦是介於實在界各層次間的傳送器(如介於物質界、夢的實在界、特異覺察的實在界)，他認為力場的理論則使我們能夠理解頭腦、心身互動以及靈魂不滅。[47]尤其經由調查出竅經驗與顯像所得的證據，更促使我們認為精微之體是可能存在的，而且它在不滅現象中有其作用。哈里生(J. Harrison)認為：

---

[44] Gilbert Ryle, *The Concept of Mind* (New York: Barnes & Noble, 1949).

[45] Charles C. Tart, "States of Consciousness and the State-Specific Sciences," *Science* 176 (12 June 1972): 1203–10.

[46] Sir John Eccles, *The Neurophysiological Basis of Mind* (London: Oxford University Press, 1953), pp. 278ff.

[47] Lawrence LeShan, *Towards a General Theory of the Paranormal*, Parapsychological Monographs no. 9 (New York:xx Parapsychology Foundation, 1969), and "Human Survival of Biological Death," *Main Currents of Mod-ern Thought* 26, no. 2 (Nov. 1969): 36–57.

顯像體有個好處，它不會被所有人都看見。這說明了為什麼我們看不到在天堂或地獄中的人。因為靈魂所佔據的空間並不會排拒物質性的東西，因此它們並不難找到棲身之處。這表示可能有一個顯像體的群體存在，它們以顯像語或顯像手語相互溝通。顯像體與真正的身體之間的差別，在於程度上的不同。[48]

不過我們不能把這種主張當作權威，因而認定這種顯像領域確實存在。我們提出這主張的目的，是要顯示有某些科學家頗能接受這樣的觀念。在上文中，我們已提供了若干證據，而且連現代物理學也無法駁斥。在印度教與大乘佛教中，對這些領域的存在也有類似的主張。不論顯像不滅的世界只有一個或是有許多個，其中都可能有類似身體的構造、影像、記憶與連續性。因此，這個假設對靈魂不滅的問題，可以提出連實證主義者也不會反對的解釋。

魂魄不足以解釋靈魂不滅

在此提出兩項謹慎的觀察。第一，光憑精微的物質或力場的存在，無法簡化心身的問題。

---

[48] Jonathan Harrison, "Religion and Psychical Research," in Shivesh C. Thakur, ed., *Philosophy and Psychical Research* (London: George Allen and Unwin, 1976), p. 111.

即使確實有魂魄存在，它也不等同於意識。兩者之間的互動仍然難以說明。如同布洛德所言：

> 有許多已獲得相當證實的事情，為機械理論中的鬼魂(此鬼魂一詞須慎用)提供了明確的經驗證據，諸如魂魄的移動、出竅經驗、鬼魂出沒作祟、分身兩地、化身附體等等……。因此，我們應該思考活人所具備的兩種關係：心靈與魂魄之間的關係，以及魂魄與肉體之間的關係。[49]

因此，雖然魂魄對於靈魂不滅的問題有重要貢獻，但是它卻完全無法解決傳統的心身問題。我們不可忘了這個小小的疑點。

第二，魂魄的存在仍無法充分描述靈魂不滅的現象。如盧易斯(H. Lewis)所述，確定自己的魂魄會繼續生存，就好像確定自己的骨頭不會腐爛一樣，令人稍感寬慰。如果魂魄本身不等同於意識，而只是意識的承載者，那麼它就無法確保我們要證明的那一種靈魂不滅能夠成立。魂魄也可能像行屍走肉一樣，在意識消散之後仍然持續存在一段時間。

對我們而言，重要的是魂魄中的意識層面，而不是魂魄本身。但我們對意識與魂魄之間的關聯，所知仍然有限。雖然人類會利用肉體與魂魄來區分彼此，同時也因這兩種「體」而方便彼此互動，但我們若說人就是魂魄，那就和說人就等於肉體一樣的錯誤。[50]

---

[49] Charlie Dunbar Broad, *Ethics and the History of Philosophy* (New York: Humanities Press, 1952), p. x.

因此，除非「飄渺之體」基本上屬於心靈層面，否則我們並不真的在意它是否不滅。根據我們對出竅經驗和顯像的研究，這兩種現象基本上屬心靈層面，而非肉體層面。例如，根據某些人出竅經驗的報告，他們只要一動念便可完成想要做的動作。顯像可以衣冠整齊地出現在上鎖的房間中。提供它們服裝的當然不是飄渺之體的製帽和製衣廠，而是投射的心靈力量（又如某則案例中，一位母親看到兒子在自己的面前失血過多而死）。

因此，精微之體或顯像的境域，比較是屬於靈魂的，它比我們這個物質世界更能接受直接動念的影響。為了達到這個論證的最終結論，我們可以假設顯像所存在或作用的靈魂波、場或者以太，可能在某種方式下，是心靈與物質之間的媒介。雖然這個引人入勝的假設符合我們所提出的證據，但我們無法再進一步推論到底波、場或者多重空間，哪一種理論最能解釋顯像。

唯心的彼岸世界

非唯物論的假設

---

[50] H. D. Lewis, *The Self and Immortality* (New York: Seabury Press, 1973), pp. 155–63.

為了使討論具有意義，我們必須提出靈魂在彼岸世界不滅的各種意義當中，都包含意識，而記憶或意志則可能是其中主要的特性。肉體在死後便不再存在，而我們也曾經提到，即使魂魄在肉體死後繼續存在，但除非它與意識緊密連結，否則也是毫無意義的。由於我們所思考的是心靈或意識的不滅，因此，肉體死後，意識活動的「領域」也難免是離不開心靈，或者說是唯心的。許多思想家都支持這種主張。

泰瑞爾(G. Tyrrell)和艾歷斯(D. Ellis)等學者都認為，唯心論是對「彼岸」與此岸間關係的最合理解釋。[51]孟岱爾(C. Mundle)與畢洛夫(J. Beloff)強烈主張，如果超感知覺的證據是支持二元論的，那麼就更應強烈支持柏克萊式的唯心論。[52]在柏克萊的唯心論中，心與物之間完全沒有如何互動的問題，因為對於「物」的所有經驗都只是在心靈中的某種觀念，而心靈對心靈的互動則是根本的。墨菲發現連物理學家也在逐漸接受柏克萊的唯心論。[53]他的這項發現由雷襄的

---

[51] Tyrrell, 引自 David Ellis in "The Chemistry of Psi," in Angoff and Shapin, *Parapsychology and the Sciences* (New York: Parapsychology Foundation, 1974), p. 214.

[52] C. W. K. Mundle, "The Explanation of ESP," in Smythies, *Science and ESP*, pp. 205–6; 參考 John Beloff, "Para-psychology," in Edge and Wheatley, *Philosophical Dimensions*, p. 384.

[53] Gardner Murphy, "Psychical Research and the Mind-Body Relationship," *JASPR* 40 (1946): 192.

調查至少獲得了表面上的證實。[54]凌恩在解釋臨終異象時，作出了類似的結論：

> 這些景觀、花朵等物質的結構，到底是從何而來的？它們的「實在」是什麼意義？這是一個由互動的思想結構所創造出的境域，由於個別的心靈以思想與影像創造出這個世界，因此這個實在界在某種程度上，反映出個人作用於物質界的「思想結構」。這個「光的世界」的確是個心靈創造的世界，它由互動的(或相互干擾的)思想模式所構成。然而，這個世界與我們的物質世界具有完全一樣的真實外貌。[55]

讓我們將凌恩的主張向前再推進一步。為什麼世界上各種文化的人，在臨終經驗裏都看到宗教人物？而不同文化的人看到的宗教人物卻又各不相同？美國人容易看到耶穌，而印度人會看到閻王(Yamaraj)，日本人則是看到菩薩。如前所述，我們不能將這些經驗化約，或單單解釋為個人的預期或文化上的預期。然而，這些影像顯然曾經過文化的「著色」。

再者，為什麼世界上各種文化的人，在臨終經驗裏會有不同的「阻礙」？日本人會看到一

---

[54] Lawrence LeShan, “Physicists and Mystics, Similarities in WorldView,” *Journal of Transpersonal Psychology* 1, no. 2 (1969): 1–15.

[55] Ring, *Life at Death*, pp. 247–48.

條無法跨越的河，英國人會看到一片荒野或石牆，阿拉伯人會看到燃燒的沙漠，還有些人會看到懸崖或深淵。所有這些象徵的意義是一樣的：你一旦來了，就無法跨越這些阻礙走回頭路。但是阻礙的影像，則是出自他本身的文化背景，使他能夠輕易理解。

或許可能在彼岸的經驗裏，根本沒有物質性的人，沒有身體，也沒有物質性的障礙。然而卻有物自身、悲憫的引領，以及一旦跨入就無法回頭的地方。而我們一向習慣用視覺來體驗外物，所以同樣就把這些根本不具物質性質的人、地和經驗，都加上了視覺的想像。因此，這些想像自然都是我們可以看得見的，就如同我們投射在夢裏的想像一樣。然而與純粹的夢境不同的是，這些神聖的引領，或一去不能回頭的障礙等經驗，是有共同的物自身基礎在後面支撐的。

我們前面曾提到，對於死後的生命，至少有一種可能的解釋，那就是唯心論。唯心論對於飄渺的境域、甚至對這個物質世界而言都可能是真的，這正是柏克萊極力主張的。希克的結論是，柏克萊的唯心論是對未來世界的復活最合理的解釋。而唯心的此岸世界與唯心的彼岸世界之間，最主要的差別在於外在的客觀程度；也就是在於環境不受人類意念影響的程度，而不在於構成彼岸與此岸兩個宇宙的「材料」之性質或種類。對於這個問題，希克本身雖有處理，卻沒有真正解決：「雖然柏克萊解釋了(一個或多個)死後世界，但我們必須繼續追問，為什麼這種解釋不能同時應用在我們現在這個世界上？為什麼此岸世界與其他的世界，在基本性質上非得不同呢？」[56]

希克承認，唯心論觀點也可以用在現在這個世界。他說自己之所以未採取唯心論觀點的唯一理由，是由於他「假定柏克萊的理論不適用於這個世界」。如果我們真的相信其他世界可證實為唯心的世界，那麼把唯心論用在這個世界上，在哲學上應該更融貫才對，在美學上也讓人更愉悅一點。這正是無數佛教與印度哲學派別的主張。在十九世紀，叔本華、布得雷(F. Bradley)、艾荻(M. Eddy)也各自以他們的方式，顯示出唯心論能夠合理地解釋宇宙。

「彼岸世界」裏的影像和感覺是以觀念為基礎的，此說獲得部份心理學家、哲學家和臨終經驗研究者支持。他們一致同意這樣的唯心論，能夠完全合理地解釋各種靈魂現象之生成，以及臨終經驗中的彼岸「景觀」。這樣的唯心論也同樣符合東、西方傳統中許多冥思與神祕主義的主張。它對唯心彼岸的預測，也不見得抵觸物理學家對此岸世界的理解，因為此岸與彼岸基本上是不同的領域。然而，我們又怎麼知道彼岸確實是唯心的呢？這個主張又是否符合我們對此岸世界慣用的肯證與否證模式呢？

其實要證實彼岸世界的唯心屬性，倒不見得會像上面的問題那麼悲觀。如果進一步研究考證出竅經驗和臨終經驗，也許會出現更多的事實，供我們證實或推翻唯心論的假設。此外，如

---

[56] Hick, *Death and Eternal Life*, p. 275.

果佛教的說法是對的，那麼祕契經驗確實可預見人在死亡時所看到的同一個境域。因此我們毋須等到冥想主體死亡，在他活著的時候就可以進行研究。[57]當然，這樣我們就要設計出新的科學方法，來調查一個在本質上能夠被經驗到、卻又不具物質性的唯心境域。

塔特對這個想法態度十分認真。他建議我們應該以「意識變型」來調查唯心實在界。他的這項研究會需要一組志願人員，用我們現在探索太空或海洋的方式，來探索心靈的領域。他們要接受報導和辨識客觀性的訓練，學習如何在某些經驗發生的時候，用語言文字加以報導，或者將這些經驗記憶起來，在返回清醒狀態或回到「此岸」的時候，能立即記錄下來。我們可以給他們小心控制劑量的藥物以造成「意識變型」，或者，如果他們自己具有這方面的異能，也可以用自己天生的冥想能力產生「意識變型」。塔特深知目前大眾尚難以接受這種提議，他也瞭解某些迷幻藥有危險的副作用。然而，這個實驗在哲學上的意義重大，因為我們可以透過改變心靈狀態的方式，對唯心世界進行科學研究，並嘗試建立可信的案例。不論他的計劃是否採行，其規範與原則都是與現代科學一致的。[58]

[57] 參考 Emilio Servadio, "Mind-Body, Reality, and Psi," in Betty Shapin and Lisette Coly, eds., *Brain /Mind and Parapsychology* (New York: Parapsychology Foundation), pp. 234–38.

[58] Charles C. Tart, "States of Consciousness and the State-Specific Sciences," *Science* 176 (12 June 1972):

用這種方法，我們應該可以建構出一套描繪唯心景觀的「地理學」；雖然許多西方人對此有心理上的排拒，可是對印度人來說卻沒什麼新鮮的。例如帕櫝佳利(Patanjali)創立的瑜珈宗，佛教論藏中的清淨道論，淨土宗以及《西藏生死書》等，這些教義都是指引我們按部就班地進入另一種狀態，經歷另一種境界，而且也假定修行者可以經由操持自行印證教義的真妄。

如果塔特的計劃果真付諸實現，我們便可以逐漸得知，哪些重要的心理、宗教及物理變數，會造成哪些景象；也可以比較不同主體所見的不同異象，甚至還可能在主體之間神遊，讓多數人共同經驗某個境域，就好比同享一個夢境一樣。除了對臨終經驗進行更廣泛的研究外，用冥想或意識變型進入唯心領域的研究，也可以證實唯心境域裏的狀態和內容究竟為何。因此，主張彼岸世界是建基在觀念的基礎上，這種說法原則上是可以證實的，並非如唯物論者所稱「毫無意義」。

人是什麼？

對於靈魂不滅不依賴肉體和以心為基礎的境域這兩種說法，還有一些重要的反駁意見，且讓我們一一處理。

1203–10.

唯我論

對於唯心彼岸世界的不滅，有一種常見的反對論證，就是認為這種經驗會無可避免地會陷入唯我(solipsistic)或主觀，而缺乏任何的物質基礎。對於這個挑戰，我們回應的方式太多了。首先，彼岸世界的本質本來就是如此。我們不能只因為比較偏好別的可能性，就對之駁斥或挑戰。如果肉體死亡後的唯心生命，果真是除了「我」這個主體以外，其他是一片空無，那麼我們可能就需要多花時間來發掘事實。可是，即使我們希望死後的生命是某種狀態，也不一定能真的如我們所願，讓它變成我們想要的狀態。此外，死後的「唯我」階段也有可能是暫時的，也許隨後會遭遇到其他的存有；或是，大致同級的心靈，它們的思想會匯合成一氣，然後生成一個這類心靈共處的環境。[59]主觀的成分可能依然存在，因為個人經驗的因素仍會保留，並且如何解釋其他心靈的存在也是個問題，也許確實有某人投射在別人的心靈裏，但卻沒辦法完全被這個人的心靈經驗到。

在另一方面，其中也可能有相當程度的共同主觀性。這種共同主觀性會受到經驗者本身的

---

[59] 葛羅索將浦萊斯的理論分析為「唯我」和「共同主觀」兩個層面，見 Michael Grosso, "The Survival of Personality in a Mind-Dependent World?" *JASPR* 73, no. 4 (1979): 369. 淨土經典之引述，見 Becker, "The Pure Land Revisited," *Journal of Near-Death Studies* 4, no. 1 (1984): 51–68.

影響，這就類似海森堡所發現的：被觀察的對象，會因為觀察者的行為而發生改變。[60]其間的差別在於程度而非種類。即使是「強硬」派的科學，也不再堅決要求外在世界必須是「客觀」的；簡言之，客觀性現在已被理解為共同主觀性。一個研究團體的成員之所以接受共同主觀的規範，不是因為這些規範本身是所謂「客觀」的；應該說因為大家都接受，所以說它是客觀的。[61]

所以，唯我論立場的反駁意見，預設了只有粗糙的唯物論才抱持的「客觀性」，而這種客觀性連在此岸世界也不可得。所以即使彼岸世界缺乏這種客觀性，也不害其為一個真實的世界。反之，若是死亡時進入的境域，的確是由無數心靈所投射的影像，那麼主體便會有一個具有物質實在性和共同主觀性的清晰感覺。因此，唯我論的論證無法推翻唯心世界的存在；並且這個論證未必適用於唯心的彼岸，也未必適用於唯心的此岸；還有，它預設了連在此岸都無法奢求的客觀性。

同一性

還有一種論調，說如果人沒有「真實」的身體，那麼唯心的彼岸世界裏，可能沒有辦法分

---

[60] Werner Heisenberg, *Philosophical Problems of Nuclear Science* (Greenwich, Conn.: Fawcett, 1966), p. 82.

[61] H. D. Aiken, *The Age of Ideology* (New York: New American Library, 1956), p. 14.

辨人、我之間彼此的區別。可是，在「唯心世界」這個觀念裏，並沒有哪種屬性，會令唯心世界比我們現在住的這個世界感覺起來較不真實、較不容易分辨人我、或較不歸大家共有。柏克萊說明了唯心的世界包含了可認知的人、可認知的身體以及各種感覺。唯一不同的是，它們在本質上不是屬於物質性的，而是屬於精神性的或屬於觀念的。在此岸世界中我們覺得顯然「真實」的身體，也許只不過是存在於我們心靈中的諸多印象，它們由上帝或心靈世界的法則來協調統攝。同樣地，在唯心的「彼岸世界」裏，也可能有恍如真實的身體與感覺，它們也許是彼岸世界中個別或集體心靈的投射。它們可能依循不同的法則來運作，因為它們不具物質性或波動性的底基。[62] 一旦我們知道可認知的身體在唯心的宇宙中也可能存在，那麼同一性的問題自然就迎刃而解了。

另一個我們要解消的詰難，是艾爾(A. J. Ayer)老掉牙的主張，他認為人在死後心靈離身體而獨立存在，在邏輯上是可能的；但是人卻不是單憑心靈就可以構成的。[63] 換言之，我可以承認心靈不滅，但這個心靈並不等同於我。我們可以用兩則相關的觀察所得來回答他的質疑。

---

[62] H. H. Price, "Survival and the Idea of Another World," in Terence Penelhum, ed., *Immortality* (Belmont, Calif.: Wadsworth, 1973), esp. pp. 40–46.

[63] A. J. Ayer, *The Central Questions of Philosophy* (New York: Holt, Rinehart & Winston, 1974), pp. 124–25.

他的這個問題，部分可能純粹是語意上的問題。我們且設想有一天艾爾發現自己一直經驗到以下情況：他感覺自己的認知中樞從他的腦中移出，向下望著他的身體，聽到醫師宣告他的死亡，感覺自己穿越過一個黑暗的隧道，到達「聖地」之後，看見他的祖母來招呼他。我們只消用一點小小的心靈實驗，試著移動一下，試著用心靈感應取得一些訊息，很容易就可以知道，他這種新的存在狀態絕對是屬於心靈和觀念的，這是他前所未有的存在狀態。因此，艾爾可以在這兩個推論裏選一個：

(1)我知道我現在所認知的這個身體，和我原先的物質性身體有所不同。我知道原先擁有的肉體，是構成人之定義的要素。因此，我現在不是人了，我現在是心靈、是精神，是幻覺之類的東西了！

(2)我不再擁有過去所有的肉體，但我仍然記得過去的自我與經驗。現在我依然擁有經驗、慾望，甚至自己的個性。我想，也許肉體並不是構成自我的要件。因為我依然存在；雖然我現在已經沒有笨重的肉體了，但我還是喜歡稱自己是一個人。

第一個推論路線會導引出的結論是，人無法在肉體死亡後不滅；第二條路線則認為人可以不滅。然而整件事似乎沒什麼太大的不同，改變的只有「人」這個字的定義，以及這個字能不能用在靈魂不滅這個嶄新的經驗上。因此，主張人一死就不存在的論證，其實蠻空洞的，因為它並未說明真正發生的狀況，只不過是重新規定某些辭彙的用法罷了。對這點，墨菲是這樣說的：「符合科學的問題不應該問『這是不是麥爾斯？』，而應該問『這個證據（或狀態）與麥爾斯之間有何相似之處？』真正的問題不是在問以肉體為定義的人死後是否存在，而是在問死後的存在與現在的存在兩者之間有何相似之處。」[64]

人的記憶、延續性與意識等特性，在唯心的彼岸世界中當然可以繼續維持。艾爾試圖以定義「人」的方式，讓死後不滅的存在只因沒有肉體便不再是「人」。然而這只是在迴避我們的主題，他除了否定肉體死後還能存在以外，並沒有否定靈魂不滅。

不過艾爾的批判，可能會對以下的這種靈魂不滅狀態比較有效；就是如果有某種不屬於人的、超越的、類似涅槃的狀態，在其中人的記憶、意念與身體都被取消了，那麼我們或許還比較可以追問，這樣的靈魂不滅是不是真的還是「人」？某一條意識流可能依然與其他的意識流有所不同，若是在這個意義下，這種靈魂不滅可能還是屬於人的；但是若連記憶或意念都沒有了，這樣的心靈可能就不符合我們通常所說的「人」了。不過，即使這個理論可能會把「人」給解消掉，但對其可能性卻絲毫無損。反而可能由於個人的宗教偏好，使得這種理想期望更具吸引力，不過卻逼近了可以討論的極限。

---

64 Gardner Murphy, "Field Theory and Survival," *JASPR* 39, no. 4 (1945): 200–1.

另一方面，死亡可能代表人類所有的限制與界限都告終止，但未必是所有意識經驗的結束。將意識的限制猛然撤除，可能會導致一種「集體無意識」的團體意義，也就是將意識「爆炸」或擴張至超越人的狀態，或是會導致另一個難辨難測、與身體分離的意識狀態。這種說法是佛教涅槃之說的要旨，但在佛教的觀點裏，這不是自動發生的；不離貪瞋痴的凡夫俗子，馬上就投胎進入另一個皮囊，只有超凡無慾的人死後才能進至涅槃的非人之境。

葛羅索(M. Grosso)、墨菲以及布洛德，將死後心靈的非人化，視為失去肉體限制後的必然結果。浦萊斯(H. Price)與希克則相反，他們也承認人可能到達超越人之限度的涅槃狀態，但他們不認為這種結果是自動發生的。他們主張唯有在相當的精神發展之後，才能達到這種狀態。希克以下面的預言作為他研究靈魂不滅的結論：

> 在逐漸「上昇」的世界中，力圖自保的自我性消散了，於是人世世代代的生命堆積在最後一世的生命中，此生超越後便不再投胎轉世，從此或與神共遊，或進入涅槃，或進入終極實在的梵天永恆意識之中。[65]

---

[65] Hick, *Death and Eternal Life*, p. 464.

結束乃是新的開始

在前面的章節中，我們不斷強調，人類的狀態和死亡的經驗都有許多種，所以每個人在死亡的時候，經驗未必相同。若是我們僅以歸納法原則，純粹就合理的證據來看，我們至少可以暫時得到以下的結論：

有些人可以投胎到其他人的身體。如果這些人是死於非命，並且他的文化背景並沒有壓抑他陳述這種經驗的話，那麼他們是最可能記得前世的人。除了幼兒投胎的案例以外，通常在轉世之間會有若干年的過渡期（中陰），沒有人陳述自己是在死亡之後立即投胎的。有極少數的案例，靈魂會透過靈媒或靈魂附身，來顯示自己「投胎進入肉體」。

某些人在自己的肉體死後能夠以飄渺的形體維持不滅。大多數活人的顯像，是由看起來像那個顯像的人所造成的。這也表示逝者的顯像，也是由看起來像那個顯像的人所造成的；有時候顯像所傳達的訊息或動機，是只有死者自己才知道的，這點更讓人相信顯像是由死者本人造成的。在我們假設還有目前物理學尚不瞭解的物質、場或者空間的形式也可能存在的情況之下，顯像就更容易理解了。對於以飄渺之體的形式在死後繼續存在的人來說，他會感覺到自己的意識思想和認知的總樞，會在死亡後從腦部釋放出來，然後活在一種沒有肉體的永恆經驗中。

有些人會發現自己死後，進入一個在存有學上屬於觀念的或唯心的境域。在這種狀態下，所覺察到的某些景象或影像會因人而異，但仍會有一些其他的樣貌會以共同主體性的方式，被許多個意識共同覺察到。在這種唯心境域裏，不一定會因為沒有物質實體或違反物質定律，而喪失了物質的感覺。唯心論，是對冥思境界和臨終異象最好的解釋。

在死後的某一刻，有些人可能會經驗到無我的超人或超凡狀態（涅槃）。然而，我們沒有適當的語言與經驗來進一步描述這種狀態。由於它是超越凡人的狀態，所以已經超出了我們討論靈魂不滅的範圍。

因此，如果不得不簡化的話，我們會提出的結論是：有力的證據顯示，有些人曾經在死後不滅。經由歸納法得知，有些現在活著的人在肉體死後，仍將繼續擁有個人的意識經驗。哲學家杜卡瑟謹慎地說：「至今所得的證據，傾向承認靈魂不滅是實在的，而若干最有力的案例不僅支持在世間的生命不滅，最重要的是，也同時支持人類心靈能力的不滅，這些能力的運作也持續不滅。」[66] 杜卡瑟在四十年前獨自詳細研究後，獲致了上述結論。關於靈魂不滅最有力的證據，在近十年的研究中陸續出現，而這些證據完全支持他的判斷。不過對該研究之限度有一些重要的警訊，也使我們的結論應該有所調整。

[66] Ducasse, *Critical Examination*, p. 203.

假如意識能夠繼續存在下去的機會很大，那麼我們更應該修養一個能夠綿延長久的心靈，而不是汲汲於名利財貨。許多發生過臨終經驗的人，由於在其中回顧過自己的一生，因而對生、死、成、壞有了新的見地。他們比從前更重視別人的想法，也更重視地球上共同的生命。我們不必等到死了才去正視這些觀念。

靈魂不滅對道德問題是影響很大的。它讓我們重新思考墮胎、安樂死、自殺或「死亡權」等問題，其內涵對未來的研究十分重要。此外，各個文化中的智者和精神崇高的人，都曾強調宇宙的本質是有道德性的，這一點在彼岸世界中會看得更清楚。如果真是如此，那麼對我們目前在此地的生活方式和思考方式，都應該有所啟發。

針對未來繼續進行的研究，此處還有幾點必須提出來，或許會對目前的結論有影響。我們對超感知覺的運作方式必須繼續進行更嚴格的研究，若是能找出其運作的方式，或許對我們所調查的某些現象會有不同的解釋，說不定會否定靈魂不滅。反之，這些不同的解釋，或許可以證明靈魂不滅的相關現象，其運作方式和我們發現的運作方式不同；如果能得到這個結果，我們就可以進一步否定「超—超感知覺」的理論。

我們也需要對臨終經驗進行更廣泛更嚴格的研究，尤其是關於物質因素與文化影響的部分。我們需要進一步報導某些人在復活前腦部的靜止，以及他們對臨終經驗的陳述。如此可以有助於推翻「人在腦部沒有活動的狀態下，不可能發生任何經驗」，這是時下廣為世人相信的說法。這樣的研究，也可以真正取消早已過時的心腦同一論。我們對無神論者、佛教徒或沒有文字的叢林部落，都進行比較性研究後，也可以得到一些重要的資訊，例如到底普遍的臨終異象是如何構成的，以及我們的文化背景和意識上的預期，究竟在臨終異象上扮演什麼角色。

我們對於「意識變型」也必須有更深的了解。不論意識在轉變型態後，是覺察到其他的實在界，或只是反映主體的心理狀態，我們都可以由此研究中獲益良多。塔特計劃經由大學或實驗室研究冥思狀態，蒐集、比較並分析所發現的結果。或許有一天他的計畫可以成真。那麼我們對心靈中非物質性的「景觀」便可以知道更多，同時，我們也可以各自在名師高人的指導下親身體驗這種境界。

肉體死亡後人的靈魂不滅問題，實際上就是人的本質問題，也就是追問意識與實在界的關係，和意識與肉體的關係。在臨終發生靈魂不滅的人裏，有十分之一的人提供的證據，可供我們瞭解靈魂不滅的性質。如果神祕主義是對的，我們便可在今生以冥思的方法，一窺來生和其他實在界的風貌，這也是另一條值得探究的路線。經由冥思神遊異境，當然不是無憑無據的胡言亂語，它是經過自我修持及自我評估之後所得的一條蹊徑。

虔誠的教徒或許會對我們有限的結論感到失望，也許會說我們現在呈現的還不如他們自己知道的多，而且還不需要這麼索然無味的哲學分析。然而另一方面，也有許多人從社會學和心理學的觀點，對我們的結論嗤之以鼻。不過我這項研究已引證了許多從事現場研究者、邏輯學家、物理學家和心理學家的意見，嚴謹地說明了肉體死亡後靈魂不滅是有可能的。

當然，現世的意義，並不會因為靈魂不滅而有所貶抑；也不表示我們可以用自殺來逃避眼前的困難。死亡，仍舊代表著痛苦地割離今生擁有的一切。沒有人能夠絕對預言我們的旅程將在何時終止，也沒有人知道我們何時必須換跑道。我們唯有靠自己，不論前面會遇到什麼，我們在生命的旅途上，每一刻都要竭盡所能，讓自己活得沒有遺憾。

生死學叢書書目

揮別癌症的夢魘

羽生富士夫／著
何月華／譯

癌症是現代人健康的頭號殺手，您對癌症認識多少？癌症等於絕症嗎？不幸罹患癌症的話，要如何面對死神的挑戰？具有「上帝之手」美譽的日本名醫，以他個人的切身經驗，懇切地告訴大家，以知識對抗癌症的重要，以及許多與癌症有關的預防、醫療等方面正確的觀念，是重視保健與生命品質的現代人必看的著作。

無生死之道

盛永宗興／著
郭敏俊／譯

面對人生的生老病死，您作何感想？對於世間一切的生生死死、死死生生，感到迷惑不解嗎？請聽日本著名禪師盛永宗興娓娓道來，以生活化、深入淺出的例子，帶領我們參透生與死的迷霧，體會「一期一會」、「遊戲三昧」的生命哲學，活在每一刻當下，生死將不再是人生痛苦的代名詞。

凝視死亡之心

岸本英夫／著
閻正宗／譯

本書是日本已故宗教學者岸本英夫與癌症搏鬥十年的心路歷程。當獲知罹癌，並被宣判只剩半年壽命後，他除了接受必要的手術治療外，也開始思索生命的本質，並陸續寫下手術前後，他在死亡威脅下的心理調適和哲理思考，他也因此將肉體生命從半年延長為十年。這其中艱苦的奮鬥歷程，句句珠璣，斑斑血淚，值得品味。

美國人與自殺

赫華德·庫盧諾／著
孟汶靜／譯

本書從心理、文化的角度探討美國人的自殺行為，並以十分具有啟發性的方式，陳述出過去三百年來西方社會對自殺行為的探索過程。作者成功地綜合了西方各學派分歧的自殺行為理論，而發展出一套嶄新且具有說服力的論點，在心理與歷史學界贏得極高的評價，對研究早期華人移民的自殺行為亦有助益。

宗教的死亡藝術

肯內斯·克拉瑪／著
方蕙玲／譯

本書以比較性、宗教性的方法，探討世界主要民族與宗教關於死亡、死亡的過程以及來生等等課題所採取的態度與做法。讀者將可發現，書中所列舉的每一項宗教傳統，都在指導它的實行者，不僅在死亡前，同時就在死亡的片刻裡，就能技巧地掌握死亡。死亡可說是一門牽涉到肉體死亡與再生經驗的宗教性藝術。

禪僧與癌共生

鈴木出版編輯部／編
徐明達
黃國清／譯

一位因罹患癌症而被宣告只剩三年生命的禪僧，如何活在癌症的病魔下，如何掌握人世間的生死，將餘生投注在什麼地方？本書即是與已故荒金天倫老和尚（日本臨濟宗方廣寺第九代管長）交往過的人，藉他們的證言撰集而成的報導文學，將老和尚以三年餘生充實為精神上三十年的生命風采，再度活現於紙上。

死亡的科學

品川嘉也
松田裕之／著
長安靜美／譯

人為何一定得經歷死亡？老年是否真的是人生的累贅？「腦死」就意味著「死亡」嗎？……這些疑問，在本書中都有詳盡的討論與解答。作者從生物學的角度出發，探討與生物壽命有關的種種議題，進而提出人類面對生死問題時應有的認識與態度，是一本將死亡學提昇到科學研究的難得之作。

死亡的真諦

小松正衛／著
王麗香／譯

當被問到：「如果人生可以重來一次，你希望擁有怎樣的人生？」多數的回答可能是出身好家庭，擁有高學歷，事業穩固，平安幸福過一生。但本書作者卻說：「世間非常艱苦，人生難行，但一路行來的人生，我還想再走一次。」是什麼樣的經歷與啟示，讓他如此達觀？請隨著作者一路前行，游入古聖先知的智慧大海……。

輪迴與轉生

石上玄一郎／著
吳村山／譯

「生死事大」，為了探究它，各種哲學與宗教已提出了許多答案，「輪迴轉生」便是其中之一。這種思想出人意料地貫通東西方，幾乎發生於同一時代。它的起源如何？呈現出那些面貌？果真能解決「生死」問題嗎？這些在本書中都有廣泛而深入的探討。

生與死的雙重變奏

齊格蒙·包曼／著
陳正國／譯

意識到必朽（死亡）與對不朽的追求，深深影響著人類的生命策略。人類社會建制與文化面向的型塑過程中，更存在著「解構」必朽與不朽的辯證和互動關係。而在「現代」和「後現代」社會，這種「解構」又出現了有別於「前現代」的許多變奏。且看包曼教授如何透過集體潛意識的心理分析，從不同角度詮釋「死亡社會學」。在必朽與不朽之間，您將重新認識現代人的社會與文化。

透視死亡

大衛·韓汀／著
孟汶靜／譯

本書所探討的論點，主要有下列幾點：一、在什麼樣的情況下，個體才算死亡？二、末期病人有沒有權利決定自己的生與死？三、器官捐贈能不能得到社會大眾的認同，進而成為一件普遍的事？作者以平鋪直敘的方法，為每一個論點作了總整理，提供讀者許多寶貴的資料與觀念，在臨終與死亡尊嚴等議題的探討上，能有進一步的認識。

看待死亡的心與佛教

田代俊孝／編
郭敏俊／譯

本書由八篇演講記錄構成，內容包括親人死亡的感受、個人的瀕死體驗、對死亡的心理準備、佛教的生死觀等，發表者有僧侶、主婦、文學家、醫師、佛教學者等不同人士，從各個角度探討死亡問題。正如主辦演講的日本「探討死生問題研討會」宗旨所示，如何在老、病、死的人生當中，正視死亡的事實，學習超越死亡的智慧，讓人生更加充實，是現代人的切身課題，值得大家一同來探討。

生命的終結

阿爾芬思．德根
早川一光
寺本松野／著
季羽倭文子
林雪婷／譯

在面對末期病患或臨終的人，甚至是自己生命的終結時，我們能做些什麼？該做些什麼？是本書所要探討的主題。四位作者分別從死亡準備教育、醫療與宗教、臨終看護等專業的角度，提供他們寶貴的經驗與意見，是關心此一議題的讀者最佳的參考。透過討論死亡，了解死亡，我們的生命必能更加美好。

從容自在老與死

日野原重明
早川一光
信樂峻麿
梯實圓／著
長安靜美／譯

隨著高齡化社會逐漸到來，種種老年心理與生活的調適、老年疾病的醫療、安寧照護等等問題，一一浮上檯面，這也是每個家庭和個人都要面對的問題。本書從接受老與死、佛教的老死觀、老年與疾病、末期照護等等角度，提出許多觀念與作法。藉由思考生命末期與老和死的種種課題，期望每一個人都能獲得一種從容自在的智慧與人生。

生與死的關照

村上陽一郎／著
何月華／譯

死永遠超越我們人類的「理解」，人類如果不能體認這個事實，醫療便會陷入「器官醫學」的窠臼之中。作者透過對現代醫療種種問題的根本探討，如醫療倫理、醫院內部感染、器官移植、安樂死、腦死、告知權、愛滋病等，重新思考生為何物？死為何物？什麼才是正確的醫療？觀念新穎，析理深刻，是您不可錯過的一部「現代醫療啟示錄」。

超自然經驗與靈魂不滅

卡爾·貝克／著
王靈康／譯

自古以來，人類對來生的想像便不曾中輟。「第六感生死戀」、「穿越陰陽界」等電影的風行，正反映現代人對轉世與投胎的濃厚興趣。但西方的唯物論和科學主義卻斥為迷信，到底孰是孰非？本書即在透過科學化的研究，深入探討死亡過程的異象與靈魂不滅的假設。顯像、附體、前世記憶、臨終體驗等現象是真是假？當生命結束後，人類某些「重要特質」會繼續存在嗎？本書有您想知道的答案。

超越死亡

霍華德·墨菲特／著
方蕙玲／譯

莎士比亞稱死亡為「未被發現的國土」，因為尚無人能像哥倫布發現新大陸一樣，在造訪該地之後回來向世人述說他的經歷。但自莎翁時代以降，有關這項古老秘密的研究工作，已有不一樣的風貌，本書即是其中的佼佼者。作者透過宗教、哲學、神秘主義以及經驗證明等比較觀點來檢視死亡，為我們揭開死後生命世界的奧秘。

生命的安寧

鈴木莊一等／著
徐雪蓉／譯

有別於一般病人，末期病人的醫療與照顧，需要我們投注更多的關心與付出，才能幫助病人安寧地走完人生。本書六位作者分別站在醫療與宗教的角度，透過親身體驗，以「從初期護理看末期醫療與宗教」、「宗教對醫療之重要性」、「佛教福利與末期護理」、「日本療養院的宗教與醫療」為題，提出他們的看法，值得大家參考。

從癌症體驗的人生觀

田代俊孝／編
徐明達
黃國清／譯

當遭逢周圍親友身故，或曾經體驗死亡經驗時，對人生與事物的看法，將會有所改變，尤其有過癌症體驗的人更是如此。本書即是日本「探討死生問題研究會」以此為主題所收集的八篇演講實錄編輯而成。癌症雖可怕，卻也是生命的一大轉機。「向癌症學習」、「向死亡學習」，這樣的人生經驗，彌足珍貴。

心靈的療癒

佐佐木宏幹等／著
李玲瑜／譯

面對生死問題，人類的反應模式和其自身的「世界觀」有著密不可分的關係。自古以來，民俗宗教在醫療上所佔的地位，更是舉足經重。但在宗教與醫療各自分工的現代社會，這種現象是否依然存在？民俗宗教與現代醫療如何相輔相成？信仰與精神醫學有何互動關係？新興宗教在現代社會又扮演何種角色？這些在本書中都有深入而廣泛的探討。

死生問題的探討

田代俊孝／編
吳村山／譯

為了充實自我的人生，也為了能與面臨死亡的人同其感受，一起超越死亡的痛苦，深入探討死與生，不是很重要嗎？秉持這個宗旨，日本「探討死生問題研究會」定期舉辦研討會，並將演講內容彙集刊行，本書即其成果之一。正視死亡，才能讓生命更加充實。由生而死，從死看生，正有待我們認真玩味思索。